营销心法

抢占市场份额持续倍增业绩的赢家秘诀

周韦廷◎著

中国书籍出版社
China Book Press

图书在版编目（CIP）数据

营销心法 / 周韦廷著. —北京：中国书籍出版社，2016.1
ISBN 978-7-5068-5214-2

Ⅰ.①营… Ⅱ.①周… Ⅲ.①市场营销学
Ⅳ.①F713.50

中国版本图书馆CIP数据核字（2015）第248479号

营销心法

周韦廷　著

策划编辑	安玉霞
责任编辑	叶心忆
责任印制	孙马飞　马　芝
版式设计	中尚图
出版发行	中国书籍出版社
地　　址	北京市丰台区三路居路97号（邮编：100073）
电　　话	（010）52257143（总编室）（010）52257140（发行部）
电子邮箱	chinabp@vip.sina.com
经　　销	全国新华书店
印　　刷	北京墨阁印刷有限公司
开　　本	710毫米×1000毫米　1/16
字　　数	308千字
印　　张	20.5
版　　次	2016年1月第1版　2016年1月第1次印刷
书　　号	ISBN 978-7-5068-5214-2
定　　价	69.00元

版权所有　翻印必究

忠告提醒

如果你是一家公司的总经理、一位营销总监、一位电商从业者、某个项目的经营者以及但凡靠营销来赚取业绩的生意人；

如果你坚信你的产品的确对人有帮助，却因为日益激烈的行业竞争，而不知道如何大面积地赢得市场的关注度；

如果你费尽心思寻找了各种销售策略，却依然难以让更多消费者接受你和你的产品，从而导致你的业绩一直徘徊不前；

那么，请你一定不要错过你眼前正在看的《营销心法》这本书！

因为本书将从根本上帮助你破除营销的重重迷雾，发现市场的种种潜力，打通成交的层层关卡，切实可行地帮助你找到一条"抢占市场领先地位、实现业绩持续倍增"的核心线索！

它是被实践证明行之有效而且经久不衰的方法论，因为它已经在中国传统商场上尤其在中国电商界创造了无数个营销奇迹！

如果你打算走马观花、漫不经心地掠过本书，那么你掠过的不仅仅是里面的精彩内容，而是会让你相见恨晚的智慧宝典；

如果你决定从此刻开始认真翻开本书，逐字逐句地咀嚼全书内容三遍以上，你一定会欣然发现：营销会变得越来容易，成交会变得越来越高效，赚钱也势必会变得越来越轻松，甚至会远远超乎你的想象……

1.《营销心法》到底是一本什么样的书？

《营销心法》，是国内第一本深度揭秘领袖级思维模式和实干家方法论的制胜营销秘籍，由著名商业思想家周韦廷先生，经过十余年的商业思想锤炼，精心创作而成。

作者将通过本书，破除市场上普遍存在的空泛、抽象及混乱不堪的旧态碎片营销理念，转而以"直击商业顶层思维、紧扣消费决策流程、力求简单明了实用"为核心原则,从市场战略的确立到购买心理的破译,从根源到枝节、从战略到战术、从理念到实战,深入浅出,一步一步地帮助中国数千万创业家构建首屈一指的品牌印象,造就人人抢购的销售风暴,打造持续盈利的营销模式。

无论您是做实体营销,还是做互联网营销,本书都将会切实地帮助你获得显著的业绩增长力,获得大幅度的品牌提升力、影响力与号召力,哪怕,你只是个人品牌,也将会把自己的营销功力拉到一个不可思议的高度!

2.《营销心法》解答了什么营销难题?

第一部分:如何让市场记住你
如何为你的产品打造一个绝妙的好名字,让人一听就想买?
如何迅速在消费者的心中建立"第一品牌"的绝对领导地位?
如何为你的公司创建一个非同凡响的营销纲领,持续拉动人心?
如何颠覆广告认知误区从而创建一条能真正获得市场销量的超级广告语?

第二部分:如何让顾客想要你
如何带动万千消费者产生自发的消费跟随效应?
如何洞察最深层次的购买真相?
如何通过潜在沟通迅速拉近彼此之间的距离?
如何即刻找到激发顾客购买兴趣的启动按钮?

第三部分:如何让顾客接受你
如何在一分钟内让顾客承认你是一个值得信任的人?
如何在转瞬间斩断消费者购买的后顾之忧?
如何迅速破除显著的购买抵触?

第四部分:如何让顾客购买你
如何找到触发成交的营销导火线?
如何迅速铲除消费者的行动惰性?
如何创建趋之若鹜的群体行动态势?
如何创建领袖级的权威指令引导人们立刻产生行动?

作者简介

周韦廷，中国著名的商业思想家

道中道文化发展有限公司创始人

道中道商业思想体系总架构者

知名中小企业商业导师

中国商业界第一权威媒体《销售与管理》专家作者

中国营销界第一权威媒体《营销兵法》特约作者

  一直以传播原创商业思想、提升老板全局思维、倍增企业经营成效为己任，躬耕于浩瀚的商业世界，为中国创业家照明。其思想穿透要害，观点鲜明通透，语言通俗易懂。

  经过十余年企业讲学与商业咨询的锤炼，他独创了中国第一套融合了领袖级思维模式与实干家方法论的商业思想体系——道中道思想，因其"直击商业本质、直通思维脉络、直给实战剑法"的理念特色，帮助中国数万名创业家获得了人生与事业的巨变，直接或间接地帮助中国创业家催生了过十亿的经济效益，并因此受到中国经济网、中国网人物视窗、21财经、网易新闻等50多家网络媒体的相继报道以及众多企业家学员的大力赞许。

  2009年，他首次开创性地提出并构建了"攻心营销"的理念，一时间在互联网和营销界掀起轩然大波，并引起了无数的概念跟风者，无数的电子商务创业家因为践行"攻心营销"的指导理念，从而给自己带来了迅猛增长的成交效率和巨额的利润。

2011年,他投身于商业策划和商业咨询领域,短短五六年间,他一共为200多家企业做过内训,为50多家企业做过咨询与策划案,并相继获得了显著的成效和客户口碑。其中包括成都商报、博瑞集团、朵唯女性手机、广告圈、激动网、成都锐佳科技、创业邦、折本网、长沙普瑞纳、六个核桃、成都标信塑料、绿瘦、双语不用教、魔茶贴、青钱柳降糖茶、电影《危险关系》等。

2014年,创立道中道文化发展有限公司,致力于以传播商业思想、提升老板全局思维、倍增公司经营成效、推动企业持续发展为己任,服务于中小民营企业,并立足于商业世界全局观,独创了一整套用来帮助创业家解决一切商业问题的核心思想武器——《道中道商业剑谱》。

2015年,由周韦廷先生原创撰写的商业经典文章《痛点、痒点、卖点到底是什么?一篇文章全搞清楚》以及《十亿销售广告语真经》一时间风行移动互联网江湖,仅10天之内,被超过1000家大大小小的微信公众号平台争相转发,其中包括"营销兵法"、"互联网思维"、"销售与管理"等粉丝量过80万的超级媒体作为头条新闻转发,总阅读量超过100万人次……

未来,他将致力于更广泛地普及道中道思想,造福更多需要帮助的中国创业家!

读者好评

星火营销创办人、喃啵哢品牌策划机构营销总监　刘海洋

周老师的《营销心法》这本书写得太棒了,非常有条理,有系统,实为不可多得的一本营销工具书。他给我公司提供了一套非常有效的解决方案,也让我的思路变得越来越清晰,让我们的经营方式变得越来越明确。

互联网视频营销第一人　唐旭

周韦廷老师帮助过很多的传统企业和互联网创业者。《营销心法》一书里面讲解了大量的实操案例,无论是对个人还是企业,都有很高的借鉴价值!

河北宁致网络科技有限公司总经理　侯宁波

《营销心法》当中的理念非常简单、系统,具有实战操作意义,我仅仅是按书中的理念,把我网站的首页进行了一些修改和调整,我网站的客户咨询率就提升了两倍还要多一点,利润了也同时翻了两倍。

深圳巡洋国际物流有限公司总经理　张雄飞

周韦廷老师是我在营销里面见过的最有吸引力,最有战略高度的一位老师,他那本《营销心法》,我看了不下五遍,采用了周老师的方法之后,使我们的业绩提升不少。

格力集团家电部产品策划总监　罗伟

《营销心法》这本书非常难得,把营销的很多本质都讲穿了,很多总裁花数万元去上什么培训班,还不如花少量投资来读懂周老师的《营销心法》这本书!

成都大浪淘沙网络科技有限公司总经理、2013年电商营销创新论坛十佳金牌得主　龙剑秋

在周老师的帮助下，我店铺的日销售额从一年前的2000元飙升到了现在的1.5万。如果没有他的指点和帮助，我对营销这一块的了解根本就是一片空白，更不知道如何从营销上来提升店铺业绩了。周老师的思想，不仅仅是帮助我的项目业绩得到了提升，而且让我这一生都受用无穷。

成都标信塑料有限公司总经理　唐际超

周老师重新对我们公司进行了产品定位，找到差异化，塑造品牌卖点，以及一系列的营销运作指导，使我们公司在百度、阿里巴巴、360上的业务询盘量得到了立竿见影地提升，在短短三个月的时间之内，让我们公司的月营业额从十万增加到二十五万。在此特别感谢周老师对我公司的巨大帮助。

成都锐佳科技有限公司总经理　杨成刚

在我的印象当中，周韦廷老师是一个很有思想厚度的专家，他能破译很多商业上的奥秘，尤其在营销方面更为突出，他能给出一系列行之有效的执行方针和一套运营系统。

互联网竞价营销第一品牌——广告圈创始人　胡崇光

在网络营销策划这个大领域当中，周总是我接触过的最有实战能力的一位老师。无论是从他的思维模式，还是他的表达能力来看，都称得上一位顶尖人物。

安徽易洁商贸有限公司董事长　余中

之前听了无数的培训课程也看了无数本书，但在产品的打造与营销系统的疏通方面，他们却从未像周老师这样讲得如此明了。

云南掘贝网络科技有限公司总经理　吕荣荣

周老师的商业思想就是我们的智慧引擎，他不仅授人以鱼，更授之以渔，传授的不仅仅是知识本身，更是关于知识的知识，让我们真正能触摸到更深层次的核心智慧，教我们生发智慧的智慧。在这里，要再一次谢谢周老师。

先知先觉

扫清眼下雾，解开心中结

亲爱的朋友：

我是周韦廷，我真的特别为你感到庆幸，甚至很忌妒你！

从你打开这本特别机密的营销秘籍开始，然后深入细致地品读完之后，我完全可以确定，你将因此次做出购买本书的重要决定而产生一个革命性的突破！

具体来说，就是：成交效果的迅速增长，企业利润的持久提升，个人营销功力将到达一个顶峰，以及你所设定的许多期望都将得到满足，甚至会得到超越。

还有更惊人的突破：随着你逐字逐句地品味下面的文字，你会越来越感受到那些闻所未闻的营销智慧在随时刷新着你的认知，随时洗礼着你的思维！

无论是对于电子商务还是传统营销，这种突破性的变化都将是立竿见影的！

想必，这对眼下的你，是极为渴望的！

因为，我非常理解你，理解你的现状：可能一直以来，都有一块心病让你挥之不去……有时候，当你独自一人安静地坐在办公椅上，一定会有所思：为什么产品销量老是无法突破？为什么无数公司一会儿有利润，一会儿没利润？到底如何才能源源不断地获得销量？如何才能生生不息地推动公司的长足发展？

是时候让自己觉醒了，否则，你依然还会是原地踏步，茫茫然不知道去向，甚至都不知道如何开始！你必须清醒地明白：时代已经变了，过去商业形态几乎就是以斩钉截铁的直接需求来作为消费者的购买决策，如，从前卖大米的米商，顾客看到大米质量靠谱，并且店家服务还行，那就一个字：买！

因为那时候消费者没有太多的选择权。

现在是信息资讯泛滥的时代，转眼三五年之间的局势，如同沧海桑田，当别人仅仅用一个简单的销售网站以及几条文字广告，就能吸引成批的客户蜂拥而至，从而为公司创造大量的绩效时，而你却还在原地踏步。你知道，那已经不是温水煮青蛙，而是冷水煮青蛙——难熟！

当然，这并不是你一个人的问题！事实上，全中国无数的中小企业老板、总裁以及营销总监都和你一样，在营销的路上探寻，迷惘，挣扎。很显然，营销已然成为绝大部分企业总裁当下的一块难以愈合的心病！

他们一直在寻寻觅觅，上下求索，好似戊戌变法时期的康有为、梁启超一样，寻找着"救企图存"的解决方案，因为他们已经深深地明白一个道理：营销绝不仅是推广这么简单，成交也不是广告出去，就会不断地创收现金流。

但非常遗憾的是，到今天为止，事实已经告诉我：95%的老板都还在当今时代的商海中继续求索挣扎，得过且过，你知我知，那是一种无奈，更是纠心！

换句话说，能找到这种从根源上提升营销效果的解决方案的人，不超过5%。而这不超过5%的企业家在新的时代已然开创了一个新的变局：从当初的沧海一粟，到立足商海，再到风生水起；从成交一个产品，到成交一个产业；从扫庭院开始，到扫出了一片天下！

你可曾知道，全友家居、奥康皮鞋、杰克琼斯、韩都衣舍、骆驼皮鞋、相宜本草等诸多企业已在互联网上扎根，短短几年之内销售额数亿！

为什么这些品牌在网络商城能斩获如此惊人的成果，以至于它们能长期成为电子商务的销量领袖品牌？

为什么脑白金、王老吉、香飘飘、农夫山泉等实体品牌敢在浩瀚无边的商场上年复一年的重复同一条广告语？为什么这些广告语能持续不断地拉动巨大的销售份额，并使得这些品牌在市场上长期屹立不倒，以至于这些品牌能持续成为实体商场中的销量领先品牌？

为什么有些人只要一开口讲话，就能瞬间吸引无数人的跟随？甚至有些人离世千百年后，他在有生之年所宣扬的口号还能影响无数人，以至于这些人能成为各行各业的超级领袖人物？

领袖，到底依靠什么核心力量来赢得如此强大的营销效果？

是不是单靠勤奋？

是不是依靠其个人的人品？

是不是只靠产品品质？

真正的领袖品牌以及领袖人物要在营销上获得成功，绝不仅仅取决于这些答案！

领袖之所以能释放出强大的营销效力，其首要的原因是懂得运用心法的力量，具体一点，这种力量就叫做——营销心法！

那么，到底什么叫做营销心法？

简单说，用来斩获人心释放智慧的语言就叫营销心法！进一步说，凡是用心法所表达出来的语言具备强大的营销能量，强大到可以吸引人心、降伏人心甚至掌控人心！

人类沟通的重要路径，那就是语言。任何品牌要想吸引消费者，也必须依靠语言的表现力来得以诠释。因此，心法最直观的体现就是语言的表达力！

换句话说，任何东西如果不能用语言表达出来，都很难轻易影响人，或者说，在众人的眼中，它也许就根本不存在。因为它没有办法让人理解，所以就没有办法传递下去。

> 要获得领袖般的影响力、降伏力、成交力与成就感，必须要懂得利用强大的语言表达力，而不是独自一人勤勤恳恳、含辛茹苦、任劳任怨，只懂得用行动去达成自己的目标，这是绝大多数人一生都在顽固坚守的误区！

所以，在茫茫大千世界，劳模总比领袖多，穷人总比富人多，小老板总比大老板艰难，懂得用语言包装的产品总比那些不懂得用语言来包装的产品要畅销得多！（在产品品质不受市场怀疑的前提下。）

全世界各行各业的领袖人物之所以能成为领袖，无一不是靠心法影响人，再靠心法持续不断地聚拢人心，这些心法最终都必须用语言呈现出来，才能引发公众产生共鸣，引导广大消费者产生迷恋。

又如，商业领袖马云在被问到靠什么得以成就互联网商业王国时，马云只是持续不断地用语言传达了一个宗旨："让天下没有难做的生意！"毫不夸张地说，马云在任何场合即使忘了喝水也不会忘了讲这句话，成千上万的中小企业之所以会被阿里巴巴所吸引，一开始，无非只是冲着这句话去的。这句话即是阿里巴巴征服浩瀚市场的营销心法。

再如，品牌领袖王老吉说了什么得以赢得数亿消费者？"怕上火就喝王老吉"，由这七个字所组成的语言就像紧箍咒一样牢牢地锁定了消费者的注意力，显而易见的事实是，绝大部分人只要在就餐时一想到要喝饮料，无外乎就是王老吉，想忘也忘不掉！

当然，我在这里只是从大的方面来举例说明语言表达力的强大意义，因为这些都是你熟知的声音。但你不知道的是，这些语言背后的生成玄机。在本书中，我不仅会为你破解这些心法背后的生成来源和生成奥秘，更重要的是，我会让你彻底明白生成营销心法的一整套系统而强大的思维体系，更会让你学会如何运用心法的具体操作路径与详细的表现手法。

当你掌握了这些语言表达力的智慧奥秘与使用路径后，你根本不需要羡慕、忌妒那些大品牌与大公司，你甚至会超越那些大公司在初创时的进展成果，因为我会教你一套完整的语言表达体系，从而让你从全方位角度表达得更具体、更详尽、更完善，旨在让你从各个层面来获得顾客，获得人心，而不仅仅只是一两句话的事情。

别人有别人的语言表达方式，你也可以学习生成专属于你的表达方式，不管你的企业规模有多小，哪怕只有两个人，哪怕只是一个刚刚启动的淘宝商城，你都能产生立竿见影的效果，并且还能将成交效果持续！

所以说，买卖没有成交，最直接的原因就是你不懂得语言表达！不会传递想法，不会表达观点，不会"成交式"沟通！如果以战略角度来说，就是你没有有效地向市场描绘并传达出你产业的灵魂和血肉！

同样的产品，仅仅换一条广告词，其吸引力就极有可能飙升，成交率立刻提升，假如今天史玉柱把脑白金的广告词改了，还能如从前一样畅销吗？我确定不能！事实就是他十四年没有改！加多宝和王老吉的生死交锋，无非就是为了在消费者的心中抢那句话！

正因为有语言表达的心结，无数"传统型"总裁难以走出两大核心误区。

误区一：桃李不言，下自成蹊，坐等消费者表明态度！

坦白地说，我真的很难想象，如今还有无数人仍相信"桃李不言，下自成蹊"以及"心照不宣"的话，显得自己格外有修养，有涵养。

在我看来，"心照不宣"这样的词显然还停留在形容过去封建时代的儒雅小生和小家碧玉的朦胧恋爱时代，明明是情投意合，双方却都不表达出来。而在今天湖南卫视的《我们约会吧》相亲平台上，哪怕你貌似潘安，如若你不懂得如何表达的话，恐怕也很难有优质的女嘉宾为你留灯，她们顶多也只是在第一时间怦然心动一下。因为台下的女嘉宾，就等你开口说话。情况往往是，你长得越英俊，她们对你的语言表达能力就有更高的要求和期待。

在当下竞争激烈的营销时代，我想，这个成语在商业营销领域应该堂而皇之地改成"心照就宣"！

无论是"桃李不言"还是"心照不宣"，这些封建式的观念，都是自己把自己前途封杀的毒药，把业绩埋葬的鬼话！事实证明也是如此。

这些人，我给了一个定义，叫做"走不出去的儒商"。而事实证明，"走不出去的儒商"在竞争激烈的市场经济时代，尤其是互联网时代，其命运会比较凄惨，因为这是一个靠营销表现才能立足、靠语言表达才能引路的市场时代！

敢问，你见过品质非常过硬的产品，却一直在市场上挣扎，感受不到阳光和雨露的温情回报吗？有时候你心里憋得慌，抱怨消费者怎么不识货呢？

不是他不识，是你没有向他表明，他怎么可能识？

你是否见过，事实上没有什么切实价值的产品却畅销全中国，还"久负盛名"？脑白金，可口可乐，百事可乐……谁能告诉我，这等产品有多么地保健？尤其是更容易扩张的互联网产品，例如某某减肥产品，服装类产品，你都还没来得及验证品质，就迫不及待地"拍"了，结果穿几天就坏了，问一问自己，你是如何判断和决定的？当时是什么让你产生了购买的冲动？

当然，我说的营销心法的力量，必须是在产品品质与服务跟上的前提下进行，这是商业之根本，否则你终将被消费者所颠覆！

道可道，非常道，非常道必须遵循人道。

你现在必须要明白的是，任何产品在使用前都不会说话，产品要富有生命，饱含生机，都是人赋予的，靠人用心法语言所赋予的！消费者想知道的，以及他自己也不能明确表达的潜在渴求，都必须靠语言来激发。

在当下这个时代，谁再一味地相信"桃李不言，下自成蹊"就能将一个产品推向市场，就能让一个产业崛起，那就是痴人说梦，存在于王子与公主的童话中！

我斩钉截铁地确定一件事：不管时代如何变迁，社会如何腾飞，只要有竞争存在，哪怕是一家竞争者，你想要别人跟你产生联系，跟你的产品产生联系，跟你的产业产生联系，都必须用语言来兑现、来落地，然后继续靠语言表现来让这种关系生根发芽到生生不息！

总而言之，在产品品质过硬，以及服务优质的前提下，各位企业家朋友们，请开口为你的产品说话，为你的产品表达顾客的心声吧！

误区二：文人营销，情何以堪？

表达是为了让语句优雅，是为了内容精彩吗？

表达是为了让人成交，为了让人行动！

你会发现，有些人看起来能说会道，表达出来的语言优美顺畅，但通常只能获得掌声的赞许，但最终无法将成交兑现；有些诗情画意的广告，看起来似乎很容易吸引人的眼球，但很难打开顾客的钱包。这些失败的终极原因就是没有表达出触动人们产生购买欲望的语言，这些就是一般文人的表达风格！

人的天性，消费者的渴求与内心诉求，倘若这个根本点没有触摸到，纵使你学富五车，也施展不出营销心法的实际杀伤力。正如武林江湖上的剑客一样，如果没有内功心法，自然使不出置人于死地的招式，营销大师和普通文艺人的根本差别也在于此！

要记住一点：不管表达出来的语言多么力透纸背，最终都比不了力透人心。因此，营销心法要得以生成，除了要有语言表达这个最直观的体现之外，还必须要能反映出洞察人性的核心要旨，谁要想释放出强大的营销心法，他必须对人性了如指掌，洞察见底！如果不具备人性洞察力，任何语言表达都只是徒有其表，苍白无力，不具备生根落地的营销杀伤力！

也就是说，语言表达力必须与人性洞察力紧密配合，才能构成营销心法的全部。人性洞察力是内核，语言表达力是体现。这两大力量的里应外合，才能将成交效果发挥到极致！

人性到底是什么？人性和人心到底有着什么样的连理关系？如何通过对人性的洞察来牵引和拉动人心？

不可否认，在当下的市场营销界，无数的营销专家和心理专家也在谈人性，以至于一大批的客户、学员和跟随者开口闭口都在提人性。但非常遗憾的是，几乎所有人都只是泛泛而谈，只能点到为止，不能让你从实际行动上贯彻下去。

问题在哪呢？

问题就在于，大家都没有找到一个系统的使用路径和具体的操作法门，让人性的力量在营销的实施上得以全面而有力地展现。不管什么力量，如果不能具体而实效地使用出来，不能淋漓尽致地发挥出来，对任何人来讲，那无疑只是镜中花，水中月，看得见却摸不着！

在本书当中，我将会系统而彻底地从人性本源出发，追寻笼络人心的终极智慧，破解生成吸引的根本玄机，揭开产生购买的绝对真相！

具体来说，你将能恍然明白：人们真正能够为之动容、动心、动情的要害在哪里。他们内心深处到底向往什么。顾客真正想要知道、想要明白、想要得到满足的是什么。当你明白这些后，他们就会心甘情愿地跟你产生联系，最后为你的产品和产业动容、动心、动情！

这就是营销心法的内核——人性洞察力！

与此同时，我会教你具体地表达语言的路径和方式，让你迅速学会：表达产业的战略高度，表达品牌的价值光环，表达产品的成交要素，表达信息的具有吸引力的细节，从而展现出个人的领袖魅力，让表达的能量在消费者的眼前迅速迸发出来，往顾客的心里扎根进去！

这就是营销心法的体现——语言表达力！

当你获得了这两股强大的力量，你就能释放出专属于你的营销心法，展现出迅速倍增的成交效果，持续不断地拉动市场销量份额，从成交一个产品到成交一个产业！

假以时日，你便可以成为能瞬间降伏万千人心、能实现巨额利润持续倍增的营销领袖！

这个，就是《营销心法》的序！

周韦廷

2014年9月执笔于上海陆家嘴

CONTENTS 目 录

忠告提醒　I

先知先觉　VII

上　部
印象战略——让市场归心的第一通道

第一卷　命名之道 | 011

解开命名的两大普遍性纠结——95%的企业家所误入的命名歧途　/012

第一大纠结：名义归谁　/012

第二大纠结：俗雅之争　/014

留名人心的三条核心通道——瞬间催生顾客的第一重购买向往　/016

第一条通道：身份赋予　/016

第二条通道：诉求直达　/019

第三条通道：情愫再现　/024

第二卷　战略定位 | 028

战略归宿——迅速获得一席市场的四条实施途径　/029

第一条途径：为谁使用　/029

第二条途径：为何使用　/031

第三条途径：在哪使用　/032

第四条途径：派别创建　/034

I

第三卷　品牌标语 | 037

　　第一大要旨：诉求实质性　/039

　　第二大要旨：诉求出众性　/047

　　第三大要旨：表达连接性　/051

　　第四大要旨：表达易懂性　/055

第四卷　营销纲领 | 058

　　营销纲领的两个唯一宗旨——制定一切营销纲领的根本出发点　/058

　　第一大宗旨：化解问题　/058

　　第二大宗旨：实现愿景　/059

　　营销纲领的三步表达模式——持久拉动人心的强势心法　/060

　　"让"字型纲领表达模式　/060

　　"为"字型纲领表达模式　/061

第五卷　行商态势 | 063

　　认清商势——看透顾客购买背后的那双"势利眼"　/063

　　亮剑大势——带动万千跟随的四道可以实现的造势法门　/065

　　造势法门一：明星与专家势　/066

　　造势法门二：权威机构与媒体势　/068

　　造势法门三：顾客认可势　/070

　　造势法门四：销量势　/071

下 部
人性索引——吸引人心的终极营销奥秘

第六卷　追索心理三大铁律——成交十二心法发动篇 | 085

渴望——洞察最深层次的购买真相　/086

第一重境界：解决问题　/088

第二重境界：满足情感　/100

第三重境界：实现梦想　/121

同一——迅速拉近彼此距离的沟通智慧　/129

第一层构建目标：彼此同一　/130

第二层构建目标：了解同一　/132

第三层构建目标：拥抱同一　/135

神秘——即刻激发顾客兴趣的启动按钮　/137

第一大实施方针：引发答案　/139

第二大实施方针：扑朔迷离　/141

第三大实施方针：有始无终　/143

第七卷　接收心理四项法则——成交十二心法加持篇 | 148

信任——让顾客发自内心承认你的真实　/149

铁三角展示第一角：企业真实感　/151

铁三角展示第二角：品牌真实感　/152

铁三角展示第三角：价值真实感　/156

细致——情真意切的极致性描绘手法　/169

第一种描绘手法：词彩化细致　/172

第二种描绘手法：数字化细致　/175

第三种描绘手法：喻体化细致　/179

承诺——斩断顾客一切后顾之忧的定心丸 /181
运用承诺的双重关键性要义 /182
表达承诺的五大操作要领 /186

警示——让顾客不得不上心的心理策略 /193
第一大表达手法：警示重要性 /198
第二大表达手法：警示急切性 /203
第三大表达手法：警示禁令性 /206

第八卷　响应心理五道阀门——成交十二心法兑现篇 | 209

方案——点燃触发成交的导火线 /212
第一档执行方案：按消费度量 /214
第二档执行方案：按产品档次 /216
第三档执行方案：按购买时间 /218

价格——破除显著的购买抵触 /222
第一种表现策略：让人感觉越来越低价 /225
第二种表现策略：让人感觉越来越划算 /227
第三种表现策略：让人感觉定价合情合理 /229

易得——消除顾客行动惰性的攻心主张 /235
实施"易得"的两个成功关键 /236
推进成交的超高效表达语句 /239

随从——创建趋之若鹜的行动态势 /240
揭秘领袖的"随从"操纵智慧 /241
创建"购买随从"的三种表现形式 /242

明确——引导任何人产生行动的第一生产力 /244
创建领袖级权威的指令表达方式 /245
实现购买行动的三重梯度 /248

附1　周韦廷商业思想三大经典篇章 | 256

第一篇　痛点、痒点、卖点，赢得一切商业成功的三大策动点！ /256

第二篇　只要遵循这三大步骤，你的产品就有了赚大钱的保证！ /259

第三篇　采用极简营销三部曲，便可持续稳定赚业绩 /266

附2　阅读下文，了解周韦廷 | 274

职业定位 /275

人生历程 /275

社会评论 /281

思想观点 /285

25条商业秘诀 /285

13条营销真经 /290

21条战略智慧 /292

主要作品三部曲 /296

思想体系 /298

附3　众筹支持名单 | 301

特别后记 | 305

上 部

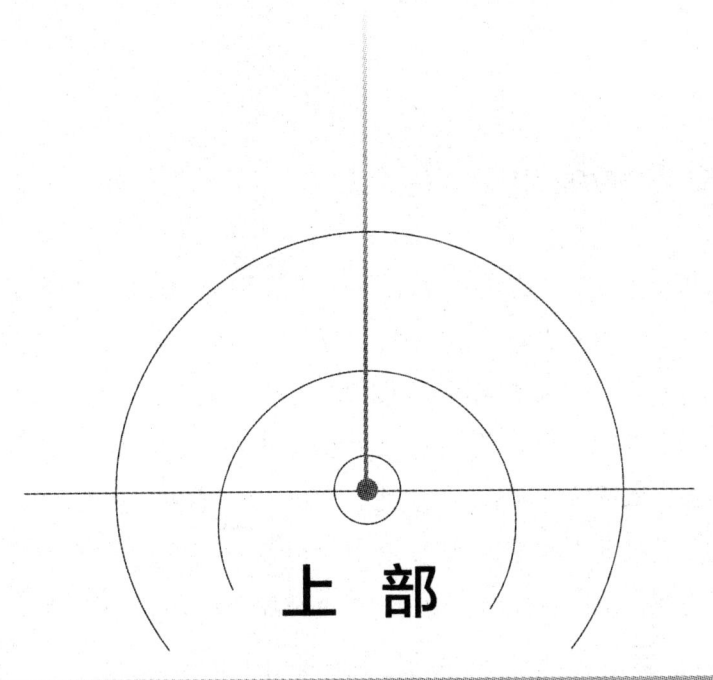

印象战略——让市场归心的第一通道

你可曾清晰地统计过，这样令人尴尬、令人遗憾的经历在你身上发生过多少次？

回想一下，在一次盛大的交际应酬或是商务论坛上，聚集了一群之前未曾谋面的人，当然也包括你。大家为了人际，为了事业，于是创造机会相聚在一起。你很清楚，通常情况下，与会的人都会争前恐后地向其他人推荐自己，生怕错过了时机，因为那是在为今后的业务往来做出伏笔！尤其是倘若到场的人有各路商派的精英豪杰，这可是商场上的"春宵一刻"，机不可失！

为了让彼此之间互相记住，这其中少不了一个最基本的交际凭证——名片。很显然，最终在你的手中，势必也会收到若干张名片，哪怕你自身忘了带名片！

事隔数日，你的手机上收到一个莫名的来电，于是乎，你带着犹豫开始接听电话，对方传来声音："喂，周总，我是卡妮斯侬公司的张晓华，上个月我们在北京国际会展中心见过面的，还交换过名片，我想跟您谈件事……"

你的第六感告诉你，这是一个陌生的推销电话，在绝大多数情况下，你大体会有两种回应的方式。第一种方式，如果你是个雷厉风行的人，你可能会斩钉截铁地挂断电话，速战速决，拒人于千里之外，以防陌生骚扰，因为你的直接判断告诉你，你根本就不认识对方；第二种方式，如果你是个温文尔雅的人，你的回应也只会是支支吾吾、闪烁其词，因为你实在是想不起来会有这个人，你的记忆很模糊。

但不管你以何种方式回应，都会让对方陷入尴尬局面！现在，我们换个立场看，如果你是这个拨电话的人，这种尴尬就献给了你，更让你面临了一个遗憾的结局，因为你失去了一次与一个潜在客户发生业务关系的机会，应该说，这种局面的发生不是一次，而是一次又一次！

而事实上，这两种回应方式不仅仅是你，更是绝大多数人的本能反应——我不认识你，更不记得你。

为什么别人的真实存在换来了你"无情"的漠视？请别忘了，你曾经明明接收过他的名片。

这其中的原因恰巧就在你接收到的名片上。原来，当你收到人家的名片后，你已经帮自己把所有的名片作了分类处理，绝大多数的名片都未能进入你的视线，只好在你回家后，被你无情地埋葬在它们本不应该去的"活死人墓"——垃圾桶，或是在抽屉里尘封，久久不能重见天日。

换句话说，你的脑海中已经没有了它们的记忆！同样换个立场看，这也可能是你自身的真实写照，你所发出的名片大部分也是打了水漂，因为别人也是同样"虐待"你的，虽然别人是无心之举，不觉得遗憾吗？可惜吗？

而另外极少数的名片，你会特地给它们一个热情的款待：收藏于你的脑海之中！事实上，当你接收这类具有特殊意义的名片时，你当时就会愣一下，你的眼光为之停留数十秒，然后好好地收藏起来。而且，通常在回家后，你愿意主动去联络这些人，更加详细地去了解他们，了解他们的公司及业务。总而言之，你已经对这些人产生了深刻的记忆，你的脑海当中已经留下了一个烙印！

这一类具有特殊意义的名片，我称之为"营销名片"。

不得不说，这一类能入人法眼，能让人为之停留，能瞬间在人的脑海当中留下烙印并在人的记忆深处长存的营销名片才有意义！如果你的名片，正是这一类具有实质意义的名片，可想一下，贵公司的生意将会繁荣成一派什么样的景象？

没错，过去我们要建立人际，要打通一桩生意，要宣传公司业务，通常都会拿名片来开路！而在电子商务蓬勃兴起的今天，广告和网站已经普及成了各种商业以及生意的开发器与路由器，更加实质地说，广告和网站就是企业的营销名片！

事实上，同名片效应如出一辙的经历，几乎每天都在互联网的世界中上演。具体来说，当你看到某一则广告资讯或者某一个网站，你有没有在第一时间内被吸引？你的眼睛有没有为之停留数十秒？你有没有自愿地收藏该网站？你有没有去深入了解它更多的内容？你会不会持续往这个网站购买商品？有没有一则广告在你的脑海中留下烙印，驱使你每次都会产生购买它的冲动？

非常遗憾的是，绝大多数的广告和成千上万的网站，都与我们擦肩而过，在我们一刹那的关注之后，都成了过眼云烟，我们根本没有花过多的精力去理会。换句话说，我们每天都在无情地漠视，虽然我们的初衷是为了找一个能适合我们、能打动我们的去珍视它，像重视特别名片一样在我们的脑海中去收藏它，但往往是事与愿违，能在第一时间入我们法眼的资讯实在是少之又少！

可以这么说，消费者漠视你的广告，访客忽略你的网站，这无疑成了你无形的尴尬和有形的遗憾，也就意味着你的这张"营销名片"未能在他们的脑海库中得到收藏。若是想要他们跟你达成购买关系，势必将变得困难重重！

这，正是无数的企业家和商家一直难以越过的第一道鸿沟！

大千世界，千姿百态的资讯，各种各样的网站，种类繁多的产品品牌，到底谁主沉浮，到底谁能从浩瀚的市场中脱颖而出，谁会抢先跳入你的眼帘，谁会让访客有反应？

换句话说，林林总总的"名片"在商场上流动，在你的视野当中徘徊，你到底会先接收哪一张，然后愿意主动与其产生联系？

从我们的直观感觉就可以发现，消费者对某件事物的认知有多深，决定了他与该事物发生关系的意愿有多强。换言之，消费者对你的认知反应程度决定了其是否愿意与你产生联系的意愿程度！

且看一看，人们到底是怎样对一则讯息做出认知反应的？

显而易见，对于不同的讯息，人们会有不同的认知反应，但在我看来，归根结底，无非也就如下四种：

第一种认知反应：我不知道

当朋友向你打听一个你也陌生的品牌时，你的第一反应只能是："哦，对不起，这个我不知道啊。"对于你不知道的品牌，你绝不会推荐给你的朋友购买，你自己更不会轻易去尝试，不是吗？

现在，我想问问你，你知道《姑苏繁华图》吗？如果你不是一个极度热爱中国古代艺术的人，那么这五个字组合在一起所形成的资讯，就会让你感觉十分陌生。你可能会这样回答我："《姑苏繁华图》？我不知道啊，我只知道《清明上河图》！"

当人们被问及从未接触过的资讯时，通常就是这一种反应：我不知道！

第二种认知反应：我听说过

如果我告诉你：虽然《姑苏繁华图》的知名度赶不上《清明上河图》，但它的确存在，也具备一定的影响力。它是清代画家徐扬倾尽24年的心血所创作的一幅描绘苏州风土人情的繁华盛景图，人文荟萃，大气恢宏！

通过我这么简单地描绘一下，那么下次你再被别人问到，或者看到"姑苏繁华图"这五个字时，你的第一反应会是什么？很可能会从"我不知道"变成"我听说过"，因为你在《营销心法》这本书当中听我说过。事实上，我本人是一个痴迷于中国传统文化艺术的人。

是的，有些资讯你没有眼见为实，但你的确听说过，或者听朋友提起过，或者是听说在民间流传过，这是很正常的事情！

"听说杭州西湖上的雷锋塔倒掉了，我只是听说，没有亲见。"鲁迅先生在《论雷锋塔的倒掉》的开篇如是说。显然，即使鲁迅先生的文字功底再高，他也没有注入一点点笔墨去描绘雷锋塔是怎么倒掉的，倒掉的现场是什么样子，他没有！因为他都没有亲眼见到，所以，不敢妄自杜撰事实。而是抒发一个寓意性的情感：人们对封建残余势力的痛恨，以及对无数被压迫人民的同情！

当然听说只是听说，听说的东西还不一定真实存在！如谣言和传说，刘三姐的来历传闻、牛郎织女、孟姜女寻夫，你应该都听说过。听说虽然不一定是事实，但你毕竟听说过，也就是说，至少你的认知反应程度比"我不知道"会有所提升。

这就是为什么有时候我们会在闲暇的时光中，去了解民间传说；我们会在自己没有任何选择意向的时候，去选择曾经在朋友的口中提及过的商品品牌。这就表示，我们在和听说过的事情打交道。

第三种认知反应：我看到过

既然你看到过，那就表示存在！至少这种认知反应程度已经超越了"我不知道"和"我听说过"这两种层面，因为你是曾经亲眼看见过，不是听说的。

我们每天坐地铁，坐公交车，都会亲眼见到许多的广告资讯在我们的视线当中掠过！同样，优酷上无数的视频广告，你可能都见过；湖南卫视的很多广告，你应该也都见过。所以，你确定这些品牌是存在的。如，尼桑汽车的视频广告，你见过吗？那是互联网视频网站频频出现的，应该也多次出现在你的视野当中。你见过优乐美奶茶吗？即使你没买过，如果你是湖南卫视的观众，一定见过他的广告！

事实上，绝大多数的资讯出现在你的面前，你的反应只能是："我看到过。"它只是与你的视觉发生过触碰，没有冲击你的记忆。换句话说，虽然你见过，但在你的脑海当中不能清晰地浮现出它更多的事情，你的直觉不能油然地升腾出一个所以然来。

因此，大多数名义上的"我看到过"，实质上都成了"纵使相逢应不识"。"纵使相逢应不识"到底该如何解释？在我看来，在当下的商业环境下，最明智的解释莫过于：你曾经的确见到过它，这是事实，但你现在与它相逢了，你还是不了解它！无可厚非，大多数的广告你其实都见过，但能让你为之动容、能让你产生记忆的广告几乎寥寥无几。

但为什么香飘飘奶茶的销量会远远超过优乐美奶茶？

很显然，这应该不是你见没见过的问题。事实上，你只要经常收看湖南卫视，这两个品牌的广告，你一定都见过，并且见过的次数应该不相上下，但两者比就比谁能让消费者的认知反应程度更深！

接下来，让我们一起来看看，消费者认知反应的最后一个层次，也是最高的层次！

第四种反应：我有印象

我常常会组织一些论坛和研讨会，在长沙、上海、成都、武汉等城市都有举办过，过去大概每两个月一次，参会的人都是接受过我策划的客户，以及随我学营销的学员。在会上，我常常会问到这样一个问题："你们知道香飘飘奶茶吗？"我收到的回应常常是异口同声说知道！

更让我震惊的是，当我还没来得及问他们对香飘飘奶茶有什么印象时，就已经有一部分人提前响应了："就那个一年卖出十亿多杯，杯子连起来可绕地球两圈的嘛，我的孩子常喝啊……"

我确定，这是他们不假思索的直觉反应，这种反应是不需要任何提示的，这就是——我有印象！

现在，哪怕我是直接问你对优乐美奶茶有什么印象，想必，你也很难给我一个清晰的描绘！请注意，我这里本没有去藐视优乐美奶茶，也没有去怀疑优乐美好不好喝，只是从"印象"这个核心点上阐述他们在营销上的本质差别。

而名片能否成为人们愿意在脑海当中珍藏的"营销名片"，核心点就在于它是否承载了印象！在香飘飘的广告"名片"上所承载的印象，无非就是向消费者表明：香飘飘，就是销量最大的奶茶！

因为不断宣扬这个深刻的印象，香飘飘占据了整个奶茶市场的半壁江山！

当然，连城市也是有名片的！显而易见，能否让更多的人收藏这张城市名片，取决于谁能清晰地传递印象！想必，中国四百多个城市名，大部分你应该都知道，也听说过，而这其中却至少有两座城市成了无数人心驰神往的地方——苏州和杭州，有谁不知道"上有天堂，下有苏杭"呢？

可想而知，人间的天堂，已然成为苏杭的营销名片！因为"人间的天堂"这个美妙的印象，每年都有千百万的游客慕名远赴苏杭观光旅游！我常常不禁想问王潮歌小姐，想问张艺谋先生，你们打算何时创作一部《印象苏州》的实景戏剧演出啊，因为光有《印象西湖》也不足以展现出苏杭那天生骄人的丽质！

记住，凡是没有植入印象的名片，就是没有魂的名片，每天在市场上行尸走肉，不能附体于客户，你浪费了多少张没有印象的名片？

你，会对我有印象吗？

如果等你看完这本书，你愿意请我做策划，或者请我做咨询顾问，或者参加我的培训会，也就是说，你愿意与我发生更深层次的商业合作关系，那已经表示，你对我至少产生了一个印象。因为你深知"营销心法"这个理念是我提出的，《营销心法》这本书是我撰写的，你大脑中会浮现一个印象："哦，周韦廷老师，就那个创作营销心法的老师吧！"换句话说，你想利用营销心法来做营销，你很容易想到我——周韦廷。

事实上，过去绝大部分的客户请我作营销策划，都是因为他们已经对我有印象，有的参加过我的研讨会，有的看过我的文章，有的看过我的前一本互联网畅销书《攻心营销卷宗》，因为我在频频倡导"营销心法"和"攻心营销"这类营销理念及其巨大的营销效应！

因为大力推行这个印象，很多的企业老板和营销人士都成了我的客户，有的和我有了更深层次的商业合作关系！

是的，以上四种情况，就代表了当人们触及某则信息时，其所产生的全部认知反应情况！我希望你今后也记得："我不知道""我听说过""我看到过"，还有，"我有印象"。

如果你希望你的客户、你的粉丝，尤其是市场上的人儿，能在瞬间对你有印象，你会把他们带到哪一种认知反应程度？答案已经不言而喻了，必须带到第四种程度——印象！

因为不管是知道，还是听说过，还是看到过，都不足以唤醒消费者的记忆，不足以牵动他的意愿，唯有让有印象，才是启动关系发生的关键性铺垫！

令人惋惜的是，今天绝大部分的商家和企业家及其营销策划人士所发出的讯息，都沦落到前三个层次，未能触及第四种程度：印象。

对于这个至关重要的印象战略，我是有绝对话语权的！自从担纲企业策划的8年时间以来，我常常感叹嘘唏，当客户让我诊断他的网站浏览量不高的问题时，我要问的第一问题通常都是："咱们换个角度看，假说这个网站是别人的，你是访客，你第一次访问这个网站，你有感觉吗？"

同样，当客户给我看他自己策划的广告时，我也会如此问道："你自己看完这则广告后，是否有一种印象能自发地植入到你的记忆当中去？"而绝大多数情况下，客户都会被问得愣住，因为他们制定的营销资讯顶多只是向访客表示：我有这个东西存在。也就是我前面所述的消费者认知反应的第三种情况：我看到过。

可以这么说，印象在营销上已经不是策略，更不是手段了，它应该也必须上升到战略地位！而且是处于整个营销策划的上游位置！这也是为什么我要把印象战略作为《营销心法》上部的第一原因。

> 确切地讲，人靠印象行销自我，企业靠印象伫立人心，城市靠印象闻名于世，网站靠印象锁定访客！

印象的意义，在任何情况的营销当中，必须摆在首要的地位，不能有任何含糊！

我可以百分之百负责任地说，姑且单独从商业营销上来看，如果仅把"印象"这一环打通，绝不仅是简单一倍二倍提高营业额的问题了，它已经成为壮大企业的坚实招牌！正如本部分的标题——印象战略，让市场归心的第一通道！

同样来说，它也是攸关一个企业能否长期屹立于市场的第一标志！

如果你有心观察（从今天开始观察也为时不晚），你会发现，所有成功的广告，只做两件事：第一传递印象；第二牵动销售。所有成功的网站，也只做这两件事，"营销名片"呢，也只做这两件事！而事实上，这两件事，我将会归结到一件事当中帮你实现你想要的营销成果：印象战略——持续不断地拉动销售！

> 最后的结论是，谁能驾驭印象，直接决定谁能打开市场；谁能打造印象，谁将在市场上走得更远、更长久，无论实体还是互联网产业。

事实上，过去有无数的营销专家、市场营销的学者和企业家，已经在围绕这个中心大着手笔，他们为了追求营销的真理，孜孜不倦，有的人甚至穷其一生在创作一番理论，同时不遗余力地传播商业智慧与营销理论，以给那些行走于残酷商海中的企业家解惑。

你要知道，仅仅沉淀出一本书，都是一项极不简单的工程。我们应该由衷地为他们锲而不舍的探索精神致以崇高的敬意！

但事实上，到目前为止，众多的营销理论都还停留在形而上学的阶段，正如几乎所有人都在谈的品牌营销、市场方向、定位和营销文化等这些抽象的层面，有人干脆直接把营销统一为"创意"二字。

坦白地说，"创意"本来就是一个虚无缥缈的概念，如果用这些理论来指导中国的中小企业家摆脱经商困境，实在有些让他们力不从心。

非常遗憾的是，大家都还没有找到一个清晰明了的路径和一个具体的章法，来突破营销的第一重关口，来真正使得营销像接了地气般的落到实处，而这种能接到地气的路径，只有"印象战略"能切实铺设开！在我看来，不管是品牌营销，还是创意，还是营销文化等这些概念，都没有"印象"二字表征得精准和贴切，事实证明也如此。

那么，印象到底从哪里来？印象是如何生成的？到底什么样的印象才能影响众生？记忆犹新的背后，到底隐藏着什么样的玄机？是谁在你的大脑中画下了"印象"的符号，从而让你久久为之钟情？如何命名，才能让人们产生深刻的记忆，甚至能直接驱动人成交？纲领到底是什么？如何通过制定属于你的纲领，迅速拉动市场占有率，并且能自发地持续扩张？如何通过印象表现力快速激发消费者的购买冲动？

在上部当中，我将从命名之道，战略定位，营销纲领，行商态势，品牌标语等五个印象维度分别向你阐释印象战略的具体生成章法，保证你能迅速地用在你的企业及项目中，收获史无前例的营销效果！

第一卷　命名之道

成交到底应该从哪里开始？

这个看似简单的问题，却潜藏着不简单的答案！

为什么这么讲？

记得在 2012 年 7 月份的时候，我在给上海的一家电子商务公司做内部咨询时，特地在咨询会上就这个问题做了个调研，而我收到的答案也不唯一。客服部很理直气壮地说：成交当然是从沟通说服开始；文案部门说：成交源自产品的文案描写；运营部说：成交是从广告开始。后来，我每给一个新企业做策划或开营销研讨会时，都不会忘记提这个问题，也相继得到了不唯一的答案！

之所以能出现以上不同的答案，很显然，他们都是在一个端点上设想，狭义地理解了成交。但凡具备全局思想的企业家或是项目经理人，就明白成交是一个系统，系统一定有一个流程，这些人一定会从源头来开始向市场进攻，一环一环，步步为营。

而这个源头，指的就是品牌名！

> 事实证明，一个好的品牌名可以至少提高 30% 的成交率，尤其可以成倍地加深消费者对你的印象！所以说，品牌名才是成交的源头，当然也是整个印象战略的最上游。

只要稍作回忆，你就会明白。有没有一种产品，你只要一听闻到它的名字，就很有冲动想去了解，甚至想去体验？我确定，一定会有！且问，在购买一本书的时候，你有多少意愿是冲着书名就买了？

听到好名字，完全可以令人蠢蠢欲动！

在中国人的传统习俗语言当中，为什么常常会有人说慕名前来？慕名前往？慕名了解？这足以照映出品牌名的威力之所在。

可以毫无隐瞒地说，市场上绝大部分的品牌名都只是一个企业存在的标签，或者说一个产品的代名词！如果你昨天的产品名也只是一个形象标签的话，你会后悔，因为这对自己的营销效果大有亏欠！有些亏欠是可以挽回的，至少可以如《孙子兵法》所言的"谋定而后动"。也就是说，品牌应该如何命名，才能彰显出心法的吸引力？

下面的内容——《命名之道》将会透彻地帮助到你。

解开命名的两大普遍性纠结——95%的企业家所误入的命名歧途

在整个市场上，命名有两大纠结点，可以说困住了无数企业家很长时间，也正为这两大纠结点，让无数企业家走向了命名的误区。

第一大纠结：名义归谁

到底该不该以个人名义进行产业化命名运作？

我可以直截了当地告诉你，不管是哪个行业，都不应该以个人名义来进行产业化运作。在我看来，凡是以创始人个人的名字来创建自己的公司名以及产品名，那绝不仅是最大的自私，更是在决策思想上的失策。

你想想，一旦你以自己的名字来创建公司名，大家岁岁年年在市场上宣扬你本人，不管这个公司能发展到何种程度，最后的荣耀和光环都给了老板本人，再说得不太好听，你无非就是始终都希望全体顾客、全体员工以及社会各阶层都往你自己的脸上贴金。实话实说，你是这么想的吗？

在旁人的眼光里，在顾客的眼里，光彩夺目的都是老板本人。咱们姑且不谈利，但在外界看来，最后的名全部给了你！没别人什么事，你让那些跟你一起打拼的团队成员情何以堪！

书生老去，功名未尽，有谁愿品尝此等滋味？

而事实上，不仅仅是财聚人散，名聚人也会散，因为几乎每个人之所以愿意生生不息地在人生的道路上打拼，无非就是为了名和利，除了那些纯粹的道士、尼姑，他们是清心寡欲的。

你始终应该清醒地认识到，虽然你是领导人，但你必须是通过一群人来经营、来撑起这个公司或运营这个产品，从而壮大这个组织。而名利是众望所归，不是唯个人所享有！

放眼望去，不管是实体产业，还是互联网公司，以这种方式命名的机构、产品或企业，已经不在少数。例如，谁的珠宝，谁的面条，什么人的咨询机构，我这里就不具体揭露他们的原型了，你应该心知肚明。连最开始的张兰酒家，最后也改名成"俏江南"了，很显然，掌门人张兰女士是明白张兰酒家是做不大的，她是一位明智的女士，更是一位饱含伟大胸怀的企业家。

如果我本人要纯粹为了推进我自身的名气，我可以称之为周韦廷工作室，或者周韦廷企业发展咨询机构，但我没有如此来命名，而是采用了一种能代表智慧最本源的"道中道"，直接寓意就是——寻到企业发展最好的道路！

郭敬明是他们公司里的创办人，也是在公司里挑大梁的掌门人。事实上，郭敬明已然成为青春小说的领袖人物，几乎每本著作都会成为超畅销的作品。很显然，他的个人影响力已经足以成为拉动市场的保障！

可他的公司名却看不出任何个人名义的成分，"最世文化"寓意是代表了这个世间顶尖的文化潮流，这明显需要一个组织，需要一群人来推进。

原央视主持人王利芬老师创建了国内最大的创业智慧输送平台——优米网，稍微知情的人都清楚，这个网站之所以能整合众多的人脉资源，在很大程度上都得益于王利芬女士在圈内的名望，但公司也没有叫"利芬创业网"。

另外一点，一旦一个公司和产品以个人名义命名，势必会减弱顾客对公司的信赖度。试想一下，你会更相信一个人的信誉度，还是更相信一个组织的信誉度？谁会令你更放心地与之发生关系往来？答案显然是不言而喻！

我跟你透露一个不可逆转的事实，咱们仅仅站在互联网营销的世界里来举例，在医疗产业，没有一个以个人名义命名的医疗产品会很畅销，还能揽收千万甚至上亿财富的，没有一个！

比方采用这种格式的产品名：冯医生药丸，阎医生感冒剂……哪怕这位医生研发的产品功效再大，也不足以在整个医疗市场占据革命性的地位，这不是功效的问题，而是品牌命名的战略和境界。

要知道，个人的魅力永远无法抵挡住一个组织的力量！

> 记住：命名，不能把个人名利凌驾于公司之上！无论这个人在这个行业内威望崇高，还是他只是一个初出茅庐的创业者。

第二大纠结：俗雅之争

品牌名是越俗越好，还是越雅越好？

这些年，我帮助过不少创业型公司及其产品命过名，包括改名。因为在我策划一开始，我都会要求他们改名，原因是我不希望名字在整个营销效果上负下任何一处亏欠！

每当我向他们递交品牌名的时候，很多公司的老板都会召集员工开会进行集体评论，一起来"围剿"我，可见当下老板们的民主思想大有改善。有人说"周总啊，这是不是俗了点"，有人反映说是否可以更加江湖气一点，总之众口难调，完了之后，老板向我提出异议，而我一定会有破解的法门，通常我会回应他们三个问题："你知道你的客户是谁吗？""他们会记得你吗？""他们会不会因为你这个名字而产生购买的意愿？"这三个问题通常可以解除大多数老板的疑虑。

事实上，俗雅之争，并不是褒贬之争，这两者皆可以有一席之地。即使在文学界，也不是流派之争。有人着迷于婉约派，同样也有人倾心于豪放派。

到底该俗，还是该雅，关键是看你所面向的是哪一群人，或者说哪一个阶层的人。

我曾经在武汉举办的一次网络营销研讨会上，讲过这么一句话：

> "当顾客是阳春白雪，你也要成为阳春白雪；当顾客是下里巴人时，你也要成为下里巴人，否则你无法在语言文字表达上与顾客对接。"

在我看来，俗与雅的命名差别，就是下里巴人与阳春白雪的差别。

你想想，你对一些民间市井人物用一个诗意化的品牌名，能打动他们吗？这不是对牛弹琴吗？他们根本听不懂。凡是难以理解的东西，他们都消化不了，也难以产生了解的冲动。假如一个快餐店叫"月满西楼"，这就是自欺欺人！你直接叫一个"好味道"，保证你的客源会络绎不绝，还会让那些食客都感觉自己在享口福。

然而，你去看那些名贵的洋品，几乎全都是高雅的名字，甚至让一般人都领略不透。LV的包动辄数万元，甚至连很多官太太自己也不知道这个英文单词的意思，只是在故作高雅而已。

同样，我确信，即使把雅诗兰黛和玉兰油降价卖给农妇，也很难畅销，因为她们就知道大宝好。姑且不谈品质，只要她们听到名字，就觉得大宝好！

那些腹有诗书气自华的先生们，还有那些已经在红尘中功成名就的成功人士，他们已经不太屑于涉及世俗的生活，他们追求的是境界，星巴克和咖啡之翼吸引的就是不同层次的人群。如果你的产品和服务面向这些人，请为你的品牌起一个超凡脱俗的名字，让他们一听闻，就觉得优雅迷人。

那些饱含文学情结的风情女人看的是红楼梦，而无数90后的女孩子是天天在做梦！在做官太太梦、富婆梦和恋爱梦！因此，如果你做的是女性产品，命名时到底应该是雅还是俗，你可要把脉号准了。

归根结底，品牌命名的核心要领就是用最能打动你客户的语言来创建。他们是能被"俗"快速吸引住，还是愿意听到"雅"，就代表他们能与哪一种语言共鸣，最后谁能与消费者共鸣，谁就容易广获人心！

留名人心的三条核心通道——瞬间催生顾客的第一重购买向往

第一条通道：身份赋予

简单说，就是直接赋予顾客想成为的一种身份象征。

这里，我们姑且不谈所有人，但无可厚非，绝大部分的人从懂事的那一刻起，就有一个梦想，梦想成为什么样的人。有人想成为政治家，有人想成为艺术家，有人想成为巨星，有人想成为作家，有人想成为富翁，有人想成为企业家……再平凡的人也有短期内的愿望，想必，你我也都在其列！

你作为创业家、商人或营销人士，我特别想送给你一句话，叫做：燕雀须知鸿鹄之志！不是"哪知"，而是"须知"！

因为有些人的这种梦想从孩提时就开始萌发了，然后为了这个梦想而努力着，为梦想在祈盼着。因为他们知道，成为他们所期待的那种人之后，会收获财富、荣耀、令人忌妒的风采、受人景仰的身份地位……

这是人心本望，是天性！你想想，一个人好不容易有幸出生，必须得找到一种社会认同感与归宿感。

但再小的梦想也需要外界来助你，需要"贵人"来帮你，因为你知道一路上荆棘重重，你需要"贵人"来帮你成为你期待成为的人，不管最后的结果是否能实现，至少你愿意把你的梦想寄托在"贵人"的身上，而这种"贵人"就是你所期待成为的人，这样的名字在商业世界中物化下来，就是品牌名！

史玉柱的公司叫什么？巨人集团！史玉柱为什么叫巨人集团？想当年，他的梦想是在珠海修筑中国第一高楼，显而易见，可以给这个"巨"一个明了的解释，其寓意就是让所有住进去的人都像这座楼一样强大，虽然中国第一高楼的梦想没有实现，但这个公司名字已经在江湖上响当当！谁又何尝不希望自己变得强大，成为众人眼中的巨人？

一些追求时尚的青少年男孩，尤其是那些纨绔子弟，都想让自己穿得花枝招展，像个花花公子一样，吸引年轻妹妹的眼球。是的，他们想成为"花花公子"——一个屹立于商场60年不倒的世界著名服饰品牌。

另外，我想试问，有没有谁在这个浮华尘世，另辟蹊径，开创一个叫"谦谦君子"的唐装甚至西装品牌，寻找高尚情操与书香文化的回归？如若有谁创建了这个品牌，我肯定第一个购买，因为我也想拥有一下优雅的书生气质，找一找徐志摩、梁思成的感觉。

> 如何以一种代表人们身份象征的意义来命名？核心点就是你的产品能让顾客成为什么人，并且这种人的身份，必须是顾客期待成为的身份，如：富翁、大师、专家、状元、领袖等等。

在我的家乡湖南岳阳，有一个少儿艺术培训学校叫七彩艺校，而里边设置了一个绘画培训班，试问一下，古往今来，全世界造诣最高、影响力最大的画家是谁？我认为是毕加索——全世界人公认的艺术大师！对，这个学校的绘画培训班就叫"毕加索艺术班"，很显然，这也是一个明智的命名举措，无可厚非，家长都希望自己的孩子有一天能成为像毕加索一样的大师级艺术家！

与"毕加索艺术班"这个名字异曲同工的，还有另外一款教学生如何有效学习的教育产品。我们可想一下，学生努力学习最后想成为什么人？毫无疑问，学生在学习生涯最高的期许就是想成为状元，于是，出现了《状元学习法》——一款在互联网上格外畅销的教育产品。

过去什么人最爱饮酒？但凡文人墨客都好酒，意在撩发诗兴，李白、杜甫的那些能成为千古绝唱的诗，大多是酒后即兴而作。"君不见黄河之水天上来，人生得意须尽欢，莫使金樽空对月……"

酒虽然不一定真正能让一个普通人成为诗人，但可以让无数人享受那种成为诗人的感觉，或者体验式地成为饱含小资情调的人！假设以诗人的身份来给一种酒命名，想必会吸引一大批有文化境界的顾客。其实不是假设，还真有这种酒。贵州茅台镇出产了"小诗仙酒"，重庆有"诗仙太白酒"。

仅听这酒的名字，就觉得有韵味。显尽了文化气息，意在让人享受成为诗人的那种如梦如幻的感觉!

你想成为天王吗?天王有什么标志性的配戴饰物?戴一块"天王表"吧,享受成为天王所彰显的王者之风吧!显然,这是天王表想表现出的最直接的品牌寓意。

如果依照这条命名通道,要给一种茶命名的话,你会如何命名?我们简单地试想一下,有哪一种身份的人好品茶,而这种身份又是人们敬畏或者景仰的人,以至于有人毕生的追求就是成为这种身份的人。众所周知,中国历代皇帝都喜爱品茶。由此推之,蕴涵帝王品味的茶,在当下我可以顺理成章地命名成——帝王茶,卖给谁?想必,至少会激起无数达官显贵们的茶欲。你想想,帝王品的茶,是何等品味?康熙品的茶,乾隆皇帝品的茶,成吉思汗品的茶,岂能不是极致的高品位?

我有个网络营销圈内的朋友,专门从事互联网广告投放的咨询与培训业务,当然,他本人在网络广告投放领域的确有一定的成就,他想对他的学员组建一个收费圈子,以便于集中的学习与交流,于是咨询我。

我们想一想,我们仍然基于这条命名通道来命名。很显然,他的学员都想成为广告营销界的精英人物。因此,我给他这个圈子起了个名,叫"天骄汇"。顾名思义,这是一个由一群天之骄子汇聚成的圈子。天骄是一种身份象征,代表精英豪杰式的人物,仅仅半年的时间,我那位朋友的天骄汇已经汇集了过百人数,而且进入这个圈子的每位成员均须缴纳3000元。

女人都爱美,这是几乎所有女人内心深处无法遏抑的天性,她们都想成为男人眼中的俏佳人。如果直接拿"俏佳人"来命名的话,有哪些产业可以与之牵连?服饰、美容品、鲜花等等,这些都是直接击中女人内心的杀手锏!

目前市场上有众多的培训机构,这其中不乏教人做生意的,教人做营销的,教人创业的,总之各种培训机构层出不穷。倘若以"营销致富大会"、"创业殿堂"这种形式来给培训冠名的话,你会有多大的感觉?应该不太会有立刻去体验的冲动吧。

如果按照命名第一通道的理念来切入思考,你会信手拈来,并且会产生直接的杀伤力。问问自己，你的培训课程（即你的产品）能让顾客成为谁，成为一种什么样的、他们所期待的身份象征？想必，如果直接命成"百万富翁制造机"，一定会产生不同凡响的杀伤力！缘由就是你的顾客想成为富翁，就是如此的简单有杀伤力。事实上，还有更过分的营销大师，如"亿万富翁制造机"这种形式的课程名也被美国的那些大师叫得冠冕堂皇。

想必，没有谁不想成为亿万富翁吧？

为什么我目前的 4 套系列课程都是以"领袖"二字来开始命名的？如，本书《营销心法》也是如此。很显然，中国的中小民营企业主，没有谁不想成为商界的领袖人物。

总而言之，你要做的就是，把你的产品名直接嫁接到一种身份上，而这种身份必须能够代表人们的心之渴求，代表顾客想要成为的那一类人，哪怕结果不能实现，也要把人们的期望寄托在这种身份上，这样方能达到攻心的命名效应，然后不断地吸引人心，长久地留住人心。

第二条通道：诉求直达

何为诉求直达？很显然，就是通过直接瞄准顾客当下的诉求来命名。

如果你要问我，商业交易上到底有没有什么是天经地义的？

当然是有的，但只有一个定律：商业交易唯一的天经地义就是——顾客诉求的满足与被满足。没有无缘无故的关系发生，不管在什么情况下，你之所以想去购买别人的产品，就是因为你心里有一个诉求渴望被满足，否则，你就没有购买的动机。

那么，什么是诉求？过去，不管你听到过多少种对诉求的解释，你只要记住我这一句话：

> 顾客所渴望的结果或状态就叫诉求。你之所以去购买美容产品，那是因为你渴望变得漂亮，漂亮就是你的诉求；你生病了上医院，那是你对健康的诉求；之所以有人愿意去上相亲节目，因为他对婚姻有强烈的诉求。

换句话说，在商场上，顾客买的就是诉求，这是市场经济存在的天经地义！

我特别想问你，在营销的过程中，你是如何体现产品诉求的？仅仅在广告中，网站文案，沟通对话当中？

你有想过把产品诉求直接种植在品牌名当中吗，想过吗？

令人比较遗憾的现状是，大部分的商家都没有在品牌名当中直接呼应消费者的诉求，而只是在广告，在网站，或者与客服人员的沟通中，才有此体现。这无疑是营销上的一个巨大的浪费！

为什么不大胆一点，在自己产品的名字上坦坦荡荡地显露出顾客的诉求呢？

既然顾客买的就是诉求，我们为什么不在品牌命名时就收买一次人心？

无数成功案例证明，但凡能把顾客当下的诉求直接落实到品牌名上的产品，都会产生先入为主的吸引效应。换句话说，它也会在第一时间帮助商家打开顾客的心扉。

电视节目名是如何直指观众的情感诉求的？

人人心中都会有太多的渴望，不同的人生阶段会有不可的渴望。正如我前面所言，渴望的归宿都是诉求，无诉求不渴望！在1990年的中国民间，播出了一部感动亿万观众的电视剧，剧情讲述的是在一个动荡的"文革"社会背景下，两对年轻人颠沛流离、磕磕绊绊的曲折爱情经历，及其女主人公内心迟疑不决的情感纠葛。那是在深深地反映那个时代的人们对爱情、亲情、友情以及美好生活的渴望。

这部电视剧的名字正好就叫《渴望》，名如其剧，剧如其名。后来这部电视剧在亿万观众的内心当中掀起了荡气回肠的轰动效应。同时也斩获了四项大奖，可谓是实至名归，赚尽了泪水，也赚尽了荣誉。其感人的故事情节固然是一个成功因素，同时，它的名字也功不可没。因为，在那一段时间，几乎人人都紧守在电视机旁，一边看，一边感动万分地在和剧中的主人公一起"渴望"，正如它的名字一样，人人心中都有渴望……

湖南卫视2011年推出了一档追溯姓氏的文化节目，命名为《非常靠谱》，这个名字是担纲该档节目的主持人汪涵亲自取的。在我看来，汪涵的确是个靠谱的人。这个节目的寓意简直是一语双关,首先直译了家谱文化。然后,直接击中观众的诉求:大家都在追求靠谱的事儿。

这不就是一群靠谱的人,在做一档靠谱的节目,从而吸引一群靠谱的观众来看吗?

你想想看,大家活着不就是想靠个谱,想寻找自己的根吗?另外,当别人跟你提及一件新鲜事时,你常常会问的第一句话无非是:"额,这东西靠谱吗?"显然,靠谱,成了大多数人最首要的直接诉求!换句话说,凡是不靠谱的事情,大家都不愿意去响应。

事实上,该档节目从开播以来,就一直受到众多观众的热情拥护与追随,我个人也是它的忠实粉丝,每期必看!但令人惋惜的是它在去年年底就停播了。当然,这个属于文化类节目商业化运作的问题,整体盈利模式构建得不太可观,这个属于我在《领袖战略思想》的课程当中所要涉及的范畴。但在我看来,该节目在文化情结上是成功的,命名上也是成功的,至少它在观众心目中的影响没有断!

你知道,金庸所有的小说当中,被拍成电视剧次数最多的是哪一部吗?答案是《笑傲江湖》。自从金庸先生创作完该小说后,先后重拍多达九次!为什么重拍这么多次?当然是因为收视率高。

为什么几乎每个版本的收视率都这么高?我们仅仅从这个名字上来看吧,笑傲江湖,直接体现的就是一种自由自在、悠然自得的不羁浪子生活,观众就是想看令狐冲是如何笑傲江湖的,因为他们自己也渴望过上如此坦荡的生活。

假如真能实现,你渴望过上如此美好畅快的人生吗?是的,笑傲江湖,这个名字本身就是观众的诉求,虽然这种诉求未必能实现,但观众们心底有渴望。

"胜"地是如何用"胜"名来引人入"胜"的?

炎热的夏天,你想找个旅游景点去避暑,记住:你的渴望就是避暑,乘凉,假设你不知道哪个地方值得去,你的脑海中没有印象。现在,我给你三处候选地：青城山、九寨沟和避暑山庄。请问，最易直接打动你的是哪一个地名？我想，大多数人都会先考虑避暑山庄。事实上，这三处地方都容易满足你的诉求，因为我都去过。但能从名字上直接击中你诉求的，只有避暑山庄。

品牌命名时，谁能抢先找到顾客的渴望与诉求——你能给我我所渴望的好处，谁就能抢先对消费者产生吸引力，甚至是成交的直接拉动力。

当然，为了避免诉求命名的同质化，大多数情况下，你应该在诉求后面加上一个能体现产业属性的后缀名。

如，山西洪洞县广济寺，诉求直接体现为——广泛接济别人。有没有人希望被接济？凡人都有太多的烦恼需要化解。

苏州报恩寺，无数有感恩之心的人都有报恩的渴求。云南丽江，那是直击人们对美丽的诉求。

还有我本人所热衷的……

我虽然经常去上海，可并不完全是为了给那边的客户做营销咨询与策划的事。有些时候，只是在游玩。而这其中免不了要去两个景地——上海影视乐园和大世界，否则我会心留遗憾。

我之所以去上海影视乐园观光，就是去感受三四十年代旧上海那种十里洋场的繁荣景象。

周韦廷旧上海留影

那个年代的旧上海，一到晚上就是个不夜城，灯红酒绿，歌舞升平，各种享乐会所自然也是层出不穷。其中一个最引人入胜的场所——百乐门，就是无数达官显贵以及潇洒公子哥经常光顾的地方。笼统地讲，这些人去那里只有一个目的——寻欢作乐！

很明显，"百乐门"这个名字是直接击中了这些人的第一重情感诉求——快乐。你想想，一百种快乐，何其多啊，一般的快乐诉求能与之抗衡吗？

因此，百乐门之名因此命之，于情于理，不火都难！"百乐"是诉求，"门"是后缀名。

与百乐门命名如出一辙的，还有另外一个响当当的游玩胜地——欢乐谷！去欢乐谷的游客们，不为别的，就为了那种放松到极致的快感与刺激。欢乐无疑是绝大多数人的诉求，并且是首要的情感诉求。

畅销的互联网品牌如何用"诉求"来体现命名优势？

曾几何时你是一位幼儿园孩子的家长，或许你的宝贝现在就在上幼儿园。想必，在孩子的语言教育方面，你不得不花工夫来辅导他，白天上班的忙碌，晚上教导孩子的费心，费时费神，那是辛苦加劳累，其实大多数家长都面临这样的负担，他们都在希望："要是孩子的中文和英文都不用我教，那该多轻松啊。"这是所有孩子的家长们内心深处的渴求。

于是乎，出现了幼儿园家长的诉求："双语不用教"，这，正是一款畅销的幼儿语言教育产品的品牌名——"双语不用教"，四年以来互联网广告与电视广告经久不衰，因为市场证明它的确很畅销。而且，互联网无数关于此的盗版商横行，因为他们也能分到一杯羹。我曾经是这款产品的网络营销策划人。

人们通过电子商务平台购物，就是希望通过精心筛选比较后，获得自己喜欢的宝贝。显然，这整个行为诉求可以简称两个字——淘宝。不得不说，淘宝网已经在命名上获胜了一步！如今已经自发地形成了消费者口耳相传的问话，"今天，你淘宝没？"请问，有没有谁问过你："今天，你京东没？"有可能问了你也听不懂。

有去网上买个珠宝没？珠宝卖的不是珠宝本身，而是卖的其所表征的涵韵，涵韵就是诉求。周大福，天猫商城就连旺旺客服名称都全是拿消费者的诉求本身来命名的。有的客服叫平安，有的叫智慧，有的叫财富。所以，消费者找谁沟通都有兴趣。

好了，我们来总结一下命名的第二条通道：直接瞄准顾客当下的诉求。评判其成功的唯一标准就是，消费者一看到你的品牌名就能顾名思义——见名即见诉求，见名就会产生想要了解的冲动。

思考一下，如果给一种槟榔进行品牌命名，你会怎么做？看起来似乎比较难。其实非常简单，人们吃槟榔是为什么？简单说就是：无味找有味。至于嚼槟榔到底有什么味，也很难描绘出来，你不信，你要去询问一位嗜好嚼槟榔的兄弟，问他槟榔到底什么味，他也无法具体地描绘出来到底什么味，反正就是有味。

因此，"有味"就是槟榔的诉求，为了产生不同凡响的吸引力，我会把它命成"超有味"。可想而知，仅仅听这名字，势必会让无数人垂涎欲滴，广告词我都可以随手拟出："超有味槟榔——就是嚼（觉）得超有味！"

总之，你要使用第二条通道来命名，大道至简的思维点就是：

> 你必须切中顾客的某一个诉求，然后在名字上直接体现该诉求，这样，你就能用品牌名立刻与消费者"短兵相接"，打通消费者的直观认知系统，也就是直接打通了你们之间发生关系的天经地义。

第三条通道：情愫再现

所谓情愫再现，就是追溯某种历史情愫，然后直接将该种历史情愫承载于品牌名当中，让这种历史情愫在人们的心眼当中重现。

你常常会不经意地回首那些美好的往事吗？再深远一点地说，为什么无数人会对历史文化情有独钟？尤其是那些历经千百年留存下来的经典，简直令人难以忘却。

我们都很清楚,历史的车轮不会倒退。但我们依然想去回味那些美好事物,然后还会在当下社会采用各种方式去重现那些经典。毋庸置疑,念旧怀古成了人们内心深处固有的情结。而人们之所以会产生这种固有的情结,因为它表示着人们对经典文化的喜好与留恋,还出自人们对历史存在的敬仰与尊重。

换句话说,当一种事物直接体现某种历史文化情愫时,就会自发地激起无数人的共鸣,如品牌命名当中,重现某种经典与美好,也会令顾客旧情复燃似地心生情愫!

众所周知,酒水中的大多数成分都是水,但你知道酿造酒水的大成分水是从何而来的吗?想必大部分商家都未曾告诉你。但有一个企业很直白地告诉了我们。"水井坊"的水源蕴含着最纯朴的甘甜与清澈,因为那是从相传凿于公元1408年的古井中采掘出来的水。

请问:现在有多少人还能饮到井水?别说是城市,就连农村也罕见。而人人皆知的是,自来水基本上消过毒,有些区域还存在着水质污染严重的问题。可以说,现代人要想喝到那清甜可口的井水,还真成了一种奢望。显而易见,水井坊品牌所切中的是一种人们对朴素而纯美事物的历史文化怀念。

凤凰网开发了一档对成功人士的深度访谈节目,该节目的核心宗旨是对采访不做任何修饰,回归本源,即让成功者与采访本身皆表现得自然,此档节目的名称叫《非常道》,很显然,这个名字很容易就能激发观众的共鸣,因为大家都知道该名源自中国传统文化旷世经典——老子《道德经》的第一句话:"道可道,非常道。"历史渊源可谓是颇为深厚!

事实上,以"非常道"这三字来命名的公司更是不计其数,如营销策划公司、广告公司,等等,全中国不少于上百家公司在用"非常道"命名。

我所创办的道中道文化传播集团,也是源自于此,道代表智慧、哲学、规律与经营之道,全体中国企业家都应该知道"道"的含义。道中道就是最好的那条道路。因此,很显然,道中道就是为帮助中小民营企业在所有的道路当中找到最好的那条发展道路,我的宗旨是让创业家觉悟,帮你打通战略脉络，打通公司发展之道，也就是为你的迅速崛起与壮大开辟通路。

"众里寻她千百度，蓦然回首，那人却在灯火阑珊处。"辛弃疾的这首绝句，可谓是传世经典，脍炙人口，如此情意绵绵的佳句，你能从当中抽出两个字来作为一个公司名吗？百度就是脱胎其中，我称赞的不是李彦宏的文化底蕴之深厚，而是他将文化经典转化为商业智慧的卓越造诣！

最富有历史情愫感召力的一个字，是"万"字。

我先随便列举几个词吧，例如：万家灯火，万事如意，万贯家财，万古长青，万众瞩目……想必，你已经知道我说的就是这个"万"字，并且，你会很直观地发现，这四个词给你的感觉总是十足的祥和，辉煌，还有大气，原因就是这个"万"字散发的魅力！

为什么以"万"字开头的公司名会如此走俏？如：万科、万达、万通等这些叱咤商海风云的领袖企业，

因为，万字被作为是吉祥的标志，寓意为"万事如意，福寿万代"。万字结也因此时而得之，同时"万"也代表一种尊称，还代表财富的丰厚——家财万贯。

所以说，万字所蕴含的意义可谓是厚重而深远。正因为"万"字所含历史情愫的感召力，越来越多的公司或品牌在命名时，都把万字牵连进来了。

万表网——中国最大的名表商城，如果你仅仅从字面上来理解，那就走了皮毛，这个网站真有一万种品牌的手表吗？不可能有，"万"代表的是辉煌与气场，还有中国人固有的历史认知情结。万车网的命名也是异曲同工。

还有比万表网的命名更简洁的，干脆直接叫万网，这个你应该很熟悉了，阿里巴巴旗下的中国著名域名与主机提供商。我确定，万网的创办者一定非常明白"万"字的历史情愫，你看他网站的那个红色菱形的标志，很明显是中国节的象形，饱含有传统的喜庆与祝福韵味。

以万字来命名的公司还有很多很多，不胜枚举，我可以肯定地讲，成百上千家也是保守估计。当然，"万"也仅仅是一个特别的汉字。事实上，像"万"字一样饱含如此深厚历史情愫的中国汉字还有四个。换句话说，用这

四个特别的汉字来命名的话，依然是意味深长，引发共鸣，若是有机缘的话，我会在我们道中道总裁课堂上继续跟你揭示这四个特别的汉字。让你简单、直接地为你的公司命出气宇轩昂的大名，让别人一听名字，就觉得你公司鼎鼎有名！

如果依照以上所述命名的第三条通道来命名的话，你所要做的，就是找到一种大家都认可的，并且是早已深入人心的历史情愫，然后与你的品牌名连接上。让它传承的营销道脉源远流长，因为，经典真的可以历久弥新。

让我们一起来总结一下，赚取人心、留名人心的三条通道。第一条通道：直接赋予顾客想成为的一种身份象征；第二条通道：直接瞄准顾客当下的诉求；第三条通道：体现一种历史情愫。

如果秉承这三条通道思想来为你的产品命名的话，你不仅一开始就能打动人心，而且还能持续不断地拉动营销效应。事实证明一点，产品或公司的名字，对整个营销起着至关重要的作用。因为名字，就是直接在为成交铺路。

品牌命名，是无数人忽视，也是他们解不开的困惑，请你务必要多多上心，你只要依照这三条通道，你已经轻松地打响生意成交的第一炮！

第二卷　战略定位

你，是干什么的？你到底是干什么的？你是否清晰简明地向消费者描绘了你具体在干什么？

想一想……

而事实的现状是，无数人面对这三个问题都会觉得越来越模糊，越来越闪烁其词，从而导致的结果就是让顾客扑朔迷离！可惜的是，大多数的网站，都是如此疏远访客的。

走着走着就散了，那是一种凄美；还没有开始走，就散了，那是一种凄凉。

战略定位的出现，就是让访客愿意随你走，并让有缘人跟你一起走下去。具体来说，有了战略定位，你就能让顾客一目了然，知晓你到底是干什么的，更重要的是，你能让那些有缘的访客了然于心，你值得他们去关注你，去了解你。

换句话说，品牌正如江湖上的一个门派，而战略定位象征着每个门派的门规与信仰，信仰华山派的别进嵩山派的门，如若中途有叛变，那是你这个门派的凝聚力不足。所以说，每个门派也还必须要有各自的杀手锏，从而在江湖上扬名立万。

因此，战略定位要让顾客产生明确的认知度与深刻的印象，必须体现两重关键性的要义：

第一：战略归宿——必须表达你所在行业或领域的归属；
第二：战略高度——必须彰显你在这个领域中的高度、地位与格局。

战略归宿——迅速获得一席市场的四条实施途径

事实上,早在20世纪后期的美国,就有两位品牌营销大师——里斯与特劳特,首次提出了定位理论,尽管二位前辈一而再、再而三地强调"简单"这个理念,可他们长年累月的教化在外界看来貌似越来越烦琐,你仅仅看他们围绕"定位"理念所创的著作就多达13本,13本看完要多久?要完全理解清楚,又需要多久?而且里面全是美国龙头品牌的案例,无数的中国商界人士当初也为这两位大师的理念津津乐道,后来却越看越迷糊,出不来了。于己而言,实在是有些力不从心。

我特别注重中国的战略思想,于是我称之为战略定位。在我看来,所有的战略都起源于人性所需。因此,我们无须参照任何书经理念,只需要直接从消费者的心理与行为常态来思考。

在我看来,战略定位只有四条核心途径:①为谁使用——产品给谁使用?②为何使用——顾客为满足什么诉求而使用?③在哪使用——顾客在哪种环境下所使用?④派别创建——顾客基于什么理念来使用?一旦你采用以上四条途径,你会发现,不管你经营的公司所属哪一个行业,也不管你如今身处何境,战略定位的实施都会变得触手可及,变得真正简单而产生绝对的营销杀伤力!

第一条途径:为谁使用

女人考验男人的恋情时,只有两个心理层面,第一个层面:"你喜欢我吗?"第二个层面是第一个层面的升华:"你只喜欢我吗?"这两个层面的核心意旨就叫专一。

而顾客看到一个商品时,首要想到的问题是:"你的产品是为我设计的吗?"如果是,那太好了,那我想了解一下。第二个问题:"啊,你的产品是专门为我设计的?"如果是,那一定知我心,懂我情,这个就叫钟情。当你能明确提出你面向哪一类顾客群体时，会让这一群人像得到恋人一样油然生成归宿感与优越感。

自从手机问世这么多年以来，竞争可谓是越演越烈，尤其是国际手机品牌在国内的急剧膨胀，使得国产手机市场逐渐萎缩。但那些懂得战略定位思想的创业家，依然可以突出重围，巧夺手机市场的一片蓝天。朵唯，正是如此应运而生……

近两年，朵唯女性手机以雨后春笋的发展态势一跃进入了国内智能手机市场的前五强，已然成为新一代国产智能手机的佼佼者。仅观其名，我们就能清楚地明白，它的成功与其清晰而显著的战略定位息息相关，不可否认的是，它已经在广大女性消费者心中留下了深深的烙印——朵唯女性手机，专为女性所享用。

手机的人群定位，除了按男女划分外，还有没有其他的划分方式？想必，这个无须我说，按照这种战略定位方针，你还可以推衍出若干种定位。如学生专用，男人专用，老人专用等。其实，雅器老人手机也是因此而诞生！

雅器——全球老人手机的领导者，深圳的一个本来从事工业设计的公司（嘉兰图）开创了这个品牌。"老人"这个很明确的战略定位，给这家公司创造了又一波生财的机会，事实上，他们已经给无数老人们带来了福音。换句话说，他们已经成功地开创了一片属于自己的手机市场。

产品给谁使用？你必须瞄准某一个顾客群体，然后明确地从你的大行业当中离析出来，你带走的就是一个大市场。如，护肤品，很明显是一个大的行业，在护肤品所面向的客户群体当中，可以提炼出很多种客户群体。天猫商城上的亲润旗舰店，面向的仅仅是一个独特的群体——孕妇，可是业绩极为不菲，零售价格也不低。

记住：百花齐放的结果一定是百家争鸣，有如春秋战国时代的市场混乱局面。而你要做的是，瞄准某一类客户群体，让这一个群体找到归宿，统一战略方向，向市场清晰地宣扬："我的产品就是专门为你设计的！"

第二条途径：为何使用

假如你的产品看起来是大众化的市场，像王老吉一样，可以惠顾天下人，这时你又难按人群来取舍，那就直接提炼出一个"怕上火"的诉求来吧。消费者之所以想要购买你的产品，一定是有一个或多个诉求想要被满足，这是"购买"关系链中最显而易见的真相。

想要从林林总总的诉求竞争中脱颖而出，必须果断地进行取舍，直击某一个诉求。你想想，一个男人送十朵蕴含不同花语的花给女朋友，势必会让她眼花缭乱，甚至觉得你心猿意马。极有可能，她心里会疑惑："你什么意思，你不知道我喜欢什么花吗？"

既然想要消费者钟情某一朵花，那就送一朵紫色郁金香吧，正如它的花语一样：唯一的真爱，今生无悔！寻找到她唯一的真爱后，她真的会感觉如获至宝。

农夫山泉有点什么？有点甜！一定有人喜欢甜的口味。而娃哈哈不卖"甜"，他卖的是另外一种诉求——纯净，因此叫娃哈哈纯净水。同样，一定有人偏爱"纯净"。

我们再看一看两个基于诉求定位而诞生的电商案例。

淘宝聚划算——天天有折扣，这是斩钉截铁的刚性诉求。尤其对于那些购物狂，象征着天天都有挡不住的诱惑！

而在整个互联网市场上，卖女士文胸的商家不计其数，少说数百家。如何从如此白热化的竞争当中脱颖而出，或者夺得一席之地？那就直击女性的诉求，让他们想怎样美，就可以怎样美。于是，我去年为薇可薇姿天猫商城作了"优美姿态自动调整型"的战略定位，目前的日销售额已突破万元了！

不同的男人会有不同的择偶标准，有人喜欢开朗可爱型的，有人偏重多愁善感型的，有人喜欢高贵气质型的，还有像我一样钟情有情有义的女孩。但我深信，最终每个女人都会找到自己的归宿。换句话说，不管哪种类型的诉求，只要你能从你的产品当中提炼出来，铸就这个坚实的定位，就一定可以成为某一群消费者的真爱。

第三条途径：在哪使用

你不得不承认的事实是，不管圣人凡人，任何人都没有分身术。换句话说，在某一个时刻，他只能存在于某一个环境下，当他身处在某一种特定的环境下时，他希望的是，能在当下他所在的"专场"找到最适合这个场的归属体，从而发挥出当下他最期望的最佳生活状态！

为什么你在学校穿一身校服还觉得饱含书生气质，举手投足洋溢着一股青春学院风。但当你跨出学校大门，走上工作岗位时，再穿上那套曾经让你爱不释手的校服时，你已经感觉不那么合适了？很显然，这是受环境适从的影响，你希望在特定的环境下享用特定的产品或服务。

你应该在办公室里穿专业的工作服来映衬你的工作姿态，如果你在影视拍摄现场做演员，你也只会为戏服所钟情，但如果谁在家里或者在应酬酒会上，穿一身龙袍，这显然不合时宜。

因此，基于在某一种环境下使用，已然成为顾客最显著的认识标签之一。换句话说，这一道法门也一定有其在战略定位上的用武之地！

还记得前面我在"命名之道"的部分，提到的"净之泉"净水器吗？仅观其名，你就能直接看出它的战略定位——干净！它是采用了战略定位的哪一道法门？很明显是第二道法门，因为它是在直接满足顾客的某一个诉求。

如果还有谁同样是做净水器，是不是一定得采用第二道法门来进行战略定位？答案是不一定。你完全可以开辟另一条路，也就是采用第三道法门：让客户在某一种环境下使用。在办公室，在厨房，在大厅，在医院，都能占据市场的一席之地。

要采用"使用环境"这一道法门为你的产品或服务进行战略定位，你必须明确提出并专注于某一种环境或使用场所。假如你公司是做座椅的，到底是适合办公室场所，还是安装在汽车内，到底是专注公园座椅，还是成为各种会场的座椅提供商？

你若能从海阔天空的大环境中分离出来某一种特定的环境，你已经占据了先天的定位优势。而无数人最大的不幸，就是想狂揽天下全景。试问，揽天下景，种何种情？导致的结果就是：顾客无法对你生成印象！

"车到山前必有路，有路必有丰田车！"记得这句广告词吗？这句广告词在过去的传唱度几乎是家喻户晓。想必，其所宣传的含义再透明不过了，无非是在向消费者表明：丰田车是（山路）越野车的必需品牌。换句话说，它在明确地告诉你："如果你要在野外山路这种环境下开车行驶，丰田车一定是你的选择，因为已经有无数的人在野外使用丰田车"。

但遗憾的是，事实上，丰田公司并没有一直只专注于越野车。也就是说，丰田车并不是只做在野外行驶环境下的汽车品牌，而是在全方位扩张车型。因此，这句广告词，就显得泛泛而谈了。至少，丰田公司的战略定位并没有和他的口号真正连接得很到位，以至于在越野车的范畴内，让悍马和路虎等专注于越野的品牌夺了先锋。

如果仅从广告宣传口号来看，在我看来，"路的终点，就是悍马的起点"也没有"车到山前必有路，有路必有丰田车"彰显得如此清晰、透明、显而易见！事实证明也是如此。只是，丰田在战略定位的实施上没有完全遵从他自己所宣扬的初衷。

你过去亲临现场看过多少种演出？话剧、戏剧、音乐会、杂技等各种形式的艺术表演，想必你应该都不陌生。毋庸置疑的是，绝大部分的演出，整个表演过程都是在室内进行，如在某一个会场或大厅进行。

如何让演出更真实？如何让表演更加震撼人心？那就换一个环境。王潮歌和张艺谋两大名导敢为人先地打破了过去表演的"环境束缚"，开创了表演艺术史上一道非同凡响的风景线，那就是近九年来一直受到无数观众追捧的印象系列，其定位为全球最大的大型山水实景演出！

为何称之为山水实景演出？仅这六个字，我想你应该不难理解，也就是室内与场外的表演环境区分罢了。但如果你没亲临现场去体验，你很难真正感受到那种以山水为依托的演出磅礴盛势。那是另一派别出匠心的画面，反映的却全部是人间的真情：那里有多情的汉子，有美丽的姑娘，有气象万千的壮美山水盛况，更有缠绵悱恻的爱情故事，那是一群纯朴的人儿一起真实谱写出的一幕幕令人心动的民俗风土人情！

我等为之叹为观止，因为我和几个朋友一起在桂林呆了七天。坦白地说，之前我也从来没去过桂林，但一直对那很向往，也是专程为了观赏《印象刘三姐》。因此，我感受颇深，后来，我又特去看了"西湖雨又风"的印象西湖，依然是各领风骚，令人难忘……

印象系列作品的产业效益到底有多大？我告诉你几个真实的数据吧，七大印象作品净收益超过十亿，而仅仅印象刘三姐，就拉动了当地十万人的就业，据王潮歌本人自述，在印象刘三姐入驻阳朔之前，整个阳朔仅有一家四星级酒店，后来发展到七八家，你可想而知，这种文化产业对当地的经济拉动力有多大！

我们继续从战略定位的第三道法门来看，很显然，王潮歌深深地明白，要让观众对演出印象深刻，必须换一个新鲜的演出环境，那就直接采用场外实景演出。大型山水实景演出，就是直接和室内环境演出做出了一个对比鲜明的战略定位。况且，每个子作品还有各自的地点定位，如印象西湖，那只能固定在杭州西湖来演出，要看印象丽江的观众，你必须要远赴云南丽江去观演出，如此一来，不直接拉动当地的经济增长，那才怪了！

第四条途径：派别创建

整个中国社会就是一个影响与被影响的社会，换句话说，你要么影响别人，要么被别人影响。那么，影响人的到底是什么？答案是思想，纵观整个人类历史上，每一次变革，都是基于思想的推动，具体来说，就是理念在影响人心！

任何理念都可以自成一派，只要他有自己独到的风格与习性，一定会有一批人趋之若鹜地追捧。原因就是人类与生俱来就是思想的宿主。

同样，从营销上来看，人类每前进一步，都会有一种或多种生活方式的变革，而但凡是变革，势必会受到无数人的追捧，因为某一种理念能生成，一定有其独到的优势。变革到底有多难？换句话说，开创某种理念到底难不难？其实仅仅是在已经存在前提下，增添另一种色彩而已！

在战略定位的开篇，我就有提到一个家居品牌乐家巢——仓储式外贸家具销售中心，"仓储式"是一种理念定位，这种理念定位优势在哪里？省钱30%以上！

同样是家居行业，还能如何按理念定位？红木家具，橡木家具，这都是在倡导或发起某一种理念。请记住：理念必须是该品牌本身独有的特质。

过去中医用针灸给人治病，疏通脉络，都是采用手动扎针的形式，这样是免不了会给病人带来一定程度上的疼痛。因此，有个民营的医疗企业，打破了传统的针灸方式，采用磁疗的方式来梳理病人的经络，从而免除了病人的疼痛之苦，我们称这种先进的疗法叫做智能针灸，这也是我本人亲自为该公司所做的战略定位和营销策划。很显然，"智能针灸"是我们开创的一种全新的理念！

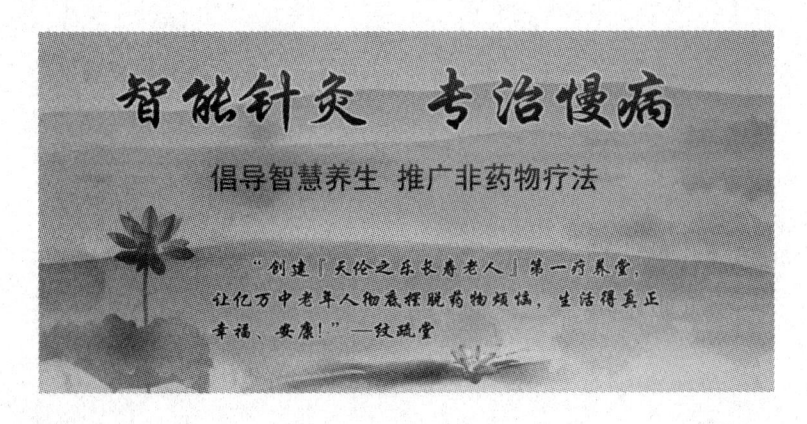

智能针灸 专治慢病

倡导智慧养生 推广非药物疗法

"创建『天伦之乐长寿老人』第一疗养堂，让亿万中老年人彻底摆脱药物烦恼，生活得真正幸福、安康！"——纹疏堂

你若要使用"基于某种理念"的战略定位，其核心的操作要旨，简单直接来说，就是必须从你所属的行业中，提出一种新的方式。要么是生产方式，

要么是消费者的使用方式，这两种方式通常都是相辅相成的。然后必须要告诉消费者，你这种方式的优势在何处！想必，我这样说，你应该很好理解了。

比如，要根治某一种外科炎症，不同的医院可以提出不同的理念，来赢得一部分患者的口碑。如激光化疗、手术切除、磁疗梳理、中药敷贴等，这些也都是基于某一种方式。换句话说，你是通过一种什么样的方式来解决顾客问题的。当你定位为某一种理念，你必须反复向消费者强调你这种理念的优势。只有这样，你所基于"理念"的战略定位才能成功！

归根结底，战略定位要想简单、有效、清晰、分明，就是以上我所述的这四条途径。我们再一起回顾一下，第一条途径：产品给谁使用？第二条途径：顾客为满足哪一个诉求而使用？第三条途径：在哪里使用？第四条途径：顾客基于什么理念而使用？只要你遵循其中的某一条途径，你一定可以很快很清醒地为你的品牌打造一个能立足市场的战略定位！

整个战略定位就谈至此处，当你运用到自己的公司、产品或营销网站上时，你只需要牢牢地扣住"四大法门"和"二大杀手锏策略"，哪怕你还只是一个很小的项目，也能让你迅速在战略定位上立于不败之地，你必须相信，只要战略是明确的，只要策略是制胜而具备心法力量的，星星之火，一定可以燎原！

第三卷 品牌标语

你的公司有设计广告语吗?

你有特地为你的产品打造推广口号吗?

通常情况下,一个公司都是从如下三种方式来编织广告语的:

第一种方式:领导人独自一个人思想天马行空,绞尽脑汁思考创意,最后拍板定方案;

第二种方式:召集一群创业伙伴一起头脑风暴,集思广益收集"非同凡响"的点子;

第三种方式:交给专业的做传统品牌策划的公司来全盘负责。

你偏向于采取哪一种方式来打造适合你公司的广告语?

坦白地讲,无论采用哪一种制定方式,都会有一定的难度。因为你心里没有谱,所以你也不知道什么样的"广告语"是靠谱的。

因此,你常常会为最后的"尘埃落定"而纠结无数次,费时费力还要费钱!要知道,找传统的品牌广告策划公司,策划一支广告语,通常都得支付至少数十万元人民币!

而且,创作一条广告语还不是最难的,毕竟学富五车的工作人员也不在少数,更难的是等待,是市场反馈效果的等待!

这并不是你一个人所遇到的困难,事实上,这是整个市场上95%的商业企业家所面临的难题,在我看来,无数功成名就、卓有成效的大企业的广告语也只是红尘中的摆设和形式,最多只是个点缀而已,事实证明也是如此!

你想想看,纵观大千世界,在浩瀚无边的商业江湖上,你的脑海中还留存着几条广告语?想必只有屈指可数的几条。

当然,这屈指可数的几条广告语,却魔法般地一直在影响着你的消费意识以及你的购买行为。没错,广告语对市场的运营的确意义非凡,否则,它也不会成为我《营销心法》当中的重要组成部分。

而广告语之所以如此难以掌控，其实是因为"广告语"这个营销术语本来就有问题，因此，在本书中，我决定将其改为"品牌标语"，因为在我看来，品牌标语会比广告语更加的贴切，更富有营销的实际意义。

为什么说品牌标语会比广告语更贴切，更实际？

请你仔细地想想，广告语的终极作用到底在哪里？搞清楚这个本质性的问题，你在广告语的制定上，已经解除了一半的困惑。

毫无疑问，你不管采取什么样商业政策，最终目的都是想把产品推向市场，让消费者接受，具体来说就两点：

第一，拉动产品销售；第二，传播品牌印象！

除此之外，都不是你的初衷，而"广告语"的推行也逃不开这个初衷，不是吗？而这两个初衷，正是我旗帜鲜明地将"广告语"改成"品牌标语"的缘由。

为什么无数的企业家，及营销人士策划的品牌标语都达不到这两个核心要求，那就是因为传统营销情结造成的，如"创意情结"在作祟，"美感情结"在作怪。

你发现，当你咨询很多品牌策划大师或广告大师的时候，他们通常都会告诉你，广告靠的是创意，让人感到凄凉的恰好的就是这个所谓的创意和美感，把绝大多数有志进入广告策划圈的新人的憧憬和信心都给拦截了。

更关键的是，他所谓的创意和美感，根本不能为企业创造实效。具体来说，也就是不能为产品带来销量，更不能传播品牌印象。

这是绝大多数广告人以及企业家的误区，我们需要将这种误区情结革新！

因此，从现在开始，你必须时刻牢记品牌标语的两大宗旨，抓住"销量"和"印象"这两大基本点不动摇，你才有可能获得真正意义上的成功！否则，你依然会是天马行空，或者自我陶醉，无法真正获得市场。

那么，品牌标语的制定到底难不难，奥秘到底在何处？

印象诉求——品牌标语的成功命脉

印象诉求，你可能没听说过，这是我独创的一个概念，接下来我会具体地阐述印象诉求的要义和使用法门。

我先跟你确定，这个概念至少值 1000 万！甚至对于大企业而言，远远不止这个数值！这并不是我周韦廷很狂妄，而是绝大部分的企业，绝大部分的广告策划专家，以及所谓的广告大师，都没有触摸到这个核心，没有领悟到这个本质，以至于他们会在品牌推广上导致无法估量的损失。

具体来说，一个中型企业的广告语，如果能抓住"印象诉求"这条命脉来拟定广告语的话，那么，它一年就可以至少拉动 30% 的销售额的增长量，更关键的是，随着时间的推移，社会各阶层对其产生的品牌印象也会越来越深。

只有紧扣品牌标语的本源动力，秉乘以下四大要旨，你才能拟定出真正具备切实效用的品牌标语，并且还会持续不断地产生绝对杀伤力。

同时，我可以 100% 确定的是，以下四大要旨，也是你评判一条品牌标语是否能生成市场实效的唯一标准！

第一大要旨：诉求实质性

意思就是：品牌标语必须体现实质性的产品诉求，而不能是形而上学式地泛泛之意。

咱们中国有一个电脑品牌的广告语，被评为世界 IT 界十大经典广告语。是哪个品牌？我直接提出来的话，相信你应该也不会陌生，"人类失去联想，世界将会怎样？"联想如是说！但是我要告诉你的是，这是所谓的专家和学者评出来的，而不是消费者用实际行为评出来的！

你注意，"不是消费者用实际行为评出来的"，我所说的这句话非常关键，那，这句话到底如何理解？

当然，首先我可以肯定的是，联想电脑在全中国的确占据了非常大的市场份额，这是毋庸置疑的，并且我本人也是联想电脑的忠实粉丝。联想之所以在华人市场上如此受欢迎，因为它是土生土长的中国纯正品牌，是国人的骄傲，更关键的是它经久耐用，性价比高。

简言之，是联想本身的实际口碑所形成的影响力，而不是这条广告语的作用！

你想想，当你想买什么样的电脑时（如什么功能，什么诉求，你的渴望），你的脑海中能不能立刻浮现出联想这条广告语，然后催生出你的购买冲动？你很难想到！另外，单独把这句广告语拿出来看，也就是任何一个消费者初次见到这句话，他能不能想到是联想电脑？也很难！

因为"联想"本来就是中国人常用语言认知系统中的一个抽象动词，换句话说，"人类失去联想，世界将会怎样？"这句话拿到哪里都成立，用于日常交流也好，它不是一种电脑的代名词，除非它带上"电脑"二字。

在我看来，用"人类失去联想，世界将会怎样"也比不上"联想，做最值得中国人骄傲的电脑"来得有实际意义！

其实是你先知道有联想电脑这个品牌，你才可能想到它的广告语；而不是你先有什么诉求，再想到联想的好处，再想到联想的广告语，以及联想到"联想"这个品牌。

而消费者在购买任何一件产品之前，必须是以自身的需求放在第一位考虑的，然后想，什么样的产品能满足我的需求。这是品牌标语之所以能拉动产品销售的核心实质，请君好生琢磨这句话。

因此，很显然，联想的品牌标语，是没有体现实质性的诉求的，它只是一种意会而已，让消费者去意会这么句话。用我的话来讲，就是一种形而上学式的泛泛而谈，这条广告语是很难直接拉动销售、拉动市场的，联想真正靠的是它百折不挠的内功修炼——品质。

只是，产品归产品，广告语归广告语，正如周作人先生所倡导的"人归人，文归文"一样！不过，如果能将人文合一的话，不仅是锦上添花，更是同舟共济。假如联想在一开始（创业初期）能内外共修的话，一定会让其节省不可计量的市场推广费。

"我的眼里只有你",你能瞬间想到的是什么?不出我意料的话,你直接感觉到的是:"周韦廷老师对我的喜欢,周韦廷的眼里有我这个读者",没错,《营销心法》这本书是我写给你看的,所以,我的眼里当然会有你这个读者了。

可是,它同样是一个知名纯净水品牌的广告语,很显然,在消费者的心中,"我的眼里只有你"不只是娃哈哈纯净水的"专利"。

换句话说,这句话对谁都可以说,尤其最容易想到的是恋人之间的告白,不是吗?娃哈哈夺得庞大的市场,也不是靠广告语的拉动,靠的是渠道的整合力量,娃哈哈是中国做渠道营销的领军品牌。

相反,农夫山泉的成功,却与它的品牌标语有着千丝万缕的关联。

因为,农夫山泉的品牌标语当中,是有实质性诉求的。想必,"农夫山泉有点甜"这句广告语,纵使不是家喻户晓,也是口耳相传了。农夫山泉卖的是一个字——甜!设想,当一个消费者走进超市,想喝清甜可口的矿泉水,其大脑里会自发地出现一个声音在不知不觉地提醒他:农夫山泉有点甜,那就买农夫山泉吧!

这个"甜"字,就是农夫山泉输入给大众心智的——印象诉求!

农夫山泉,就是一句品牌标语唱响了一个品牌,更有实际意义的是,这句标语拉动了其整个市场的份额,也就是将"销量"和"印象"一举两得!

"中华永远在我心中!"如果我跟你讲这句话,你有没有感觉我挺伟大,挺有神圣感的?听起来仿佛似一名爱国者的使命一样,亦仿佛一位革命者的宣言一样,也就是说它是一种很正常的抒发情感的语言。但你能想到中华牙膏吗?很难!

事实上,当下还在用中华牙膏的消费者已经是为数不多了,顶多是有人先跟你提起中华牙膏,你才有可能联想到这句品牌标语。但如果你对保护牙齿有什么样的需求,就无法联系到中华这个品牌!因为"中华永远在我心中"根本没有体现实质性的诉求,你要防蛀牙,你可能想到的高露洁;你希望牙齿更洁白,你可能想到的是黑人,或佳洁士。

为什么绝大多数的产品,把品牌广告一拿掉,产品就卖不动?

因为消费者只有先想到那些品牌名才能想到那些广告词,而当消费者们产生某种诉求时,却想不到他们的品牌!

这很明显是主次颠倒,根本没有抓住消费的本质!

我们绝大多数的人都有一种顽固的思维意识,那就是总喜欢从事物的本身来看,总站在自身的角度来观赏,自认为挺美,自认为非同凡响,殊不知,那只是一种孤芳自赏,更过分的是,遗留在我们大脑中的某种认知,总认为那些大企业的品牌标语,就是最好的,最令人折服的!

如:"人类失去联想,世界将会怎样""中华永远在我心中""一直被模仿,从未被超越"等广告语,好像觉得挺霸气,挺有气质,挺能代表权威,挺能代表官方,挺能代表主体思想,但非常遗憾的是,就是不能代表消费者的诉求和思维!

为什么很多创业型企业家所拟定的品牌标语,都很难获得市场?

那就是因为我们大多数人都被所谓的具有美誉度的,富有创意的广告语所蒙蔽了,你在参照他们的思维!好像觉得挺美好,很有深度,很有意境,但是没有用!至少对你没有切实的用处!因为他们根本不是因为这一点而成功的,而无数人偏偏认为他们是这样成功,这是无数人所误入的商业歧途!

我们要降伏的是用户的心智,而不是在乎"无关者"怎么看!

创意,趣味,美感等形式的广告语,只是因为人家看到你的品牌,才能想起你的广告语;但问题是当人家要解决某一种问题,要满足某一个诉求,想进行商业活动的时候,想不起你的品牌。换句话说,也就是无法让别人主动与你产生联系。化解这个问题的第一通道就是,你必须在你的品牌标语中体现实质性的诉求,这也是我所谓的"印象诉求"的第一要旨!

事实证明,真正能持久拉动销售,并铸成品牌印象的,一定是那些富有实质诉求的品牌标语!

破译：广告标语的实质内核：诉求——解决！

具体来说，就是提出诉求，给出解决方案。所谓解决方案，就是要堂堂正正地告诉顾客，谁来满足这个诉求，那当然就是你自己了。

顾客到底能不能在第一时间内跟你的品牌对接上，他最本质的内心对话，就两个问题："我有什么问题？""我应该怎么办？"这两个问题，就是永恒不变的消费禅机！

我有个客户在成都做老年健康产业，他们发现，老年人在治疗慢病时，越来越厌烦吃药，为了解决这个问题，他们做的医疗产品主打的是"智能针灸"的理念。

那我们怎么来做这个品牌广告标语呢，我总不能一上来就给他们来一个形而上学的"让老年人拥有一个温馨健康的晚年"这种语句吧。要想直观地拉动顾客的消费行为，必须找到顾客身心当中最显著的诉求点。所以，最后就成了——"慢病怕吃药，就来纹疏堂"。就是如此的直接利索，三千元一年的理疗卡，一万八千元一台的设备也能卖得风生水起，只是因为他们解决了老年人在治病上的最实质性的诉求。

慢病怕吃药，是实质诉求；就来纹疏堂，是解决方案。

在我们老县城，有一个卖化肥的贴牌商家（批发零售都做），做了四五年，生意一直不见起色，因为卖化肥的商家实在是太多。有一年过年回家，我刚好路过，于是就聊起来了，父老乡亲嘛，总得帮一把吧。我一看他自己贴牌的名字，基本上就没有入我的眼，估计更不能入农民伯伯的心，五个字的名字全是用原料结构组合而成的，我到现在都不太记得了。

试问一下，有几位农民伯伯有高深的学问来了解你这些原料？

我反问了他一句："你做这个化肥生意，对你自己而言，你的目的是什么？"

他回答："我做生意，当然是赚钱嘛。"很朴实的回答。

我紧接着追问一句："那农民伯伯买你这个化肥，他们的目的是什么？"

他思考了片刻后回答:"我这是有机化肥啊,他们可以增加产量。"

好了,有了,我随即把那原来听起来让农民伯伯费解的品牌名改成了三个字——增收宝,然后给他们拟定了一条极为简洁有力的广告语——"要想收成好,就用增收宝。"

他一听完这句话之后,连他本人都想买这种化肥,然后回去种地了。

最后的结果就是,一年之后,他光卖化肥都实现了接近一倍的业绩增长效益。

我想,每一个人都能明白一个常识,农民要的好处是什么,当然就是产量高,收成好。换句话说,收成好,就是农民顾客最永恒的诉求。所以,要卖化肥给农民,必须先直截了当地提出他们心中的诉求,然后给出解决方案!

收成好,是实质诉求;增收宝,是解决方案。

看起来有诉求,但如果不具备实质意义的话,也不足以形成印象。问学堂是一个做教育产品的互联网商城,一年也能做个过千万的销售额,但他的品牌标语,依然没有体现实质性的诉求。

"孩子怎么学,就上问学堂!"是这个商城的品牌标语,这里面只是一个抽象的问题,并没有实质的诉求,很显然,他并没有强调任何的好处!因此,不太容易拉起家长的兴趣与渴望。如果将前面的问题句式改成:孩子快乐学?孩子想拿高分?孩子轻松学?优秀的孩子怎么学?——找问学堂等等,这些都是实质性的诉求。

我有一个读者朋友叫李思齐,他本人是一位在成都做健身的教练。他之前一直通过互联网社交媒体分享健身心得来开展业务,但遗憾的是,几乎没有人看他写的东西。我说,你没有在第一时间内构建你的个人品牌印象,在浩瀚的网络江湖,信息泛滥如潮涌,人们的注意力相当分散,如果你没有在最显见的地方,用一句简明扼要的话,告诉别人关注你的理由、你所发布的具体信息,基本上会被湮没。

于是,在一个月前,我给了他一条关于个人品牌定位的广告语——健身楷模李思齐，分享健身之妙方。一句话，把他的从业属性，他的行业地位，他的真实姓名，尤其是为那些正在寻找健身方法的人给出了显著的关注点！

健身楷模李思齐，是解决方案；分享健身之妙方，是实质诉求。

昨天，他告诉我说："周老师，以前我分享的东西，都没有看；现在，别人都会看我的东西了！"果然是见效了！

回头看一下，全世界一流广告语都跑不出这个核心逻辑格式：

如：怕上火，就喝王老吉；何以解忧，唯有杜康；洗不掉的头屑用康王；要想皮肤好，早晚用大宝……

我们再深一步，稍微深入具体地剖解一下吧……

何以解忧？唯有什么？唯有杜康！

人在生活中，事业上，情感上总有不顺人意的时候，人生何处无忧愁？当你望穿秋水，忧伤也无人诉情衷的时候，那怎么办？喝杯杜康酒吧！

这很明确，杜康酒体现了人们想要解决的一个实质性的诉求——化解忧愁，你看看，是人们先有一个实质存在的诉求想要得到解决，然后才会自发地联想到"杜康"这种品牌酒，只有这样才能真正拉动销售增长量，同时还能不知不觉地生成品牌印象。也正因为这句家喻户晓的品牌标语，连洛阳汝阳县的杜康村都成了蜚声海内外的白酒之乡了。

人们为了预防上火，说得再直接一点，也就是大家都害怕上火，这是多么坚决的诉求！那怎么办？想必我还没说完，你早已找到解决方式了！其实不是你天生就知道如何预防上火的，是谁告诉你的？是谁把这个问题的答案深深地埋藏在你大脑里的？是王老吉！你看看，是你先有"怕上火"这个诉求，所以，你期待某个品牌能解决这个问题！

你之所以能习惯性地想到王老吉，根本原因是你已经受到了王老吉对你心智的操控，也就是王老吉很透彻地明白这一点：品牌标语必须紧扣实质性的诉求。在一个个寒冷的冬天，当你和一伙朋友围在一团吃着那火辣辣的重庆火锅时，桌上全部食物都是热气腾腾的，除了一种冷饮料——王老吉，因为你怕上火。

在我身上，还有更过分的情景，很多时候，只要我在外吃火锅，我就会直接叫上几瓶王老吉，其实我并不是刻意，而是不假思索！事实上，无数的场景，无数人的意识都和我一样，只要一吃火锅，就会情不自禁地叫上几瓶王老吉，像是王老吉与火锅联了姻似的，夫唱妇随！

实际上，要让我上火是非常难的一件事，因为我是地道的湖南人（湖南岳阳人），任何菜肴，如果不辣的话，根本无法启动我的胃口，但我还是习惯性地做了这么一个行为，为什么会这样？因为王老吉给我们的印象已经深入骨髓了！非常简单的广告语，就可以产生非常不简单的影响力以及控制力！

在中国人的传统文化习俗中，有一个永远割不断的情结，那就是送礼的情结，自从14年前中国的商场上出现了一个保健品之后，这个情结和该产品也紧紧地锁定在一起了，也就是你所熟知的，你也不得不承认的："送礼"和"脑白金"割不断了！如同高山与流水的情结——如影随同，至死不渝。

史玉柱说，送礼是中国几千年来不变的文化诉求，既然整个华夏族人都有这个诉求，那我就搞个产品来满足消费者的诉求吧！

消费者的想法很简单："我想送礼，送什么呢？""收礼只收脑白金"这句广告语从十四前开始，日复一日，年复一年，不断重复，于是乎，这个印象就深深地植入到你的脑海当中了！脑白金之所以多年来一直能占据保健品市场的领袖销量地位，核心原理就是：它的品牌标语体现的是"送礼"这个实质性的诉求，而且是亘古不变的诉求，而不是虚无缥缈的创意或概念，因此它能屹立商场十几年不衰！

综上所述，我们必须要明白，要打造一个真正有市场实效的广告标语，必须要给出一个实质性的诉求，而不是摸不着的创意。记住，你再怎么想要创新，也切莫偏离消费者最本质的那个心智参照模式，那个才是你所有营销的参考系！

下面，我们继续看品牌标语的第二大要旨。

第二大要旨：诉求出众性

所谓出众，就是大部分人能做到以及必须要满足的诉求，不能作为品牌标语的印象诉求。

我前面有重点强调过，印象诉求是品牌标语的成功命脉！当然，第一重标准必须是实质性的诉求，也就是要旨一当中所讲的！第二重标准呢，还必须是能生成印象的诉求！所以说，如果该诉求不能在消费者的大脑中生成印象，那么，你所制定的品牌标语自然也就无法生成印象了！

消费者之所以会对你的品牌生成印象，是因为你提倡的诉求有与众不同之处。具体的评判与制定标准就是二点：第一，大部分商家或大部分企业家能满足的诉求，不能作为印象诉求；第二，必须要满足的诉求也不能在品牌标语中出现，否则也无法生成印象。

比如说，手表公司能不能卖准时？不能，因为大部分的手表生产商都能做到百分之百的精准，而且还可以按时区自动校准。因此，手表品牌在其品牌标语当中强调精准，就无法生成印象！手表可以卖品质，卖大气，卖风范，卖品味，如浪琴卖的是优雅，像林志玲一样的优雅；天王表卖的是王者风范，如同陈道明一样的王者风范！

房地产公司，能不能把安全作为"印象诉求"，很明显也是不能！因为安全是消费者最基本的保障，是必须的，一个开发商所开发的楼盘，连安全都无法保障的话，这不是天大的讽刺吗？该开发商势必也会成为这个房产行业的罪人。房地产公司可以卖安逸，卖舒适，卖奢华，卖格调，卖档次，就是不要卖安全，否则无法生成印象！除非是转让二手房，你可以强调一下房子的安全结构，要记住：必须要满足的诉求，都无法形成印象！

过去（当然也包括当下），人们为什么要买房子？通常情况下，只是想要有一个安居的住所，想有一个温暖的家，顶多也只是涉及环境，风水等方面。衣食住行是我们每个人都未能回避的基本需求。

但如果你只是在这个基本层面上来做房地产行业，能不能跻身市场前列？

会不会有机会立刻脱颖而出？很难！为什么？因为这些诉求，大部分商家都能满足，甚至是必须要满足的，所以消费者不会无缘无故对你另眼相看，即无法生成印象。这样的结果，要么是在混乱的房产行业中打价格战，要么就在江湖上逐渐萎缩，甚至销声匿迹。

那么，你应该另辟蹊径，核心的法门就是从印象诉求入手。其实，消费者还有更高的渴求。

碧桂玉就是这么干的，当年碧桂园的广告语"给你一个五星级的家"，可以说一石激起千层浪，火得一发不可收拾！五星级是什么含义？很显然，五星级代表的是档次，代表的是更高的品味和层次。

一定有一批顾客是这么想的：我想买一个高档，有品位的房子，突出自己的身份，谁能给我？当他这么一思考完，就会有另外一个独特的"印象语言"在大声告诉他："碧桂园嘛，给我一个五星级的家！"

因此，碧桂园的品牌标语能生成印象，而且是让消费者刻骨铭心的印象，更关键的是，它能拉动巨大的销售以及巨大的市场份额，事实证明也是如此。

无可厚非的说，当年的碧桂园就是靠这条广告语而声名鹊起，并以迅雷不及掩耳之势的发展态势一举跃居成为房地产行业的头把交椅，2007年，其掌门人杨惠妍以1300亿元的财富问鼎中国胡润富豪榜首富！当然，到现在为止，碧桂园也依然是房产江湖的一大骨干门派，依然可以在如今血雨腥风式的房产行业中一决高下。

"给你一个五星级的家"的品牌标语之所以会如此成功，原因非常简单，因为它体现的是"印象诉求"，碧桂园就是用这条品牌标语问鼎天下，以家喻户晓的口碑力量深入人心十余年。

其实在IT界，还有一个国际大品牌与碧桂园的品牌标语极其类似，可谓是异曲同工，即："英特尔，给电脑一颗奔腾的芯！"很明显，英特尔的品牌标语彰显的是其出奇快的处理速度，换言之，"奔腾的芯"就是英特尔公司传递给消费者的"印象诉求"。

另外，房地产除了卖档次，卖品味之外，还有其更多更深入的印象诉求可以卖，例如：别墅还可以卖格调，非同凡响的格调；还可以卖境界，更深层次的境界……也能很快从房地产行业中脱颖而出，因为都能生成印象！但就是不要把"安全"等这些必须要满足的诉求作为你的印象诉求！

同理，航空公司能不能卖"安全"印象？很显然，是不能！因为安全也是航空业的必须保障，是非满足不可的诉求。因此，卖安全就不能在消费者心智中种植一个"专门的"印象。航空公司可以卖舒心（情感诉求），如吉祥航空，如意到家；可以卖廉价，如春秋航空，让人人都坐得起飞机；这两家航空公司皆为上海的民营企业，但都能分别在整个航空市场当中撑起一片蓝天，年营业额均超过40亿元。连我本人也常常搭乘这两家航空公司的航班，因为我常常往返于长沙与上海之间，如意又划算，我何乐而不为？

当然，品牌标语当中还可以体现服务态度，因为也是旅客期待的"印象诉求"，如：深圳航空，任何时候，自然体贴！还可以卖速度，卖准点等不同的印象诉求！

不同的旅客会有不同的诉求，谁的品牌标语明确彰显了某个诉求，顾客就自然会对谁有印象，然后考虑选择哪家航空公司旅行。当然，你依然要注意的是，印象诉求的前提，必须是实质性的诉求，你知道"人生路漫漫，白鹭常相伴"是哪个航空公司的广告语吗？倘若你没亲自搭乘过该航空公司的飞机，你很难揣测这条广告语的对象。"白鹭常相伴"是何意义？一路高飞？难道有哪架飞机不是一路高飞吗？这其中没有体现实质性的诉求，只是因为我去过厦门好几次，所以我才知道这是厦门航空的广告语。

广告服务公司应该如何打造印象？

去年，我给一个做互联网竞价广告培训的机构创建了一个印象诉求。

广告圈，是一个从事搜索引擎广告培训及服务的圈子，创始人胡崇光先生是一位难得的青年才俊，技术精湛，才华横溢，但他无法从整体上掌控营销策划，于是找我为其把脉。

最初，我问他："你的宗旨是什么，也就是你能给顾客带去什么？"

他回答："教别人广告投放的技术，让别人学会账户优化的技巧。"

我说不对，我说你这么推行，肯定影响不了太多人，因为整个互联网做广告投放服务的公司太多了。用我的话来讲就说，一没体现诉求，二没体现印象。

那么，对于广告投放，客户的诉求到底在哪里？

是不是为了美誉度，为了形象？很显然不是，从事网络营销的大多是中小型企业及创业者们，再说这连"印象战略"的意愿都违背了。是不是为了赚钱，是的！电子商务创业家，当然非常在乎广告的投入产出比，都希望通过广告带来多少订单，带来多少利润，但这不是广告投放的第一重诉求。

你想想，客户要投广告，是不是一笔支出？是不是投资？只要是投资就预示着可能会面临着风险，这是客户骨子里都承认的一个事实，对于这么一个一直存在于顾客心中的担忧，我们要不要解开？因此，我们必须要切合客户的第一重诉求，然后才能升华更高的价值。

换句话说，顾客关心的第一点，就是广告投出去，我是不是会赔本？这是客户首当其冲的诉求点！然后，才是是否能盈利，再考虑如何将持续盈利。

于是乎，我就顺理成章地给他拟定了这条品牌标语："广告圈——安全投放，持久盈利，效果保证！"

那么，这条标语是不是真的能作为他的印象诉求呢？答案是完全可以！因为绝大部分的广告服务机构，不管是网络公司，还是传统广告公司，连第一个"安全投放"诉求都是无法做到的，更没办法让你的广告投出去就赚钱了，为什么无数的老板，尤其是创业家，都不敢轻易开支广告成本呢？因为，他们担心连成本都收不回来。因此，"安全投放　持久盈利　效果保证"这句口号能生成印象，并且能吸引很多的学员及客户的参与。

现在他的培训事业和互联网广告服务事业也正在如火如荼地进行，口碑也不错，已经受到了很多学员的认可和拥护，不仅是培训，而且很多民营企业的网络广告投放都在交给他操盘或者接收他的咨询指导，并且创造了不菲的绩效。

拿我自己来说的话，道中道是做什么？是传播领袖级商业思想。道中道思想是领袖级思维模式和实干家的方法论，道中道思想是起源于本源，立足于全局。其特色就是"直击商业本质，直通思维脉络，直给实战剑法"，这就是道中道思想的灵魂，也就是印象诉求。

再如，乐百氏的品牌标语如何说的？"27层净化，乐百氏"，这毫无疑问是一句体现印象诉求的典型广告语！很显然，对于纯净水而言，人们最直接的诉求就是纯净了，这是实质性的诉求。另外，27层净化，绝大部分的商家能不能做到这种净化的程度？答案是不能！但乐百氏能做到，因此，"27层净化"可以成为它的印象诉求，然后一步一步将这个印象诉求植入用户的大脑……

因此，你在制定你的品牌标语的时候，务必紧紧地突出印象诉求，你的品牌标语才是真正有效的，你才能在市场上突出重围，获得实质性的进展。

你记住，凡是没有直接彰显印象诉求的广告语，不管多么的有美感，不管多么地艺术，不管多么地有创意，也不管是哪位大师的杰作，终将都是花拳绣腿，纸上谈兵，因为它很难拉动销售，更不能真正在消费者的大脑中生成印象！

在我看来，无论是大到世界500强的大企业，还是小到只有两个人的创业型公司，营销都没有高低之分，也没有贵贱之别，因为他们所推行出去的任何资讯，他们所做的任何商业活动，一定只有两个宗旨：第一，为了拉动更多的产品销量；第二，为了传播更深的品牌印象，而印象诉求之所以必须要在品牌标语当中出现，就是因为它可以将这两个宗旨同时实现。

印象诉求是品牌标语的成功命脉，或者说是品牌标语的魂，你一定要牢牢地记在心里！抓住这个魂，我坚信，当你的事业发展到一定规模时，你自然会累积成百上千万的价值，甚至创造过亿元的价值，一点也不足为奇！

第三大要旨：表达连接性

表达到底应该连接什么？

印象诉求必须要和品牌名紧密连接一起，共同组成品牌标语，方能生成品牌印象。

简单的解释这个要旨就是，品牌标语当中必须既要体现印象诉求，又要体现品牌名，并且要在句意上把这两者牢牢地锁定在一起。但非常遗憾的是，大多数企业在制定与传播品牌标语的时候，把自己的品牌名都给弄丢了，这其中不乏数不尽的大企业……

"男人就要对自己狠一点"，坦白地说，这句脍炙人口的广告词，激励了无数的男同志，你能说的它意义不伟大？但有多少人是因为这句广告词而记住了那个品牌，购买了它的产品？到底是哪个品牌？你真的得很清楚地记得这是在卖哪个产品吗？或者说，你能知道这句话是哪一个品牌的广告语吗？别问百度，就凭直接记忆，问自己有没有印象？

我本将心照明月，奈何明月照沟渠。你可能时时在向顾客表达你的一片诚意，你是为他好，因为你是在用你的品牌标语传达你的美意嘛，但为什么顾客没有领情？也就是你为什么没有得到顾客的认可和回报？因为顾客不知道领谁的情，不能记住你。你是在做慈善，还是在经商？做好事不留名？失败的直接原因就是，顾客记忆中只有你的一句话，但没你的名字，他根本不知道是谁说的。

有没有谁不知道"地球人都知道"这条广告词，地球人都知道，你能不知道吗？我在长沙讲课，给一个做女装的电商企业做内训，我特地调查了一下，在场63人，没有一个人对这句话感到陌生的，但能联想到这句广告词出处的只有9个人！

无可厚非，在大家的眼里，地球人都知道，这已经不是一条广告语了，而成了无数人作为解释某一事物常用的口头语了，家喻户晓，朗朗上口，很多人都可以随口脱出，但就是不知道，这句话的源头在哪里。换句话说，无数人压根不知道这原来是某一种产品的广告语，能联想到这句广告词所对应的品牌的人，非常的少，到底是卖什么产品？这其实是北极绒保暖内衣的广告语。

你之所以很难在消费者的记忆当中出现，最直接的原因就是你在拟定品牌标语时，没有进行品牌名的连接和植入，因此，才导致你所传播的印象诉求找不到归宿，即使你的广告语能广泛传播，纵使是妇孺皆知，那也只是没有根基的传说。

你想想看，人家对你所创造的广告语记忆犹新，甚至常常把你的原创挂在嘴边作为自己的语言武器，却对你的身份完全不知情，对于企业家，尤其是大企业而言，这是多么悲哀的一件事。

回头看，整个商业江湖，有多少个广告语能让你很轻易地联想到它的品牌名？事实上是很少！

为什么我称之为品牌标语而不是广告语呢？目的就是为了提醒你，提醒所有的广告策划人，创建广告语时，千万别忘了嵌入自己的品牌名。你记住，一切以你自己的品牌传播为出发点，因此才叫品牌标语。

那么，到底什么样的品牌体现形式，才是最容易进入消费者记忆的形式？

要让消费者一旦有什么诉求需要满足，就立刻想你的品牌名，那么印象诉求和品牌名这两者之间必须是前呼后应似的连理关系，也就是只要印象诉求在前面呼叫，后面就有唯一的一个品牌名在响应，这样方能口耳相传地传播品牌印象。

最成功的品牌标语当中的印象诉求和品牌名之间的关系一定是一呼一应，而不是一呼百应，更不是呼而无应。当你有送礼需求的时候，你开始呼叫你的记忆系统，立刻就会有"脑白金"这个品牌出来响应你，所以这一呼一应的内容共同组成了这条广告语："收礼只收脑白金。"

喝酒时想不想找知己一块儿喝？跟知己说说心窝话，诉诉衷情，无数人都有这样的情感诉求吧！哪一种酒能接应"知心知己"的诉求？枝江酒！孙红雷不是代替他们说了嘛，"知心知己枝江酒"。

当有朋友遇到解决不了的问题向你咨询时，而如果这时你也不知道如何解决的话，你十有八九会习惯性地跟他说一句话："百度一下！"事实上，"百度一下"的后面还有一句话，只是你潜意识地把它隐去了，后面这句话说与不说，已经不重要，因为你的印象已经非常深刻了。解答问题时就找百度，也是一呼一应式广告语的典型代表。

其实，评判或制定一条一呼一应式的品牌标语，还有一个非常简单有效的法门，就是直接从品牌标语的语言搭配结构上入手。

首先，我们必须牢牢地抓住这个宗旨：绝不让印象诉求的"呼"和品牌名的"应"断开。具体的体现就是，不能让你的印象诉求单独成为一个完整的意群。换句话说，你的品牌标语给消费者传达的意思必须是：当他读完你的上一句话，一定知道还有下一句，当然反过来也行，即，当消费者无意间先看到你的下一句，一定知道还有上一句，否则不能形成一个完整的句意。

如浙江绍兴出产了一种酒叫古越龙山，"数风流人物，品古越龙山"，其公司的品牌标语如是说。你想想，如果消费者先看到第一句"数风流人物"，那么，他就可以明显地感觉到后面一定还有一句话。因为，一般有点文化情怀的中国人，都能很清楚地明白，这句话源自毛泽东的诗句《沁园春·雪》，况且这种酒的印象诉求"风流人物"，本来体现的就是一种文化情感诉求，所以后面这句话，一定就是该酒的品牌名了，这样一来，一呼一应式的语言逻辑结构就是如此地打通了。

因此，消费者就容易形成自发的联想，很轻松的就会连接到后一句话，也就是你的品牌名。再如，给你一个五星级的家，这句话能不能单独成为一个句意？很明显是不能，因为任何人都能轻易发现，这句话连主语都没有，它又如何能形成一个句子？因此，当顾客看到后面这个印象诉求时，大脑里一定在追问，谁能给我一个五星级的家呢？他们在追问这句话的主语，因为这是碧桂园独享的印象诉求，那当然是碧桂园能给了。

如果碧桂园广告语的语意结构稍微改一下，改成"我们都应该拥有一个五星级的家"，或者"我们都可以追求一个五星级的家"，感觉挺美好，也挺合乎情理的吧，但这样还会不会生成如同原来一样强烈的品牌印象力？很明显是不能，因为这两句话都可以看成是一个单独的句意，很难再把品牌名再嵌入进去了。即使你在前面或后面刻意加进去，但你也很难加进消费者的心中去了。

事实证明，凡是非常成功的品牌标语，都符合这个语意结构。"今年过节不收礼"这句话能不能单独存在，严格地讲，在中国人的文化中是没办法成立的，因为送礼文化是不可能断流，一定存在！"奇怪，过年不送礼，那到底应该送什么呢，否则我如何去走亲访友？"这是消费者的问话，所以他一定会追问下一句。于是乎，后面必须紧跟着一句话："收礼只收脑白金！"

为什么绝大多数的人都不知道"男人就应该对自己狠一点"这句话的品牌渊源？原因很简单，因为这句话完全可以单独构成一个完整的句意，男人们在日常生活中到处可以说，随意可以讲，没有什么诱因可以驱使消费者去思考它还有下一句，或者去追问上一句。因此，在消费者的印象当中，很难把其品牌名连接起来。

第四大要旨：表达易懂性

品牌标语的表达必须通俗易懂，才能生成印象

很多的广告营销策划人，都倾向于采用一些高雅而优美的语言来润化广告语，甚至引经据典咬文嚼字式地提炼文字精华，这种情况我称之为"商人文艺化"，这是整个行业的通病，也是广告策划人最大的忌讳，化解的唯一方式就是必须用顾客的语言来表达。

因为我们绝大多数人都喜欢简单，喜欢通俗，不仅是喜欢，更重要的是，只有简单通俗的语言最容易被消费者所接受、所理解，当你的品牌标语让消费者理解起来很费劲，那么他是很难有购买冲动的，他都没看懂你的广告语，你让他购买，这怎么可能呢？同时，当你的品牌标语还需要消费者花精力去消化，那么他很难记住你的品牌，既然他都没法记住你的品牌，就不要奢望消费者会去帮你传播你的品牌印象了。

你有没有听过"蕴天地之润，生肌肤之津！"这句广告语？这怎么能让消费者生成记忆？即使一个女士刻意去把这句话说给她的闺蜜听，估计都得花几秒钟来传达，然后还要解释其意，这又是一个费力的过程。换句话说，

这条广告语成了摆设。所以说，佰草集护肤品的这条广告语对消费者而言，无疑是一个负担。

"牧心者，牧天下，睿变由我。"九牧王男装的这条标语听起来挺美，仿佛格局与胸怀皆非同凡响，但在我看来，其引典据典的程度稍微过深了一点，据我考证，这句话出自于司马光的《资治通鉴》，意为得民心者得天下。试问，现代有多少人熟知《资治通鉴》如此古老的史书？所以说，这条标语当中既没有体现品牌名，又不是那么上口，不太令消费者所理解，要形成耳濡目染的传播力，势必会有难度。

凡是容易形成口碑效应的广告语，都非常符合通俗易懂、朗朗上口的语言结构。如，"要想皮肤好，早晚用大宝！"这句话，多么的通俗、简单、易懂，你即使刻意不记，也会顺理成章地接受这句话。中国的中低层用户，几乎没有人不知道大宝，大宝靠这句广告语就能家喻户晓，不仅是妇孺皆知，而且是妇孺皆用！

再如，"欧莱雅，你值得拥有。"不需要任何解释，直接给你一个指令，让你拥有。简简单单八个字，可以让任何人脱口而出。当然，"你值得拥有"这句话，并没有体现印象诉求，所以说，这句话在消费者的印象中，也不是欧莱雅的专利，我只是说他的语言非常简单朴素。

但同样是化妆品牌，温碧泉的标语不仅通俗易懂，更重要的是，它直接阐明了印象诉求——补水，"补水就用温碧泉"，此七个字可谓是将品牌标语的四大要旨阐释的淋漓尽致！

而即使欧莱雅能满足更深的补水功效，但在广告标语的体现形式上，也没有温碧泉更容易达到营销效应及其口碑传播的惯性力。

如网购上京东，省钱又放心。用极其简单朴素的十个字，已经把公司平台性质、品牌名以及购买理由全部呈现出来了，谁都能理解，并且能记住。

这里我就不再额外举例了，因为在品牌标语前三大要旨当中所列举的成功品牌标语，都是满足"通俗易懂"这个基本要求的。否则，他们也不会真正在市场上获得成功。

你记着，只有简单易懂的语言才易传播，才能拉动销售。正如老子语言的玄之又玄，众妙之门，言外之意，更深层次的玄机，都蕴藏于最简单的规律之中，也就是天人合一、道法自然的归宿。其实，往往本质的东西，都有大道至简的规律可循，只是绝大多数人都没有悟得那么透彻。

现在，想必，你该明白品牌标语到底是怎么一回事了，你会制定品牌标语了吗？

请你记住，要创建立得住市场的品牌标语，其实非常简单，归根结底就是一句话：用一句通俗连贯的语言把专属于你公司的印象诉求和品牌名衔接起来，然后就是不断地加持、重复，如此而为，你已经可以超越市场上99%的商家和公司了。

品牌标语的重要性，想必无须我再多言了，如果你的公司还没有品牌标语，请立刻着手拟定一条专属于你公司的品牌标语。更重要的，别忘了将其更新到你的网站和网店当中去。千万别认为品牌标语是大企业干的事，尤其在电子商务如此蓬勃发展的时代，千万别错过良机，别浪费该利用的资源，为你的企业，为你的网站，尽快拟一条品牌标语吧！你要明白，品牌标语在日积月累、潜移默化地为你的公司拉动销售、获取市场份额、传播品牌印象！

第四卷　营销纲领

营销还有纲领吗？初见"营销纲领"这个词，你或许会有些许陌生感，因为这是我独创一个概念。但独看"纲领"这个词，我相信你应该不是第一次听说。正因为我本人在实施营销策划的过程中，越来越发现纲领对营销有着非同凡响的重大作用及深远意义，并且，无数的成功案例都证明：但凡是制定并推行了自身纲领的企业或组织，在江湖上都可以走得更稳定长久。于是乎，"营销纲领"这个词，在我的营销理念中得以诞生。

在我看来，营销纲领就如同一个取之不竭的营销核电站。因为它对人心有着生生不息的拉动力，对企业或组织的推动有着强大而持久的后足力！

营销纲领的两个唯一宗旨——制定一切营销纲领的根本出发点

如此一来，我们便可以引出纲领的两大核心要旨：第一，你为什么会出现，换句话说，你成立的初衷或宗旨；第二，你为谁而贡献。纲领是为顾客还是为自己？但纲领必须是为顾客，而不是为自己！

纲领并不是说，一定是让你胸怀君临天下、母仪天下的伟大使命。仿佛是受了上帝的召唤似的，纲领的核心思想就是：你为谁而贡献！那么，对于"你为什么会出现"，也就是说，企业或组织的纲领到底是如何生成的？

第一大宗旨：化解问题

具体说，就是因众多顾客普遍存在什么样的问题，你（公司）的出现就是为了化解这个问题！

我们来看一个具体的电商品牌是如何生成营销纲领的：淘宝商城文胸畅

销品牌——梦芭蒂。

打开这个页面的第一眼,你就能看到它的宣言口号:"上帝欠你的,梦芭提还给你。"因为它发现,无数女人都有胸小的问题,梦芭提的出现,就是为了弥补这类先天性不足,让小胸女人使用它的文胸也能像正常女性一样,重拾自信,散发女人本有的魅力,这就是梦芭蒂的营销纲领!

第二大宗旨:实现愿景

具体说,就是因众生普遍都有什么愿望想要满足,你(公司或品牌)的出现,就是为了实现他的愿望!

自从2008年iPhone手机问世后,有太多太多的人对像iPhone一样别致的智能手机充满了狂热的渴求。只是无数人因为经济问题,在购买iPhone的时候就没有那么痛快了,尤其是那些普通的打工族。小米手机,由此应运而生!言外之意,小米手机的出现,就是为了满足成千上万的中下层阶级的手机购买欲!

> 记住:纲领不是目标,也不是简单某一种诉求,纲领必须是:你的产品或服务的出现,就是为了满足哪些人的愿望,最后把人带到你的产品面前!

如,一个做围棋行业的教育机构,其宗旨是让学员精通各种棋艺棋法吗?显然不是,学会棋艺,是普众发自内心的愿望吗?学棋艺的"博弈战",就跟"打土豪"一样,只是一种方式或过程,打土豪的宗旨是实现人民当家做主。因此,围棋机构的宗旨必须是:让每一个青少年通过围棋而获得生活与处事智慧,或者提升智商,这才叫纲领!

纲领应该抽象还是明确?

你的营销纲领也必须明确、清晰,才能在市场上立足,从而真正吸引人心,降伏顾客。

那么，明确的营销纲领到底应该如何具体表现，才得以具备强大的顾客感召力，以及持久的市场拉动力？

营销纲领的三步表达模式——持久拉动人心的强势心法

通过对营销纲领定义的深刻洞察，及其核心要旨的明确把持，还有我多年营销策划生涯的经验总结，任何公司或个人，只要采用以下三个极其简单的步骤，就可以为自己的公司制定出明确而强大的营销纲领表现形式！

> 第一步：引导词。有两个引导词就几乎可以达到所向披靡的杀伤力，也就是不管哪个行业，都可以畅通无阻地使用。一个字是"让"，另一个是"为"；
>
> 第二步：对象。也就是纲领定义中的"你为谁贡献"，即你的顾客是谁，你就对谁说；
>
> 第三步：愿景。简单来说，就是顾客渴望实现的结果。

"让"字型纲领表达模式

"让"字引领的营销纲领，其唯一格式就是：让哪些人实现什么样的愿望。

如，阿里巴巴："让天下没有难做的生意。"做生意难吗？这是普天之下的难题。阿里巴巴的出现，就是为了解决这个难题，也是为了实现这个愿景：让全天下的生意人，轻松地解决经商的困难，在商海中谋得良好的发展。想想看，马云在各种论坛，各种场合讲了多少次！

李阳疯狂英语："让三亿中国人讲一口流利的英语，让中国之声响彻全世界。"三亿中国人是对象，讲一口流利的英语这是李阳老师的愿景，整个一起就构成了李阳疯狂英语纲领的全部！

再如，雅诗兰黛："让天下女人拥有天使般的面孔。"雅诗兰黛女士，是这个品牌的掌门人，因为她本人自小发现自己容颜不太美，用现在的话来讲，就是颜值不高的意思，后来，她发现无数女人都因为容貌不俏，导致自信心丧失，因此，正因为有了这样普遍性的问题，才让她萌发了一个想法：打造一个美容护肤品牌，解决天下女人的颜值问题！

纲领必须针对具体的群体，不能海阔天空，否则，无法观照到人心。全友家居的实力，本身是让我敬佩的，但他的整个营销纲领就有点泛泛而论了。"绿色全友，温馨世界"具体跟你有什么关系？这句话一讲出来，就已经表示每一位顾客都是沧海一粟了。你想想看，他要温馨世界，对顾客来讲，那是多么的浩瀚、遥远、毫无边际！

再如，北京平安保险公司的纲领体现形式："中国平安，平安中国"，这很显然是写给国家看的，老百姓岂能有如此高的觉悟？你若是真心想安定天下百姓之心，用"中国平安，平安中国"永远比不上"让天下百姓都平安"，或者"给你一个平安的人生"来得有朴实的吸引力！

中国梦，首先也必须是人民的梦，而人民的梦的核心基石，必须是人民平安的梦！

纹疏堂，这是前面在战略定位当中，也有提到过的一个案例。创建"天伦之乐长寿老人"第一疗养堂，让亿万中老年人生活得真正安康，幸福！这个纲领也是2012年上半年我为该公司制定的，对象是谁？亿万中老年人，愿景当然是让他们都过得幸福，安康，这是纹疏堂创建这个健康养生平台的核心宗旨，也就是营销纲领。

"为"字型纲领表达模式

用"为"字引导出的营销纲领的唯一格式：你为实现谁的愿景而做什么？

为什么我要创建道中道总裁课堂，因为在我八年的策划与咨询生涯当中，我深深地发现绝大多数民营企业家或总裁，在传统经营的路上，因为新经济的无情冲击与洗礼，加上本来就存在的白热化竞争，从而遇到了前所未有的重重障碍，而他们之所以一直停滞不前，不能顺利的突破障碍，根源就在于老板的思维问题，中小民营企业的愿景就是希望自己逐渐变得强大。因此，为中国民营企业的可持续强大找到最好的道路，就是道中道总裁课堂和道中道思想得以诞生的营销纲领！

因此，你必须明白，纲领的根本意义就是用来驱动人们行动的。具体来说，一个公司或组织的管理纲领就是驱动员工行动的，而营销纲领就是持续不断地用来拉动顾客产生行动的。

营销纲领必须堂堂正正地彰显、宣扬，在哪里宣扬？在你的网站首页、名片、宣传单页以及各种营销载体当中！

你记住，你每讲一次纲领，顾客就会被触动一次。换句话说，当访客在你的网站上，每看见一次你的营销纲领，他的心就会潜意识地被打动一次。理论上讲，就是让顾客跟你持续不断地产生粘贴力，从而跟你"永结同心"！

企业没有营销纲领，给别人的感觉就是你们之间仅仅是一个商业交易，并且双方彼此都会失去吸引力，如此一来，走着走着，你终将在市场上销声匿迹。换句话说，有了营销纲领，你才能在市场上立下根基，然后产生源源不断的市场牵引力，因为纲领是降伏人心的终极驱动力，更是催化顾客持久产生行动的"营销心法口诀"！

第五卷　行商态势

不是猜想，我可以断言，在你的眼里，一定有这么一个词，从表面上看起来，你会觉得很低俗，甚至很厌恶，你甚至常常拿它来挤兑别人。但让你纠结于心的是，一直以来，你自己也在不得已地践行这个词的旨意，因为它有无法抗拒的魔力，这个词叫做——势利。

认清商势——看透顾客购买背后的那双"势利眼"

如果从感官上来看的话，这个词后面还可以加一个字，变成势利眼。在我们日常的交际当中，我们常常习惯了去嘲讽谁势利眼，殊不知，其实绝大多数的人都是势利眼。至我开始执笔本书之时为止（2013年5月），全上海23岁—35岁的未婚女士高达七成（70%），因为她们正在寻觅有"势利"的男人与之连理终生。事实证明，无论是市井阶层，还是达官显贵，还是名门望族，很多人都有一双势利眼。

这是几千年以来，顽固地生长在人类骨子当中的"劣根"，纵使是历史的野火也烧不尽，根本也不需要春风来吹，同样，在商场上，你会不由自主地选择跟一个有势的公司做生意，因为你和绝大部分的消费者一样，有一双"购买势利眼"。为什么无数的顾客在淘宝上买东西的时候，习惯了对搜索结果按"销量"或按"信誉"排名？那就是因为他们那双"购买势利眼"在作祟，你潜意识当中认为，他们销量高，肯定是有势利，要不然何以吸引如此多的顾客的光顾？

为什么刚刚创立的公司，每往前走一步，都会感到很困难？那就是因为他们还没有"势利"，以至以难以吸引到成批的客户，而那些发展上了轨道的公司，会越行越顺畅，越走越辉煌，那只是顺势而为，水涨船高。但有一个不可逆转的问题是，任何一个公司的兴起，都是从无到小，从弱小到壮大，换句话说，任何公司不可能一出生就具备大势，那么，到底该如何渡过这个关键期？

你必须清醒地认识到，当一个消费者，想要与某公司发生第一次生意往来的时候，不可能对那家公司的实力完全了如指掌，那你该靠什么来吸引消费者的那双"势利眼"？破解的法门，就是以其人之道，收复其人之眼，然后征服其人之心，简称为两个字——造势！

明智的领导者和有谋略的大师，就懂得造势的强悍威力，甚至懂得一石激起千层浪，带动万千消费者的积极性。看过《孙子兵法》没？看《孙子兵法》看懂了什么？事实上，《孙子兵法》十三章，前六章也都是在讲势，其中第三章谋攻篇，归结为战略运筹，也就是谋势，第六章虚实篇，归结为作战指挥，也就是用势！

无数的商家和创业家，正是因为不懂得如何造势，以至于生意迟迟不见起色，仿佛微风拂面，慢慢悠悠，不知何时才能向市场冲锋陷阵。但凡懂得谋势的商家，就会先在感官上征服你，然后用高品质的产品实打实地让你折服。

不靠"势利眼"的吸睛力量，你难以引爆生意；不靠高品质的产品，你不可能将一个产业持久。当今日益加剧的竞争环境下，能打出一片江山的企业，就是如此虚实相生的经营结果。

因此，我们可以得出，要想让消费者认为你有势，就必须让他感觉你很强大，或者让他感觉你越来越强大。那么，如此来说，商业上的强大，我称之为"商势"，商势到底该如何体现才有杀伤力、有征服力、有市场牵引力？

商势是要展示你的员工数量多吗？还是要向市场宣告你的产品更新快？还是展示你公司的资金实力雄厚？但凡如此来看商势的人，都是对"商势"的理解误区。

为什么很多商家造势不成功，甚至眼睁睁地浪费大量的运营费，就是因为不懂得"势"的核心，理解上有偏颇，自然在运用上就会出现障碍。

你必须抓住经商的本质，商业代表的是，你与市场上的顾客发生关系的过程。因此，你的商势有多大，最显而易见的体现必须是：你的企业及你的产品在市场上有多受欢迎。具体来说，有多少人认可、欣赏你的企业，有多少组织机构支持你，有多少消费者购买了你的产品，就代表你有多大的势，你必须将这种"势"大力弘扬出去！

具体到个人也是一样，如何判别一个人是否有势？核心点就是，江湖上到处有他的传说，这里有人赞许，那里有人追捧，那就代表你有辉煌的大势。周杰伦无论在哪里开演唱会，几乎都是场场爆满，歌迷狂热到疯狂状态，那是如日中天的大势，如果江湖上不再有你的传闻，不管你曾经如何辉煌，但现在你已经落寞，大势已去！正如你所知道的在江湖上昙花一现有些明星，究其原因不完全是因为他江郎才尽，而是它因为没有了伯乐的引导、媒体的炒作、观众的支持。

换句话说，如果你能让顾客知道，在市场上，你得到了无数人的支持、认可和追随，你就能风生水起，顾客那双"势利眼"会自发地与你对接上，因为他已经鲜明地感觉到你很有势。水涨船自然高，船之所以能得势，是因为水撑起来的，当河流干涸了，船已经无法前行了，到不了彼岸，因为船已经没有势了。

请你记住，这是对商势的唯一理解，没有第二种理解，当然也是营销造势的唯一出发点！

亮剑大势——带动万千跟随的四道可以实现的造势法门

如果你已经理解了营销态势的唯一定义，那么想必，你也应该明白了"势"的切实作用。当顾客知道了你已经在市场颇受欢迎，那么他也会自发地被你的"大势"所引导。因此，我用四个字总结"势"的核心作用就是：带动跟随。换句话说，凡是不能起到带动跟随作用的造势策略，都是纸上弹兵，不足以降伏人心。

因此，根据"势"的唯一定义，使用下面的四种造势法门，将会保证你的造势成功，也就是起到带动跟随的强大效用！

造势法门一：明星与专家势

在消费者大众看来，明星与专家是他们心中的意见领袖，他们具有话语权。具体来说，如果你的产品拥有了明星与专家的认可与推崇，那么消费者一定会认为你有大势，这样，势必会带动一大批顾客的跟随。

纵观整个互联网视频媒体当中，最懂得利用明星来造势的非优酷莫属！可以这么说，每一届的优酷娱乐盛典，就是成批的影视明星相继发起号召从而带来的，你一定有注意到它的宣传视频，那些不断切换的画面，都会呈现一位明星大腕，并且每一位明星只说同一句"优酷全娱乐"，代表他们在大力支持优酷，也就是为优酷造势。

除了发起"优酷娱乐盛典"这种走红地毯式的荣誉典礼之外，优酷还打造了若干个饱受网民欢迎的综艺节目，如《晓说》、《老友记》等，这些节目邀请的都是各行各业的领袖人物及名流大腕，如马云、周星驰、高晓松、王石、柳传志、俞敏洪、任志强、徐小平等。

优酷就是这样声势不断、延绵不绝地推动着媒体事业的进程。正因为这样，优酷早就坐上了互联网视频媒体的头把交椅，并且坐得很牢固，无人撼动！不仅如此，至今为止，优酷已然成为国内领先的娱乐媒体，其地位完全可以和湖南卫视这种娱乐大咖相媲美，原因就是优酷深谙"明星与名流"所创大势的影响力、号召力和营销力！

老坛酸菜方便面好吃吗？味美吗？在我看来，老坛酸菜的味道的确不错，至少适合我的口味，又酸又辣的，因为我是湖南人。但是，倘若你没有吃过，你如何知道他好吃？是谁在牵引无数的消费者去品尝它的美味？老坛酸菜方便面，能在短时间内声名鹊起，市场遍及大江南北，这其中有一个人功不可没，这个人是汪涵，汪涵在他每一期的节目里，没少提老坛酸菜，那是在干什么？很显然，那是在为它造势。可以这么说，对于汪涵的忠实粉丝而言，每当汪涵提及一次老坛酸菜方便面，就会勾起一次观众的食欲。

说到此处，我想你此刻一定存在两种对立的意识，一种是认可，另外一种是无奈。你在想,如果产品能受到权威明星与专家的认可与推崇,那当然是求之不得。但问题是明星与专家岂会无缘无故地帮你造势?花钱请明星代言?表面看起来,这代言费会让无数的中小企业主望而却步。

其实,除了花钱请大腕造势之外,只要你有智慧,借用明星与专家造势,绝不是天方夜谭。

有这么一个故事:一个一穷二白的父亲给他儿子说媒,想了个妙招,他去找比尔·盖茨说,你愿不愿意把你的女儿嫁给我儿子,我儿子是世界银行的副行长,比尔·盖茨说可以。然后这个父亲又去世界银行的行长那边对他说,你愿不愿意让比尔·盖茨的女婿来做你世界银行的副行长,世界银行行长想了想说既然是世界首富的儿子,那就随便来挂个副行长的名头吧。结果这个父亲就空手套白狼让他儿子成了世界银行的副行长和比尔·盖茨的女婿。

这个故事,你可能觉得有点滑稽,但是很有智慧,有什么智慧?造势的智慧!

你有没有听说过"学习型中国",有参加过它的世纪成功论坛吗?不管你是否听闻过这个学习型论坛,事实上,它已经成为中国一个大型智慧学习平台,每年都有数千名民营企业家远赴北京共襄学习盛举,为了学习经营企业的智慧,为了学习幸福生活的智慧。并且,每位学员需缴纳的费用不低于2万元,贵宾席位5万元。

殊不知,这个论坛的掌舵人刘景澜先生,在1999年发起这个论坛的时候,年仅26岁!一个年仅26岁的年轻人是如何铸就这个壮举的?换句话说,是什么吸引了如此多的民营企业家年复一年参加学习型中国世纪成功论坛?答案是两个字——造势!是刘景澜先生利用领袖明星的造势智慧,创造了他事业上的成就。

你想想,数千名民营企业家想要学习经商的经验和智慧,他们最渴望向谁学?很显然是向那些在商场上功成名就的商业领袖来学,向各行各业的精英人物及专家大腕请教学习。那么,刘景澜先生一开始是如何请到这些商界名流的?

原理很简单，就跟上面那个故事一样，给双方造势！给学员造大腕势，即在宣传这次论坛的时候，堂而皇之地告诉学员们这次论坛会有众多知名的企业家及商界领袖作为演讲嘉宾来，分享他们最成功的核心智慧与经商理念。这足以引起学员们的期待。

同时，在另一面联络商界名流时，造声势说届时会有4000名中国民营企业老板怀着迫切地希望与崇敬的心态来聆听各位的高见。你想想，如此一来，有几位大企业家会忍心拒绝众多如饥似渴的心声的邀请？他们反而会觉得作为这种大型学习论坛的演讲嘉宾，有一种荣誉感，还多了一次弘扬自己企业文化的机会，何乐而不为？

因此，每一年，刘景澜先生都可以轻而易举地请到企业界的明星、商业大腕以及各界社会名流，他们来作为学习型中国这个平台最坚实的营销后足力，也就是在增强这个平台的"势力"！以至于他们制作的视频宣传片当中，首先呈现的就是这些企业领袖的头像以及短暂的演讲记录，用以降伏潜在学员的那双"势利眼"，因为持续不断地造权威势，造专家势，造明星势，"学习型中国"给人的印象，就逐渐地发展成了一个企业名家名流集体荟萃、共享智慧盛宴的学习平台。

刘景澜先生的确在造势上获得了不小的成功，因为他在创业之初，完全是白手起家，本身是没有势的！现在有如此卓著的壮举，绝对离不开他经营"势"的智慧。

为什么叫造势呢？是因为本来没有势，通过人为塑造出来大势，然后就能拉动众多消费者的自发跟随。

如果你实在难以打开明星与专家势的法门，那就利用权威机构与媒体来为你的产品打造"大势"印象吧！

造势法门二：权威机构与媒体势

不管从哪方面来造势，你必须牢牢地抓住"势"的定义，必须得到社会各阶层的认可、欣赏、欢迎，得到权威机构与媒体的支持与认可，当然也是一种"势",在人们的心智中,权威机构与媒体是一种"资讯认证器",更是一种"资讯风行器",如果你发出的资讯不具有公正性,没有"风起云涌之态势",又怎么会在媒体上出现?像iPhone手机一样,还处于预售期,中国的各大中小媒体就像发了疯似的争相报道,所以iPhone在中国就被冠上了"爱疯"这样的盛势之名。

是的,iPhone在中国市场的风行,除了产品本身性感以外,少不了媒体的集体造势大举。

只不过,持续升温的造势之举,属于动态造势之大用,动态造势智慧,属于运营的范畴,我会在《领袖营销思想》中专门讲到互联网运营造势的核心手法。但本书中谈及的是静态造势法门,以便于形成静态印象来获得营销心法的威力,还记得吗,本部的主题是——印象战略,也就是教你把"势"的印象表征传递给消费者,从而生成拉动营销的力量。

在利用媒体造势方面,你的心里可能会有迈不过去的坎,像湖南卫视这种媒体大腕也不是轻易就能上的,你该如何才能上手?请千万别忘了,这是互联网时代!

互联网权威媒体,其实离你很近,你完全可以触手可及。中国最具有公信力的互联网媒体是哪一家?毫无疑问,在百姓大众的心目中一定是央视网了,因为他就代表着中央电视台的网络媒体名片,如果你的网站能成为央视网的战略合作伙伴,显而易见就表示着你得到了央视网的认可与支持。成为央视网的战略合作伙伴到底难不难?其实没你想象的那么难,在这一点上,我有绝对的发言权,因为在我过去几年策划生涯当中,有好几个客户在造品牌势时,都与央视网牵连上了,而且,据他们告诉我,打通央视网这个关节所用的花费也没有超过6万元。

其实还可以比付几万元给国家媒体更简单的方式,只要你敢造势,就没有做不到的。新浪、搜狐、网易、凤凰网、人民网、新华网、南方周末这些都是互联网大势媒体,你只要人为地去造,都会得到这些权威媒体的支持与认可,至少在消费者看来是这样的。最直接的操作法门就是,以新闻事件发起,然后找到相关的媒体编辑，你的品牌就会堂而皇之地跃然于这些媒体上！

然后，你就可以在互联网广告当中，以及你的网站当中，大加渲染"媒体势"的印象了。如这种印象格式：ABC品牌——全国50多家权威媒体的联袂推荐。当消费者看到这种大势印象之后，即使不心花怒放，也会肃然起敬！

你会用权威媒体造势了吗？我深信，你已经感觉到，它比用明星与专家造势更简单！

如果你要问我还有没有更容易接地的造势手法，别走神，请继续认真地往下看，因为接下来的两种造势法门，会让你更容易达到目标，更重要的是，它会让顾客更加瞠目结舌，然后心甘情愿地产生跟随。

造势法门三：顾客认可势

我们绝大多数的人，在刚开始触及一个新产品时，都不敢越雷池一步，都不愿意成为第一个"吃螃蟹的人"，因为你怕被扎刺，这是你生理机理所发生的本能保护反应。我们非常希望看到，已经有无数人都称赞、认可这个产品，正如"大家说好，才是真的好"的时候你才觉得靠谱，言外之意，你觉得它有"势"，是大家托起了这个势，这个势叫做"顾客支持势与认可势"。

当你发现，某产品有了顾客支持势与认可势，你极有可能会逐渐失去理性思维控制，不知不觉地被这个势所带进去。

你发现，"优酷"这两个字的标签，几乎在任何场合，任何时刻都很难单独出现，通常都会有另外五个字与之形影不离，是哪五个字？答案是："世界都在看"。这五个字究竟是在干什么？有何意义？很显然，是在给优酷自身造支持势与认可势，核心意义就是在潜移默化地带动别人的跟随。

它所传达的意思，无非就是向你表明，全世界的人都在看优酷，你呢，你岂能在别处观望？

优酷这出口号，看起来是极为简洁通俗，但气势超群，可谓是一语揽获众生。在我看来，纵使是爱奇异视频喊出的"要有你的看法"也好，还是凤凰视频倡导的"影响时代的力量"也罢，都及不上一句"世界都在看"的领袖态势！事实证明也是如此。这，就是顾客支持与认可势对营销所产生的巨大拉动力！

另外有很多学员都问过我，白酒到底能不能在网上卖？我的回答很简单，只要换个方式，从消费的角度看，你就能明白。怎么从消费者的角度看呢？原理很简单，就是造顾客支持势，你就告诉你网站的访客，有多少消费者已经从你的网站买酒了，就一定可以带动那些潜在的顾客也认可网络买酒这回事了。

如大型售酒网络商城——也买酒，直接造出"5793978位会员的选择"这种大势口号，换句话说，它是在告诉消费者，有五百多万会员都在支持认可也买酒商城。如此一来，就会从感官上直接打通潜在消费者的第一重心理防线，如果你还没这么大的支持势与认可势，消费者指不定还在为是否能通过网络而购酒这回事而纠结。

你必须清醒地认识到，这种势是造出来的，绝非本身就存在。自从有了这个势，事实上，你就会越来越有势，在不离谱的前提下，请给你的产品冠上一个大势，当你冠上一个大势，你就会顺水推舟地在消费者的大脑中留下一个大印象，而且是可以直接带来跟随的营销印象！

造势法门四：销量势

在给营销商势下定义时，我有讲过一点"有多少人购买了你的产品"，基于这一层定义来给你的产品造势的手法，就叫销量势。为什么我要将销量势作为最后一种造势法门来向你阐释？因为它有非同一般的造势效用，具体来说，它是能帮助你促成销售的最直接的造势法门。

你想想，当顾客知道了你的产品已经产生了多大的销量，还用得着怀疑别人的支持与认可吗？显然已经不需要了，一句话概括，销量势直接带动的是更多的销售！

为什么无数的顾客还未能体验到某些产品的一丁点价值时，就趋之若鹜地涌进那家店铺，产生购买意向或购买行为？那就是因为他已经感觉到了某个品牌撼动众生的销量大势，势不可挡！

更进一步说，无数人之所以会产生"无理智"的购买尝试，也是因为销量势的带动大用。

为什么香飘飘一年能卖出十亿多杯奶茶，并且连续7年蝉联奶茶市场的绝对销量冠军？其实，这个问题本身就是它的答案。因为它从一开始就已经向消费者表明了它"与生俱来"的市场地位："香飘飘奶茶，一年卖出十亿多杯，全国销量领先……"并且一直都在坚定不移地捍卫这个地位。

到底是"实至名归"还是"名至实归"？当然是两者都有，但是，可以确定的是：它的"销量大势"拉动了它的"市场实归"。

在全中国，最早开始造销售势的不是香飘飘，但是把销售势造得最具声色、最有营销心法力量的非香飘飘奶茶莫属了！

让我们继续来看看，香飘飘的销量火势是如何一步一步被造得越来越旺盛的？

相对来说，自从香飘飘奶茶2005年开始问世，一直到2008年，其市场的反响度都只是微风轻拂海面，没有触发震撼人心的波澜壮阔，直到2009年上演的那一波惊世广告之举之后，香飘飘奶茶在整个奶茶市场上可谓一石激起千层浪，更重要的是，其旺盛的态势从此一发不可收拾……

你还记得吗，香飘飘2009年的广告词是怎么说的？

"香飘飘奶茶，一年卖出三亿多杯，杯子连起来可绕地球一圈，连续五年全国销量领先。"这一举措，无疑是重磅出击，为其开启了磅礴的销量势能篇。

还有下文吗？答案是：有！你想想，既然2009年是三亿多杯，那为了向消费者表现它的销量越来越大，那么，一定有比"三亿多"更大的数值了，2010年，香飘飘的销量火势烧得更旺了。

"香飘飘每年可卖出七亿多杯，杯子连起来可绕地球两圈，连续六年全国销量领先……"香飘飘2010年的电视广告就是如此更加强势了，很显然，它是在加持其日渐强悍的销量大势印象！

声势还可以更强烈吗？当然可以！事实上，它也是这么做的，接下来，香飘飘继续销量升温，如出一辙地造势，搭着势不可挡的车轮继续前行。

于是乎，香飘飘又继续大张旗鼓地写下了 2011 年的销量势能进阶篇："香飘飘奶茶，一年卖出十亿多杯，杯子连起来可绕地球三圈，连续七年全国销量领先。"如此迅猛大势的膨胀速度与发展进程，无疑是在一步步地奠定其日益壮大的市场领袖地位，这个地位正在日复一复的深入消费者的内心。

到了 2012 年，为了继续深入地巩固其不可替代的市场领导地位，香飘飘继往开来，再一次将他的大势印象进行升级，具体表现为："在中国每年有十亿人喝香飘飘奶茶，连续七年全国销量领先。"也就是你现在所看到的香飘飘的电视广告。

仅从这五年的广告表现力量来看，香飘飘给消费者的感觉可谓是"金戈铁马，气吞万里如虎"，势不可挡！

很显然，香飘飘广告之所以会产生如此实至名归的惊人成效，那就是因为它给消费者传递的印象非常明确，不管是卖多少杯，还是绕地球几圈，还是一年有多少人喝，总之，这五种形式的广告无非是在表明一点：香飘飘是销量最大的奶茶。设想一下，一个女孩进入超市，想买奶茶，她的大脑里就一直会持续不断地浮现这个印象——很多很多人都在买香飘飘，然后自己也会顺其自然地选香飘飘，因为这个印象最深，这也就是我在前面所说的销量势的唯一作用：带动跟随！

反之，如果广告拍得太花哨，顾客只会去关注广告的艺术展现形式，就不会去关注产品本身了。这也是香飘飘公司自身在前期做纯明星形象广告失败后所总结的根本教训。拿香飘飘掌门人蒋建琪先生自己的话来说就是："一定要搞清楚，打广告是什么目的？就是卖货，除了卖货还是卖货，别去想什么品牌诉求。让观众都去研究周杰伦和女主角的浪漫了，然后恶搞，他们还会不会去购买优乐美的奶茶呢？不会。"当然蒋建琪先生所说的绝大部分都在实理的，只有一点"别去想什么品牌诉求"，在我看来，不能如此断章取义，品牌一定要有诉求的，这个我会在第五章具体讲解。

实不相瞒，这几年，有好几位营销专家也和我探讨甚至争论过香飘飘和优乐美的发展前景，对方一味地咬定优乐美更有优越前景，但在我看来，这根本就没有探讨的余地。无数的学术性的营销专家，大脑里仿佛只有美誉度、形象度，就是没有能将营销落地的"销量度"，他们还没明白：香飘飘的奶茶领导地位已经深入人心五年了！遗憾的是，他们还在盲目地"洞察"未来。

　　归根结底，你必须明白：香飘飘奶茶广告成功的核心点就是经营销量势，并且在逐年将"势"这个理念发扬光大，宗旨就是它一直都在强调并奠定其不可动摇的销量领导地位，正如香飘飘的创始人蒋建琪先生在2012年3月接受创业邦杂志采访时，亲口向记者所诉地直言：这就是香飘飘五年内能做到年营收20亿的营销秘诀！

　　香飘飘的广告态势以后还会有升级版吗？香飘飘的下一出戏该如何唱下去？不管最后这个"剧本"是会继续保留，还是会重新改写，但我可以肯定的是，整个广告剧本的"神"一定不会消散。换句话说，不管香飘飘在广告形式上如何变，但其销量势及其市场领导地位，这个根本的神韵一定不会变！也就是"形散而神不散"，因为香飘飘走的就是"销量势"这条印象战略路线。

　　销量势的使用手法其实很简单，但是却可以产生惊人的营销成效，并且是持续不断在直接促成产品的销量。想必，这无疑是每个商家，每个中小企业主都在追求的目标。

　　换句话说，如果你能勇敢而明智地为你的产品塑造某一个领域内的销量势，久而久之，你也能在消费者的心智中跃居到这个市场的领导地位，哪怕这个领域明显存在着众多的竞争者，只要你简单地利用第二章中"战略定位"的智慧，你也能迅速为你的产品抢先打造你独有的销量势，从而拉动源源不断的销量与利润，尤其在电子商务的世界中，销量势的打造几乎可以变得信手拈来。

　　到此为止，造势的四大核心操作法门已经介绍完毕，从现在开始，你可以大胆放心地开始使用四大法门来为你的企业，为你的产品造声势了。我确定，在你使用的过程中，你会越来越体验到"势"给你带来的无法估量的增值效益和营销成果。

因为这四大造势法门，完全是基于行商态势的有效定义及其实际作用而生成的。因此，它们在任何场合，任何时刻都是有效的！

我再一次强调，如果你让消费者感知到，你的产品是受到市场欢迎的，是受到各种权威机构组织认可的，尤其是有无数顾客追捧和购买的，那么，你的造势举措就是成功的；反之，如果你脱离这个核心，无论怎么挖空心思，也是白用功！

不管你当下处于何种阶段，你都必须明白，"势"贯穿了整个商业及营销进程的始末，尤其是创业性企业，造势就显得至关重要，如果你的产品没有了势，营销就会很艰难，甚至衰竭，然后慢慢在市场上走向落寞。

真正的营销大师做产品行销策划，要干的第一件事，就是塑造"势"！

"势"不仅可以发挥其在营销上的巨大能量，甚至对你整个人生与事业的发展也是大有裨益。

一个有势的女人会令无数英雄竞折腰，一个有势的男人会令无数美眷竞折姿，一个有势的组织会让无数志士竞折气，一个有势的企业会令无数顾客竞折包，一个有势的网站会令无数访客竞折眼。

好了，到此为止，印象战略已全部介绍完毕，以上五大章节就是印象战略的全部内容体系，此五大章节分别又称之为印象战略的五大战略，不管是哪个行业，也不管是哪种公司；无论是什么样的产品，也无论是哪种行业的网站，"印象"生成的实质路线及其表现形式也绕不过这五大战略思想。

掌握好印象战略的五卷内容，你便可以放心大胆地开始使用它们了。你记住，印象是拿来使用的，具体说，就是拿来表现的，而不是拿来臆想的，而且，我要跟你再次强调的是，整个《营销心法》的全部内容都是拿来使用的，只有你拿来使用，拿来表现，它才能在你的事业上发挥其显而易见的营销作用。

那么，印象到底应该表现在何处？事实上，在前面的五卷当中，已经分别具体地阐述了各种战略的使用方针，这里我们再来总结一下。简言之，印象必须具体地落实到你的各种宣传载体当中去，如公司宣传栏、商务名片、企业宣传片、公司电子文档、产品说明会（海报）都必须充分的呈现，不要丢失任何传播印象的机会！如，广告视频必须以印象战略作为序幕和结尾。

尤其要记得用在网站或网络商城的头部以及第一屏，换句话说，任何形式的网站，想要产生心法式的影响力与营销力，其首屏彰显内容必须是"印象"，而不是其他任何要素！彰显了印象的网站首屏，会让顾客一进来就找到"我愿意为此而停留"的意愿，产生吸引，甚至生成"购买"的臆想，然后在一瞬间内生成第一印象，他才有浓厚的兴趣与强烈的欲望继续往下看，想要去了解你的产品详情以及你公司详情。

如，全友家居的天猫商城，虽然其纲领——绿色全友，温馨世界，未能做到直指人心（这个我前面也有提及过），但是其商城的印象展现形式是很到位的。一开始，就直接以大气磅礴之势，以五大"印象"为亮点，彰显其遥遥领先的江湖地位，立刻震撼顾客心智，立刻让顾客自发地找到继续往下看的动机。

印象战略，除了在网站或商城的首屏必须要呈现之外，另外，在各级营销页面及其产品描绘页面中，还要多处重复加持几遍。如淘宝商城的各个宝贝描绘页面中，也就是不断重复把你的独特印象植入顾客的大脑，让他不断地浮现出想要购买的念头。

你记住，印象战略是你公司整个营销生涯中的必要前奏以及坚实后盾，站在市场与客户角度而讲，印象战略之所以至关重要，是因为你在向市场表明：你的存在绝不是多余的。具体来说，你必须让顾客有印象地认识到，在茫茫市场上，你的公司对社会是有贡献的，你的产品对人们是有特别价值的，你能让一群消费者找到归宿感。

在浩瀚的互联网商海当中，你的网站不是沧海一粟，而是自成一个门派，并且这个门派不可小觑，你有你的战略方向、有纲领、有势、有核心价值观。简言之，你的存在是有意义的，绝不是多余的！

如同我们人一样，在我看来，人的一生，最大的悲哀，莫过于与世无争地活在这个时代！

我自己认为，活得与世无争的人在当下商海中是注定没有办法有所成就的，甚至都没有办法生存立世，当下不是硝烟弥漫的战争乱世，却是日渐残酷的生态"竞"世。

你想想，对于在商场中与世无争的人，谁会对他有无法磨灭的印象？谁又愿意和他建立关系？

因此，你必须要打造并传播你的印象，然后告诉你的顾客，告诉你的合作伙伴，你"与世有争"。我确定一件事，如果你在做营销时，印象战略这一道工序没有打造好，或者根本就没有去策划出来，你后面所做的一切推广策略及其营销手段，对你整个营销成果所发挥的效用，至少要降低10倍！如果仅是做生意赚点小钱是可以，但如果你的企业要想在市场上发展壮大，或者想在互联网上立足，那简直就是痴人说梦，是绝对不可能的事情。换句话说，在你后面的网络推广策略和成交能力同等条件下，你能把印象战略打造成功，你的整个营销活动至少会增加10倍的效益！

使用印象战略，你已经超越了市场上95%的企业及营销人了。

请你务必要多次重复阅读，真正能消化吸收"印象战略"这个关键性的营销策略，领悟其核心要旨与具体的实施法门，为自己所用，为你的公司打造强势的印象，给顾客建立深刻的印象，那样你的营销不单会日有起色，而且会生发革命性的颠覆能量！

下 部

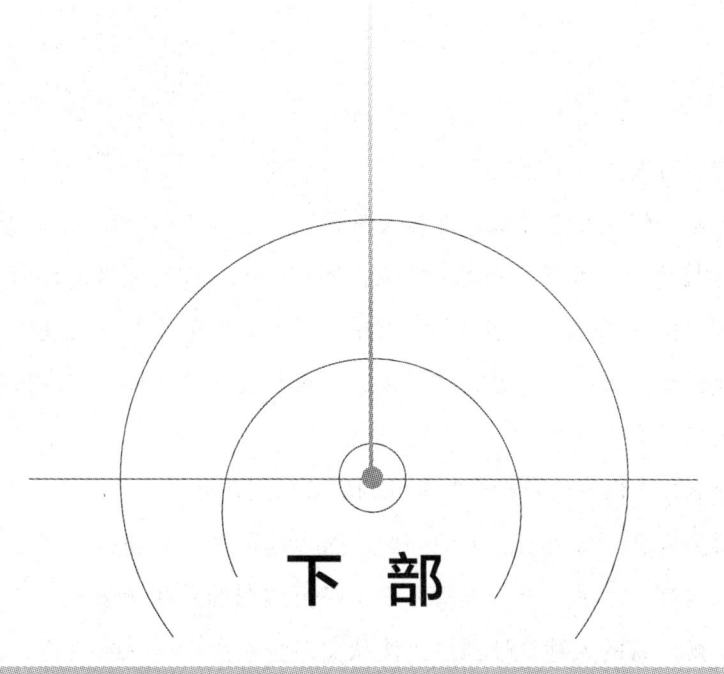

人性索引——吸引人心的终极营销奥秘

有听过人性这个概念吗？

想必，但凡是企业家、老板及其营销人士，大多数都应该有听说过，因为人性与营销的确有着密切的关联，换句话说，你对人性的领悟有多透彻，你对营销的掌控就会有多容易！遗憾的是，99%的人对"人性"的理解都只是泛泛而谈，如蜻蜓点水，浅尝辄止。真正要把"人性"洞察得很彻底，似乎觉得挺玄乎……

那么，人性到底是什么？人性的奥秘到底在哪里？

很多人会问我关于恋爱的问题，因为我很多学员和客户都还是年轻的创业家，这其中不乏一部分人都还是正在奋战在恋爱沙场第一线的人，有的人困惑不解，有的人甚至还像过去沈从文追张兆和一样死缠烂打，总之就是在折腾，一开始，我是拒绝回答这样的问题的，因为我不是婚恋专家，不愿意做越俎代庖的事。

后来，当我回想起我本人当初在恋爱上的切身体验时，尤其在面对他们言正言辞的反问："你不是营销专家吗，你如此懂人性，这怎么可能难得倒你？"而他们几乎都有一致的困惑，问题原意大抵是这样的："周老师，我发现一个怪现象啊，我每次一主动出击，付出满腔的热忱，打听她的情况时，她总是不理不睬的，好像是有意在回避我似的，然而等我某几天歇下来的时候，她居然反过问我工作和生活上的事情，她是在考验我吗？我都有点蒙了，我真的不知道她到底是喜欢我，还是不喜欢我。"

对于类似的情况，我都会有类似的回答："她对你有好感的，但只是她无法确定是否能接受你！"

对方问为什么？我通常只说两个字："人性。"

后来，针对这个普遍的"怪现象"，我也曾在微博上写过这样的话，大意如下：

"现在的80后与90后的男女之间之所以难以靠拢，之所以难以打破孤寂与渴求的平衡，最核心的问题就是：清高与自私，这几乎是人们普遍存在的劣根！往往结果都是：你主动往前一步，对方会自发的后退一步；反过来就是，你退后一步，对方反而又多一分期待，这又是何苦？"总结一句话就是：她们一边期待，一边抗拒。因此，普通人总是纠结，这个纠结到底该如何打通？这需要一个系统的心智流程。

你想想，既然是很多人都有同感的"怪现象"，这还是不是真正的"怪现象"？

显然不是，而是普遍存在的心理现象，这就是人性！具体说，一边期待和一边抗拒，就是女人的人性，因为这或许是所有女人共有的心理属性！当然，这两点只是她们人性的体现，即现象。那么，本质在哪里？女人为什么会期待，她们在期待什么？又为何会抗拒？抗拒的什么？答案是：女人期待获得男人给予的情感，同时，她对你又不放心，害怕被伤害。

女人到底想要什么？答案还不简单吗？无论她看起来想要什么，她想要的终归只有两样东西：很多的爱和很多的安全感。

营销又何尝不是？顾客在购买任何一件产品时，一定存在两种典型的心理：一边期待产品的价值，因为他想得到满足；一边害怕，因为他担心购买的风险。你在买东西的时候，不也是这么想的吗？一边渴望得到，一边害怕风险，这就是顾客的人性！事实上，无数人一辈子都在渴望与恐惧之间纠结，希望获得，又不敢往前一步！

那么，到底什么叫人性？不管以前有多少人定义过，也不管他们以什么方式阐述过，在我看来，非常简单一句话就可以概括，即那些普遍潜藏在人们心中的、与生俱来的、想做或者不想做某一件事情背后的原动力，就叫人性！

女生为何期待和男生交往，期待婚恋？渴望被爱，就是一个典型的原动力；之所以抗拒，又是因为她们还要追求安全感。因此，爱和安全感，都是女性做这件事的原动力，即她们的人性。

为了让你更能理解，我们再继续看人性的几面。

自私：自私是人的天性，这是与生俱来，人们做很多事情，都是因为自私，要不然，人们大部分的所作所为都不会产生。你是公司的老板，如果你没有从某些管理机制上满足员工的要求，你想让他全身心地为公司拼命工作，那就是你的幼稚！因为你不了解人性！

所以，你以后再看到那些自私的人，千万别再暗地里指责他们，因为这是人性，是完全正常的反映，否则，那就是你不成熟的表现，换句话说，如果连"自私"这个人性都还没认清，那么，你的营销还没有开始。

又如，众生的人性：名和利。

且看大千世界，芸芸众生背井离乡，出世入世，上下求索，寻寻觅觅，他们在寻觅什么？为何而寻觅？他们在寻觅名利和精神，具体来说，这三大追求是令众产生生行为的三个核心原动力。不管是谁，只要他还在社会中，就没有办法脱离这三大人性当中的至少一种人性。换句话说，这是营销的三大核心驱动力。

你为什么愿意花 3800 元购买《营销心法》这本书？因为你想跟我学营销智慧，赚取更多丰厚的利润，让更多人享用你的产品，从而为自己带来更多的信任和口碑，在商海中获得名望，得到社会各级的认可。很显然，所有来买我书的或上我课程的学员想法都一样，为了能获取更多的名利而跟我学，因此，名利是你们共有的、做这件事的原动力，也就是你们受人性的驱动，才做这件事。

为什么市场上教人演说的培训课程总是爆受欢迎，可以说受众生追随，要销售这种虚拟式的产品，其实非常简单，不管塑造多少种价值，核心的宗旨就是拿"名"和"利"搞定你就行了，因为这是任何人的人性，一般人没办法抗拒。有点智慧的演说培训企业就应该这么告诉你，当你学会演说之后，你可以通过演说倍增财富，成为众星捧月的名人！

管理学到底难不难？换句说话，领导员工到底难不难？绝大多数的老板，在管理上出现障碍，都是因为没抓到根本，所有策略和制度都是外围，所有的激励都没有办法持续下去，尤其是口号性的激励更是花拳绣腿，管理人必须从人性入手，员工跟你一起做事是为什么？通常情况下，只为名和利。换句话说，要想让员工把全身心交给公司，领导人的核心所为应该是在权衡名和利的分发，一个公司从创业开始，一直到壮大，管理上的核心问题就这个！

员工之所以辞职，原因林林总总，最真实的只有两个：1.钱没给到位；2.心受委屈了，这是马云的原话。而员工的心之所以会受委屈，核心的表现无非就是："为什么我干的绩效比他多，而获得的酬劳比他少；为什么我干得比他好，而提拔的却是他？"员工的心理不平衡，是造成他受委屈的根源！

当然，以上列举的人性几大方面，只是粗略而笼络地阐释了人性的某几个要旨，因为我是在帮助你理解人性！要想真正将营销落地践行，我们必须要寻找到具体而翔实的人性系统，从而将消费者的人性一环一环的洞察，一层一层的分解，营销才能真正上岸！

那么，到底是否存在一个密码来层层破解人性之锁，是否存在一个通道来系统打开营销之门？

营销本是一个浩瀚无边的世界，看似令人琢磨不透，但只要我们从整个消费者的心智抉择流程来看，营销其实非常简单！归根结底，营销有且只有三个问题。第一个问题：顾客为什么想要购买？第二个问题：顾客为什么愿意购买？第三个问题：顾客为什么决定购买？任何顾客买东西，都超不过这三个问题的驱使，并且一定是受了这个顺序的心智驱使！

事实上，所有的企业家和营销人士之所以难以解开营销的这道难题，所有的困惑就在这三个问题上，不可能存在第四个问题！而这三个问题的解答只跟人性相连，换句话说，系统地解开了人性的密码，也就缜密而有序地回答了这三个问题！

能解开这三大营销问题的系统密码，我称之为人性索引。字典有汉字笔画索引，各种书刊也有索引，数据库有索引，简言之就是线索和引子。人性索引就是帮你系统寻找到人性的终极线索和引子。

为什么叫索引？因为人性是与生俱来的，它本来就存在于消费者的心智中，并不是我周韦廷创造了人性，只是我们绝大多数人无法窥视到，无法探寻到，有了人性索引，只要你按照营销问题进行检索，你所想要的营销终极答案都会被搜寻到，然后你就会生成切中人性命脉的成交策略和方针。换句话说，有了人性索引，营销自然会变得水到渠成！

营销的三大根本问题：想要、愿意、决定。也就是人性的三重心理，在人性索引里，自然出现了相应的三大索引，我命名为追索心理三大铁律，接受心理四项法则，行为响应五道阀门！解开人性的这三重心理，你也就解开了营销所有的玄机！

老子说，玄之又玄，众妙之源，我坚信，人性索引，将成为你营销的众妙之源！

下面我将围绕人性索引的全部，带你一起洞察人性背后的玄机！破解营销的终极奥秘！

第六卷　追索心理三大铁律——
成交十二心法发动篇

在茫茫江湖上，你为什么会对某一个资讯产生兴趣？又为何会对某一个人产生好感？我们为什么会有购买的举动？会不会有无缘无故的关系发生？显然是没有！无因何来果？只要稍微设身处地试想一下，你就明白，一定会有一些无形的力量在驱动你，因为我们本来就是消费者，我们自己每天都在与别人发生联系！

你之所以想要，一定是因为你在追寻你内心深处所向往的东西，你在求索你希望得到但尚未得到的东西。换句话说，追寻和求索的心理，是任何人萌动一切"想要"的动力源泉！这种心理，我称之为追索心理。

为什么当下越来越多的商家抱怨营销越来越难做？电子商务成交率越来越低？不是因为消费者对生活的需求越来越淡化，而是因为你没有真正拨动消费者"想要"的那根弦，换句话说，是你没有真正洞察到消费者的追索心理，在当下混乱不堪的商业江湖中，消费者其实也在上下求索，追索他心中真正的"想要"！

而一旦他邂逅到他所追索的结果（资讯，人，产品），他的内心才会萌动"想要"，想要了解，想要获得，想要购买！因为那表示你已经和他的追索心理一拍即合！要让消费者和你的产品讯息一拍即合，首要的缘由，必须是你对他们的"想要"了然于心。

没错，追索心理，是消费者心中天然的存在，对任何人来讲也不会例外。但即便是天然的存在，我们绝大部分人也没办法肉眼洞察到，至少他们没办法将其表述得很清楚，否则，营销也不会这么难！

人性索引将从"追索心理"开始，帮助你真正寻找到消费者心中的"想要"，扫清营销的第一重障碍。通过多年来对消费者心理的深刻洞察，我深深地发现，任何消费者只有三种追索心理，具体来说，就是渴望心理，神秘心理和同一心理。此三种心理，我将其归结为渴望心法、神秘心法、同一心法，事实上，这三大心法加上后面的接收心理与响应心理当中的九大心法一起，构成了成交十二心法！

我先跟你挑明：所有的成交都离不开这十二大心法。

那么，渴望、神秘、同一到底是如何发人深省的，到底是如何激发消费者的"想要"的？

下面，请跟我一步一步来揭秘"追索心理"的真谛！

渴望——洞察最深层次的购买真相

毋庸置疑，但凡真正能在营销上有点悟性的人，都应该懂得营销就是经营人，而不是产品本身，这句话虽然有点笼统，但已经很智慧地阐述了一切营销的出发点。可后面还有一句话，想必也是你听说过的——经营人就是经营人的欲望！

可以说，整个市场上几乎是所有做营销策划的机构，及其企业管理培训机构都在如此的宣扬：经营人就是经营人的欲望！

经营人真的是经营人的欲望吗？在我看来，这完全是一个"怂恿式"的观点，而凡是怂恿，只有一个结果，那就是把顾客（人）带到邪恶的走向，甚至给整个市场制造巨大的创伤！

你想想，你有见过真正的顾客，会跟你说，他有什么强烈的欲望吗！如果你深入顾客心里，你也会真正发现他的内心想法："这么多年以来，我一直都在渴望什么事，我一直都有一个愿望！"其实，你的产品，是在帮助顾客达成他心中的愿望！"

在此，我百分之百负责任地说一句话，经营人绝不能经营人的欲望，而必须是经营人的渴望！因此，我才称之为渴望心法，而不是欲望心法！

关于欲望和渴望，我继续想借此机会，妄为地为整个营销行业及整个商业江湖讨伐声明，因为我真的不希望当下险恶的商业江湖越来越偏离人心！

欲望和渴望到底有什么差别？有这么一个故事，想必一定会对你有所启发！

一个年轻人向苏格拉请教成功的秘密。苏格拉底将他带到河边，把他的头长时间摁在水中，直到他的呼吸困难，拼命地挣扎为止。当这个人恢复平静以后，苏格拉底问他："当你的头部完全浸在水里时,你最大的渴望是什么？"

"我渴望空气。"年轻人说。

苏格拉底对他说："如果你对成功的渴望，就像在水中渴望空气一样,那么，你离成功就不远了。"

事实上，欲望仅仅是意识在努力，渴望则是心灵和灵魂在一起努力，这种努力会迸发出一股不可抗拒的力量。

什么叫意识？意识就是受了外界的诱惑与怂恿，而做出的不太正当的行为！欲望，不是从人内心深处流淌出来的。婴儿出生没多久就啼哭想要喝奶，那叫渴望，当被满足后，他会笑得很灿烂。企业家，商业人士想要终久降伏人心，必须是长期顺应顾客心灵上的渴求，或者说激发顾客的内心深处所萌动出来的渴望！如此一来，顾客才是发自肺腑地对你感到满意，得到满足！

事实证明，凡是经营欲望的商家，最后都会走向落寞，甚至毁灭。反之，真正懂得经营渴望的人，都会获得辉煌，生生不息！

欲望会惹动人的心魔，渴望会滋润人的心田！一味经营欲望的企业家或商人，将会面临的苦恼就是：消费者会总是挑你产品的缺点，不满情绪与日俱增。这些年，我亲眼看见了无数的培训公司、网络营销公司是怎样潮起潮落的，自己没有真材实料，只是靠"赚钱"这个欲望为幌子，吸纳了学员们的大量钱财，结果引发群体的不满，遭受四面楚歌的落魄局面，导致其身败名裂的下场！

而经营渴望者，顾客会尽情地享受产品给他带来的好处，会沐浴产品给他带来的那种美好的氛围当中去，持续不断地品味你产品的优点，并自愿为你传播，制造良好的口碑！

因此，你必须清楚地明白，欲望是人们受了外界的诱惑而产生的激进要求，是所谓的营销大师强加上去的，渴望才是从消费者内心深处生长出来的！

不是一直在倡导要切合消费者内心需求，走进他的内心世界吗？满足消费者的渴望的核心点就是：你能让顾客生活得更幸福，更美好！

不管什么样的营销策略，必须是洞察、发现并满足消费者内心深处的渴望，才能持续安稳地进展下去！

那么，人到底有哪些渴望？

在我看来，无论渴望的形式如何多样变幻，归根结底，渴望只有三重境界，请记住下面的三句话：

1. 解决问题：人为解决问题而迫切追寻。
2. 满足情感：人为满足情感而持续追求。
3. 实现梦想：人为实现梦想而永恒追逐。

事实证明也是如此，任何人的存在，从懂事的那一刻起，其所有的行为原动机，就为了这三件事，要么是解决问题，要么是追求情感，要么是实现梦想，不可能存在其他的事情！换句话说，你从事任何商业活动，你的产品，必须是从这三个方面来成全人，这样你才能有所成就。你产品价值的体现，必须是紧紧围绕这三大终极诉求进行描绘与释放，否则，就如空中楼阁，如镜中花，如水中月，没有真实的根基！

更重要的是，我可以完全确定，无论世事如何变迁，社会体制怎么改革，这三大方向是人类永恒的渴望！

下面我们来一一破解这三大渴望所蕴含的具体奥秘，意在你能将"渴望"的人性切实地发挥在你的营销上面来。

第一重境界：解决问题

为什么第一重渴望必须是解决问题？答案再简单不过了，任何人想要在尘世中生活下去，一定会遇到无数的问题，无数的坎坷，无数的纠纷，如若他面临的种种问题不能得到有效的解决或者消除，那么，他所过的日子没办法顺利度过，问题不解决，人们有没有心思去追寻其他美好的时光？显然是没有！

简言之，人们之所以需要解决问题，只是为了顺利地生活！

基于这个跟人们的生活息息相关的基本层面，我们可以发掘出，人们之所以想要解决问题，最根本的动机有且只有两个：第一个是求安全，第二个是求方便！

从营销的角度来说，这两大动机，是可以驱动任何人产生购买行为的基本原动力。

第一大动机：求安全

一个女人是否愿意嫁给一个男人，她首当其冲要考虑的问题不是其他，而是安全感！你想想，如果没有安全感，她能随随便便的把她的一辈子交给你吗？

在整个市场需求和营销的实施上，安全诉求又分为三大体现。

第一大体现：现在的安全

注意，我这里所说的现在的安全，主要是指人们求生的安全。因此，现在的安全就涉及三个核心层面，第一个是生命安全。为什么医疗、养生和健康产业能在市场上永垂不朽？因为这些产业跟人们的生命安全直接相关，身体是革命的本钱，没有强健的体魄岂能成就强大的未来！

如若一个人的健康出现了问题，就急需要解决！即便是急需解决的疾病，也需要预防未来的健康危机。养生堂创立于 1993 年，仅十年时间就在整个商业市场上迅速崛起，目前成为全中国健康产业知名品牌公司。

未来我坚信成都纹疏堂品牌会很快扩张，因为它是一个专门针对中老年人健康养生的非药物产业，这是整个市场的呼唤。如果你的产品真正对人的健康有帮助，或者说有改善，那已经是你创业成功的基石！生命诚可贵，有谁敢不珍惜生命？

为何一个制氧机也能在互联网上打开一番市场，获得一部分顾客的认可？原因在于它是为了让人们生活得更健康，让人的生命安全得到一定程度的保障！因为空气和水是人类生命得以延续所必需的，空气和水出现问题的话，人们的生命安全也受到威胁！生命安全作为人最基本的渴望，所以说，它也是最显而易见的营销之源！

请记下，对任何人都有触动的三句话：

1．"为你的生命安全保驾护航！"可作为医疗与健康产业的宣传文案。

2．"珍惜生命，安全行驶。"这可以说是所有高速公路的招牌提示语，任何司机一见此就会自发生成警惕感。

3．"多加休息，保重身体。"这是关心与呵护人常用口头语，而关心任何人的首要前提一定是关心他的身体健康以及生命安全！

因为这是关于生命安全最直接的体现，没有人会抗拒！

喝酒伤身，过量饮酒甚至威胁到人的生命安全，这是任何人都有的基本意识。但是有一种非常知名的品牌酒偏偏利用这一点反戈一击，一举成为中国最高端的品牌酒，那就是国酒茅台！茅台的广告语怎么说的？"国酒喝出健康来！"这七个字直接将人们最核心的健康意识给表露出来，并且是给予了正面的满足，因此，茅台能坐揽白酒行列的头把交椅，也是在情理之中的！

第二个层面是生存安全：

这一谈，可能会谈及一个非常世俗的一个现象，那就是关于钱的问题，很多清高的愤世嫉俗者都在鄙视这种现象——为什么这么多人喜欢钱？不从欲望的角度看，而从渴望的角度的看，其实不是喜欢钱，根源是任何人都需要钱，否则你如何生存？你的衣食住行如何获得？

东邪西毒里有一句经典的台词，张国荣对张学友如是说："你武功再高，你总得吃饭，对不对？"

把钱看成是一种基于需求的解决方案，那叫渴望；而把钱本身直接作为追求对象，那叫欲望。换句话说，就看人们潜意识当中到底是拜需求，还是拜金钱！因此，渴望赚钱是人们获得生存安全的基本前提。于是，任何人从走入社会的那一刻起，就在倾全力寻找如何赚钱的方法！

如此一来，关于生存安全的几个具体的求索方向便为：事业机会、求职、技能培训、生存的本领、创业的智慧，这一切都是为了满足人们正常的生存安全保障。换句话说，如果你能提供给人事业机会，求职的方向以及各项目技能培训，打造生存的本领，那一定是毋庸置疑的市场需求，因为这些都是人们安身立命的根本支柱！换句话说，你的终极意图就是告诉人们，你会让他们的生存更有安全保障！

智联招聘仅是一个招聘类网站都上市了，非你莫属这档求职节目都蜚声海外了，收视率极高！为什么创业以及教人赚钱类的培训产业，会在几年的时间内风起云涌？不是在经营人的欲望，而是都为了让大家安身立命，找口饭吃，让衣食住行得以实现！

你记着，企业招揽新员工最有吸引力的一句话："包吃包住。"为什么对新员工而言包吃包住永远都有吸引力？因为你让员工的"生存安全"有了保障，他不管干了多少业绩，也不管一开始会有多少薪水，反正饿不死，先解决吃住的问题再说！

提供技能培训与事业机会时，最让人安心的一句话："学会什么本领或找个这种工作，你下半辈子的生活几乎不用愁了。"重点是后面这句话！你要明白一点：任何人入世，当生命安全得到保障的同时，就是想追求"生存安全"了！

你告诉他，从你这学会培训后，他可以轻易获得一份稳定的工作，稳定的事业了！

第三个层面是生理安全：

生理安全虽然没有生命安全与生存安全来得如此至关迫切，但也是人类必须的需求，是任何人与生俱来的渴求，如果生理需求得不到切实的满足的话，人们也会过得痛苦难受。

不管马斯洛如何定义需求层次，也不管你是否能分得清中国人所诠释的七情六欲，关于生理安全，你就记住三个核心需求就行了。第一个：暖和；第二个：凉快；第三个：性。对你而言，想必这三个需求，已经再通俗易懂不过了，易理解，易记住，任何人都切身感受得到！

过去，在寒冷的冬天，有火的地方就有吸引力，为了御寒，火便成了任何人与生俱来的向往。上升一个层次来讲,火也成为人类最初的一种文明象征。为什么卞之琳的杰作《第一盏灯》会成为诗中的经典,因为他是在赞美火文明给人们生活带来的温暖与美好!

"鸟吞小石子可以磨食品。兽畏火。人养火乃有文明。与太阳同起同睡的有福了,可是我赞美人间第一盏灯。"卞之琳在新诗《第一盏灯》中如是表述!

其实我本人也是一个"亲火"的典型代表,因为我生于严寒的冬天(农历十月21日),风水学里面,称之为"饿火命"!

皇明太阳能,南极人保暖内衣,恒源祥羊绒衫,一开始也只是从不同的角度满足人们对"温暖"的渴求!在冬天的互联网世界,如果你的网站上能呈现几支点燃了的蜡烛画面,也势必会给访客带来更多新增的亲和力,因为"温暖"是人们在那个时节的本性向往!

避暑山庄卖的是什么?显而易见,它卖的是酷暑夏日时的渴求——凉快!而不管你是不是直接卖空调的,你只要告诉你的顾客,在你们的服务体制下,你可以让他们过得更加暖和,更凉快,你的生意铁定会增加吸引力,因为在这种本能的生理需求环境下,他们会使用你的产品或服务使用得更加舒心!

至于人们为什么会产生性的生理需求?性到底是什么?也别问我了,我也无法解释清楚,换句话说,你也不需要刨根问底得出个究竟,你只要知道这是任何人与生俱来的生理需求!连马克思也没探索出根本,张爱玲也好,李安也好,也只是在利用"性"的本源吸引力在创作!

为什么有车展必有美女?只是因为汽车经销商在利用美女诱惑你,吸引你去看美女,因为这是任何男人无法抗拒的本性需求,当然这只是最浅层次的营销手段——性吸引,更关键的是他们更深层次的营销目的——在你的脑海当中把汽车与美女连锁绑定起来,他们在潜意识地告诉你:拥有了这台汽车,你就能吸引美女!换句营销上的话来说,这是这台汽车给你带来的增值效应!

第二大体现:以后的安全。

当安置好当前的"安全"以后,人们需要考虑以后的安全!这是任何人的本能反应！人无远虑，必有近忧，任何人都不希望只是满足于当下的生存状况，否则，一旦当前的生活状况一有发生改变，以后怎么办？因此，在当下为以后的安全作铺垫，是众生之所求！

做传统生意的老板都深深地明白一个道理，商场上本是风平浪静，谁能料到，一转眼，可能就是狂风巨浪，与其等到措手不及，不如一开始，就未雨绸缪，为自己的财产和设备买个保险！

简单说，担惊受怕是人的天性，为什么当下无数的女人明明有了心仪的男人却迟迟不肯嫁人？前面我也说过，2013年最新统计，上海未婚女性多达70%，她们只是在担心她的未来生存与生活的安全，你必须明白本质，女人天生就是弱势群体，因此，一个女人最难的决定就是想找一个有"安全感"的男人托付终身，也就是说，女人前半辈子最大的义务就是在为未来谋求安全感！

纵使是如花似女的女人也是摇曳在红尘中，并随风轻轻摆动，更何况是普通的女人，因为她们都需要未来的安全感！各位江湖兄弟，男人同胞们，尽你们的所能，给心爱的人一个安全的未来吧！

换句话说，你能从某一个角度解决人们对未来的担惊受怕，你就能获得市场，更重要的是，你也能从营销上获得成功！

基于对"未来的安全"而展开的话，在我看来，你应该从如下两个角度切入市场以及打开营销的局面！

第一角度：未来的人身安全。

如生命的保险，生存的保障等方面。你会发现，通常情况下，保险公司会不会亏钱？不会！要不然，哪还有这么多卖保险的公司真正立世？因为真正出事的概率，是非常小的！但为什么大多数人根本没出事还愿意年复一年的花数千元给保险公司？他们只是在为自己以后的人生安全买一个保障！

记得孩提的时候，我非常的倔强，懵懵懂懂，不谙世事，常常跟我妈妈较劲，我说我没出事，干吗要无缘无故给他们（保险公司）钱。我妈妈从小就教育我：花钱图个放心！以至于在我走出社会工作之后，他们每年都会坚持为我买保险,其实我也没遇到过太大的坎坷,但我后来认为妈妈的举措非常值得,因为我平安了这么多年!

为什么平安保险能成为中国最大的保险公司之一?因为它是从名字就开始喊出来的诉求——平安!没错,人们之所以买保险,无非就是图个平安,为以后的生命安全买保障!

第二角度:使用安全。

顾名思义,就是为使用某产品买一个安全保障!

去年(2012年),我在成都给三十几个企业老板讲课,因为第一天我讲完印象诉求的时候有谈及,航空公司和房产公司不能把安全作为印象诉求,但第二天,当我正准备开始到"使用安全"这个需求点的时候,一个做汽车贸易的老板站起问我:"周老师,您不是说,安全不能作为印象诉求吗?那沃尔沃怎么成功了呢。"

我很明确的回应了他两句话。第一句:"开车出事的多吗?"他说:"当然很多!"第二句:"你还记得印象诉求的概念吗?"结果他自己帮我回答好之后,然后安定地坐了下来。

是的,沃尔沃汽车直接卖的是安全,是对汽车驾驭者未来生命的安全保障!于是乎,沃尔沃能打下汽车行业的一片江山!

在营销的具体使用上,"未来的安全"体现在两点。第一点:直接给顾客一个安全的保障;第二,直接提出顾客的顾虑,然后解决顾客的顾虑。也就是说,这两点都是顾客最直接的诉求!

需求既是市场,更是营销的根本,如果把"未来的安全"这一点实施到营销上来的话,你要记住与安全有关的几个近义词:平安、保障、稳定、安定、安心、和睦,然后,尽量多把这些词用在你的产品营销资讯当中去!

曾经在英国有个收费地停车场,一开始,这个停车场就在门口挂了一个四个字的广告招牌——在此停车!没想到,生意非常不景气,可谓是一片萧条。后来有个营销大师,只在原来的招牌后面加了3个字,结果整个停车场每天都是爆满,可谓是"停"无虚席!其实,那位营销大师只是把原来的"在此停车"改为了"在此停车有保障",原理很简单,他只是刺激了人们与生俱来的"安全激素"!

第二点,刺激顾客的担惊受怕情绪。

平心而论,吃伙锅是不是一定会上火?答案很显然是不一定!但为什么王老吉几乎可以所向披靡征服所有的顾客?你发现,生活中无数人根本没上火,不也在喝王老吉吗?你要明白,王老吉强调的不是"上火",而是"怕"上火,重点强调的是这个"怕"字,换句话说,"怕"就是诉求,就是市场,从原理上讲,顾客要解决的就是,对未来还没发生的事的担惊受怕!

换句话说,你能找到并刺激顾客的"怕",你就能切中营销的某一个要害!

20世纪30年代,美国德克萨石油公司,为了快速启动拓展业务,需要获取大量的订单,惠勒研究了加油站,并注意到员工们会问顾客:"今天要检查您的油箱吗?"之后,惠勒将这句话改成了:"您箱里的汽油够吗?"当简单地将这句口头问话改了之后,该公司在短时间内急速扩增了大量的订单!

想想看这句话是何用意?言外之意,就是在给司机凭空制造一个心理隐患,让顾客担心:"万一我箱里的汽油不够,中途停车了,那不是很无奈吗?"因此,顾客一想,为了更踏实,更放心的驾驭,不如加满油吧!也就是,顾客在为他们未来的行驶安全买一个保障!因为他们"怕"万一不安全!

第三大体现:购买的安全:让他觉得跟你交易安全,没有风险。

起初,网购安不安全?坦白地说,如若你在互联网上搜查到一件心动的宝贝,但对方却是一位和你素未谋面的互联网商家,你愿不愿意直接付款给他,然后让他安排发货?不愿意吧!因为你觉得这样风险太大了!

自从有了支付宝的出现,整个互联网交易的生态系统都变了,消费者几乎都把支付宝作为了交易的公堂或者说是评审官。马云自己也无数次公开承认过,自己并不是创新大家,而是发现了问题,才不得已而为之,网购交易安全,就是一个很明显的问题,所以逼着我去解决!因此,支付宝解决了人们"购买的安全"问题!换句话说,网购采用支付宝交易,你的成交率,一定会增加！

最后，对于安全的终极释义，你记住一句话：顾客想要的种种安全，都是在从不同的角度追求自我保护！你告诉你的顾客，你的产品能满足顾客哪方面的安全感，你就能赢得一片市场！

第二大动机：求方便

当人们能够解决最基本的安全问题之后，接下来就是找方便，为生活找方便！我们每个人都不喜欢太麻烦，太耗时，太费精力的事情。

骑自行车，从长沙到上海，能不能做到？理论上肯定是能到的！但为什么你不愿意骑自行车？因为太累了，太麻烦了！所以，最开始你可能只是坐火车，后来你愿意付更多的钱坐动车，再后来，你干脆直接选择坐飞机，虽然贵，但一个小时就到了，因为你发现，越来越方便，你觉得方便，所以你愿意为方便而花钱！

以中国人的沟通方式来看相隔千里的一对恋人，一开始只能用写书信的方式来抒发爱意，不言而喻，写信并不难，难的是那等待回信的难耐。沈从文在这方面算是受尽了折磨，将一片痴心邮寄给张兆和，但要获得每一封回信，至少得等待一个星期。

后来虽然出现了手摇式电话，可以互相之间沟通，但由于当时电话实在少，费用贵，沟通时间短，不足以表达心中的情意，换句话说，还是不太方便！再后来，出现了QQ和电子邮件夺，沟通自然方便了很多，彼此之间即使在地理位置上相隔千里，但沟通上完全是零距离，你在香港，我和上海，我们之间的交流也是一触即发，方便吗？很方便！当出现微信后，整个世界的沟通可以说是方便到快接近极点了，你连电脑都不用带了，直接在手机上打开视频聊天窗口，一边深情地望着对方，一边和她聊天，你会感慨，再也不用明月千里寄相思了。

我真的相信，总有这么一天会到来，那就是每个人都会有"乾坤大挪移"的本事，只要我想见你，一秒钟就可能挪移到你的身边，你千万别觉得这是虚幻，要知道，人类的想象和创造力是没有极限的。

人类科技每往前进一步,最显著而明智的方向就是能给人的生活带来许多方便。换句话说,你的产品要是真正能从某一个角度解决了人们的"方便需求",那消费者会发自内心地认可与追随!

可以这么说,"安全"和"方便"这两大类需求,占据了80%的市场!你是不是常常听到有人说起刚性需求?为什么互联网最畅销的产品,永远是刚性产品?到底何为刚性产品?刚性产品就是直接给人带来"安全"和"方便"的产品,你记住这点!

那么,要创造方便,具体应该从哪个层面入手?不管是洞察"方便"的需求,还是从营销上来突显"方便"的具体含义,你只需要从以下三个核心维度着手,你就能轻易达到你想要的结果!

第一核心维度:省时。

以前咱们乘坐飞机必须得去机场售票厅买票,麻不麻烦?排队,来回,太浪费时间,自从有了携程网,可以说所有的航空旅客都舒心了。因为直接通过互联网几分钟内就可以订到机票,然后等乘坐当天直接去机场,就可以办理登机手续。

你可能不知道,在大部分航空公司都亏钱的行业局势下,携程网却能一年挣得4个亿的净利润。为什么携程网能获得市场并盈利?原因就是它能低成本地为旅客带来省时的方便,顾客愿意为省时买单!而凡是自己拥有飞机的航空公司,都需要花费巨额的设备购买成本!就我个人而言,也是一样,我买机票,定酒店,基本上定在携程了。原因就是省时,因为我不想花费过多的时间在订票上面。

在营销的层面上,你可以把"省时"变得更具体。如,"30天口语速成""30天演讲速成""7天减肥食谱"这些都是赤裸裸的斩获人心的广告语,也就是任何有意向客户看了类似的资讯都会产生想要购买的冲动。因为,省时是众生无法抗拒的渴望!

在省时这个层面上,麦当劳玩了一招狠的,麦当劳网上订餐直接喊出"30分钟必送到!"的广告口号,无非是把"省时"这一招玩到极致,从而吸引了大量的顾客。

这里有个关键点，你要注意，你不能承诺的事情，不能用过分的"省时"形容来吸引人，看起来一时有效，但是结果可能会让你大失所望，因为你失去了信任。你要找到某一个契合点，来做省时营销。

方便第二维度：省力。

如果你中午在公司上班挺累不想下楼，或者窝在家里又不想做饭怎么办？"饿了么"网上订餐可以给你直接送饭上门，方不方便？正因为解决了这个问题，"饿了么"网站一年创造了6个亿的营业额。

为什么"饿了么"能在O2O电子商业领域以黑马式的力量突出重围，一举获得成功？因为是直接化解了消费者的费力，换句话说，就是让你更省力。

你不是不想亲自上楼下楼跑那么远吗，说句不太好听的话，也就是任何人都有懒的心理，你懒嘛，那我就满足你的懒，你懒我也帮你得到，你只要付钱就行了！

你知道，最开始所有的汽车都只有六个挡位（不算空挡的话），后来无数汽车生产商开始改进到只有三个挡位：前进挡，倒挡加空挡。再后来，宝马更干脆，开发了自动倒车系统，直接告诉你，你连倒车都不用干了，我自动帮你倒好，要多省力就有多省力！

关于省力，请记住一个心法关键词——"轻而易举"。在你的营销文案中，你告诉顾客，你的产品能轻而易举地帮助顾客完成某一件事，也就是人们通过使用你的产品轻而易举就能达到他想要的结果。"轻而易举"，天生就具备攻心力与吸引力。

iPhone手机在描绘何以让用户喜欢的理由时，第一段话如是说："是什么让iPhone如此容易惹人爱？或许是因为它能让你做很多事，又或是由于它能让你轻而易举地做很多事。这正是我们的用户谈到喜爱iPhone时的两个理由，但其实还有更多理由。"

国际著名身心灵导师彼尚·安裘密写了一本书叫做《轻而易举的富足》，现在已经出了第二本了，因为第一本非常畅销，为什么这本书会畅销？想必，你设身处地问自己，就会有所感受。任何人都想获得富足，更何况，前面加了一个超级攻心的关键字：轻而易举。言外之意，你可以不用费很多力气，就能创造富足的生活！

仅看了这个书名，你是不是在顷刻间就产生了购买的意向？

仔细洞察一下，你是否可以从哪一个角度帮助消费者省力，如果有，你就堂而皇之地告诉他，你是如何让消费者变得不那么辛苦的，你是如何满足他的"懒"的，换句话说，能满足消费者的"懒"，就是你产品或服务的价值所在！

方便第三核心维度：省事。

为什么沃尔玛能在全世界商场上持续50年不倒？因为沃尔玛创业的初衷就是解决人们的购物方便问题。一开始，沃尔玛是看到当地的居民为了买菜需要到处奔波，花很多的精力，费很多事，当他看到这么一个问题时，就心动创立一个平台，让无数的小商贩都在这个平台上摆摊，从而让大家伙买菜更方便，更省事！

随着互联网的出现，整个人类的购物习惯可以说是发生了一个革命性的改变！大家之所以纷纷涌向淘宝等电商平台，只是为了购物更方便，你不需要穿越大街小巷，不需要游走于百货商场，更不需要亲自搬运货物，各种费力的事全都省了。

为什么你不愿意自己去摸索有效的营销智慧及营销策略，因为你发现自己摸索挺费事的，劳神费思，还不确定能不能探索出一个究竟来。所以你选择了直接花钱购买《营销心法》这本书，你知道本书将教你学会系统的成交知识和具体的营销操作手段。同时，假如你去一家一家找相关的营销课程来学习的话，到头来你会发现，依然很费事，因为绝大多数的培训课程，都只是从某一点来谈营销，不够系统！

很多学员之所以对我的《领袖营销思想》感兴趣，无非也是为了更省事，因为他不想一个一个策略地去学，所以，干脆在同一时间内，找同一位老师把整体运营的核心要点都学到。

这也完全吻合了我当初研发这套课程的宗旨，让学员更省时省力省事地学到系统的营销知识。

君莱克是天猫商城上一款非常畅销的全自动抽水电热水壶。而这款热水壶之所以会如此地畅销，因为它可以让消费者省很多事。如：可以全自动抽水，可以自动设定烧水温度，可以取代饮水机的功能，显而易见，和一般的热水壶相比较，君莱克热水壶可以让你省去很多事情。

你必须明确地告诉你的消费者，相对于竞争对手，你是如何从不同的层次，不同的角度给顾客带来哪些方便。具体来说，就是你是怎么让顾客体验到方便的，你是如何省时省力省事的，必须用文字表述出来！最常见的表达"方便"的语句格式："你不需要……你不需要……你不需要……你只需要……"

如有一款治疗前列腺炎的中药，我是如此帮商家描绘的："试想一下，如果从今天开始，你不需要吃任何令人腻烦的中药和西药（省事），也完全不需要奔波于那些坑人坑得心痛的医院（省力），更不需要遭受漫长而无奈的煎熬（省时），仅仅7天之后，前列腺炎症就开始明显淡化，30天之后，你可以彻底告别性功能障碍的沉重阴影，永远不再受这该死的、顽固的恶魔的重重折磨！"

这个中药店的网站与广告通过我的重新改写后，两个星期之内，由之前的每月亏损1万多元到每月轻松盈利6万元，并且这额外增加的6万元月收入只需要两个伙计就能帮他实现，一个做网络运营推广，一个做客服兼顾发货。

事实上，这里不仅体现了"方便"的需求，更赋予了浓重的情感色彩，关于情感需求的内涵与应用，接下来，我会一一为你阐明！

第二重境界：满足情感

情感是不是后天生成的？是不是一定要等到大家衣食无忧，不再为五斗米折腰之后，才会去想要满足情感？显然不是，情感是与生俱来的，也就是任何人在任何时候，只要一触发，情感就会在那个时刻显现，从而让你自发地感受到与体验到。为什么说触景生情？因为那是你本来就会有的反应！

因为人是情感的化身，为什么无数人尤其是绝大多数的女性都喜欢在孤独、难耐的时候去看琼瑶的小说？咱们都清楚，琼瑶所有的小说都贯穿了一个宗旨——言情。

无可厚非，琼瑶的小说，如《情深深雨蒙蒙》《又见一帘幽梦》《梅花三弄》等等，是可以让天下的观众为之惊心动魄、荡气回肠的，在那个虚幻的世界里，你可以品味到世间的各种风花雪月：喜、怒、哀、乐、爱、恶、欲，无一例外。

因此，很多人都会不可遏抑地坠入其中，进入更深层次情感的轨道，然后和故事中的人物角色一起迈入情感的巅峰，其实，你只是在寻找生活中的另一片蓝天——情感的世界。

没错，你只要还身在红尘中，一定会显露出错综复杂的情感，这也是任何人无法逃脱的一张网。即使是人家剃度为僧，削发为尼，他依然还会有悲悯之心。佛家也只是看透，没有看破，凡是看破了的都是恨，那已经不是佛家弟子，只能被当成是冷血的木头人。你想想，看破了，还何以普度众生？

真正顶尖的营销大师，都是看透了情感，而消费者未能看透。换句话说，你到底会被什么样的情感所触动甚至迷恋，我都可以一一捕捉到，洞察到，然后赋予我的产品中满足你！你之所以会迷恋物，那是因为你无法逃离人情的束缚，这是情感营销的根本所在！

为什么诗人也好，有点布尔乔亚情怀的人也好，还是所谓的性情中人也好，都那么好酒？他迷恋的不是酒，而是欢心，只是因为他觉得酒可以让他尽情地欢心，畅快，放松！"人生得意须尽欢，莫使金樽空对月"，这是李太白酒业之所以能立足江湖的根本情感渊源。

李白畅饮看似为了纵情享乐，实不相瞒，本人在成年之后再读《将进酒》依然能感受到他那别具匠心的豪迈与奔放，"君不见黄河之水天上来，奔流到海不复回"。但事实上，李白之所以豪饮，从根源上来讲，是为了抚慰心中激愤不平的怒气，与尔同销万古愁嘛，最后一句才是全诗的中心意旨。从那以后，抹去心中的愁绪，解除心中的困扰，成了酒的情感价值。

由于寄托了刻骨铭心又让人身临其境的情感力量，《将进酒》便成了流传千古的绝唱，其传唱度可谓是到了人尽皆知的程度，稍有文化的人都可以将其中的经典佳句随口诵出。试想一下，如果那时要收取版税的话，李白要累积多少财富？也就是凡是各种商业品牌也好，影视作品也好，只要是引用《将近酒》的词句，必须要给李白版税，你可千万别觉得荒唐，当下的商业社会难道有谁不是这么做的吗？

　　就比如今天香港无线电视或华谊传媒要拍摄电视剧，别说把金庸的小说拍成电视剧要支付版税，哪怕你只使用金庸创作的人名，都得支付费用。你只要用令狐冲、任盈盈这样的人名，你就得支付数十万元的版税。

　　其实，不仅仅李白的《将进酒》成为永垂不朽的文化经典，而且它还催生出了下一首经典歌曲，周杰伦原唱、方文山谱写的《发如雪》正是源出于此。"君不见高堂明镜悲白发，朝如青丝暮成雪"，从这句诗词当中摘取三个字，便生成了《发如雪》的歌曲名，然后继续把这句诗的情感与意境进行深入的衍生、修饰、演变，把原意中的哀愁与凄美的情感描写得淋漓尽致。

　　"你发如雪凄美人离别，我焚香感动了谁，邀明月让回忆皎洁，爱在月光下完美；你发如雪纷飞了眼泪，我等待苍老了谁，红尘醉微醺的岁月，我用无悔刻永世爱你的碑。"而这首中国风的经典不仅帮周杰伦赚取了数不尽的财富、荣誉和影响力，更关键的是，这首歌的歌词已经写入了台湾的小学语文教材。

　　如今方文山写一首歌词，至少得收取十万元的酬劳费，你要明白，这是因为懂得驾驭情感的力量所收获的价值。没错，情感的价值的确是无法估量，的确是威力无穷，它能打动人，影响人，征服人，换句话说，它能营销人。凡是真正能洞察消费者情感诉求的商家，营销都会变得轻而易举！

　　你要做的就是发现、洞察消费者为之动容、为之颤抖的情感要素，然后嫁接到你的产品中。具体来说，就是体现到你的营销资讯当中去，为自己所用！

　　当然，商场上真正会发掘并善于利用情感价值的人，实在是少之又少，要不然，大部分企业、商家、店主也不会觉得营销有这么难！

情感的奥秘到底在哪里？是否存在一个清晰、明了、深入的情感层级以及情感脉络来供你使用？答案肯定是有的，下面，我将从不同的层次，不同的类别，来为你揭示各种情感的具体内涵与具体的营销操作妙用。

六大基本情感原动力

1．绽放型情感

所谓绽放型的情感，就是从感官上能够直接捕捉到的姿态，如同花儿绽放时的漂亮、迷人、惊艳，女人爱漂亮，男人爱潇洒，这是凡夫俗子一辈子都无法抹去的情感追求。常见的绽放型情感心法关键词包括：美丽、漂亮、帅、迷人、魅力、潇洒、温柔。

换句话，在任何场合，用任何饰物，你能让女人变得如何漂亮迷人；能让男人变帅，变得洒脱，都会瞬间抓住他们的吸引力！

商家就是将顾客想要获得的绽放型的情感，赋予在他的产品中，从而吸引你的注意，吸引你的好感。如我随意撰写一条广告语："开上那辆车，你简单是帅呆了，帅掉渣了！"无数男人就会瞬间去关注去点击一下，到底是什么车让人变得如此程度的帅。

如"美肤宝"，从品牌名开始，就让你感受到美丽。品牌内涵打造为：肌肤之悦，心灵之美，从更深层次阐释了对美的定义。

2．内放型情感

人们从内心深处流露出来的感受，就叫内放型情感，这就表示很多人本身无法表达出这种情感，那就需要被激发出来，需要商家帮助他们激发出来。如勇敢和自信，可以说绝大多数的男人就是缺乏勇气和胆略，因此会失去很多表现自己的机会。

为什么当下做演讲培训会如此的火热盛行？随便一看，演讲培训公司多如牛毛，原因就是演说首先就在锻炼一个人的胆识，一个人只要走上台，首先就会自然地散发勇敢与自信的气质与魅力！

你告诉你的顾客你可以帮助他变得更加勇敢,变得更加自信,你就有你存在的价值,并且这个价值巨大!

如我随意写一条广告语:"到底如何才能让你真正获得自信?"一定会获得不小的点击量,然后你一点击,可能是卖手表的,可能是卖一本书,也可能是卖教育培训。

内放型情感,还有优雅、尊贵等心法关键词,如伊芙丽商城就是在倡导优雅、自信、自然。

3．心绪型情感

何为心绪情感?顾名思义,就是当下心情的直接感觉与体验,如,浪漫、甜蜜、快乐、幸福 舒心、喜悦、惬意。而这些心情都可以因为触景而发生。言外之意,商家就是用自己的产品和服务让你体验到浪漫、甜蜜、惬意、喜悦,让你的情绪在那个时刻获得一个积极向上的改善,所以你才愿意因此而买单,因为这些心绪是你的向往与渴求。

哈根达斯是不是就为了卖冰激凌?不是,哈根达斯卖的是一个甜蜜的约会!如同其宣传口号:"等待只为更甜蜜!"换句话说,男女之间必然有一个人要等待,等待才叫约会,而在哈根达斯等待,可以让你们的约会更甜蜜!这才是真正的哈根达斯的品牌价值内涵。

再如,天猫商城七公主提包之所以如此的畅销,一个月卖出几万件,在很大程度上,是因为它的每一款产品的介绍页面,都会用一半的内容向你细致入微地描绘情绪上的"美"!

可以说,七公主把惬意、甜蜜、浪漫、愉悦、悠闲描绘得淋漓尽致,不仅如此,他同时把内放型情感与外放型情感也一并描绘得有声有色。

4．吸引型情感

真正证明一个人的魅力到底在哪里?所谓魅力,毫无疑问,就是他的吸引力强,吸引力的直接体现就是吸引人。女人最向往的情感魅力就是被宠爱、获得亲密的关系,而不是冷淡。因此,给你几个心法关键词:获得宠爱,亲密、娇艳。在塑造情感价值时,你告诉你的消费者,你可以让他变得更娇艳,帮他获得更多的宠爱,收获亲密的关系,那么,你的产品也会顺理成章地得到客户的宠爱!

如我来写一则广告文案:"(用什么品牌)让彼此之间的亲密发生在顷刻之间!"这个吸引力大吗?卖婚纱照,卖情侣装,卖戒指,卖家纺,都可以如此来塑造情感价值,让顾客体验那种亲密无间的美好。

好的产品就是让人宠爱的,仿佛宠爱人一样,如甜心索菲香水,文案如是描绘:"我知道你喷了宠爱,你永远都是我宠爱的小公主。"

如果用"宠爱"来嵌入到情感营销中去的话,营销文案模式还可以这样描绘:"你总是多争一分宠爱,谁叫你是……(省略号部分用你的品牌名代替)。"当然我只是随意来塑造,你可以用不同的方式,把这些情感运用到你的文案描绘中去。

5. 荣誉型情感

当一个人获得荣誉之后,他会在心里自发地生成自豪感,并且会把这种自豪感流露出来。营销就是当他还没实现这种荣誉时,你告诉他你可以帮他获得这种荣誉。从那开始,他就会不知不觉地心生向往,也就是他会为了这种荣誉感而采取行动,而当他愿意采取行动了,也就标志着你在营销上所获得的成功。

做早教产业的公司,文案的开场白可以怎么写?写给父母:"你想让孩子成为你一辈子的骄傲吗?你想让您的女儿成为你这一生中最伟大的骄傲吗?"如鼓励员工奋斗,或者激发人行动,可以写:"你难道不想成为父母的骄傲吗?你难道不想奋发图强让父母为你感到自豪吗?"

全天下所有父母最大的渴望就是因为儿女的出息而获得的骄傲感,没有一个例外!并且,父母对这种骄傲感的渴望程度要大于儿女用金钱和陪伴所赋予的孝顺!换句话说,你有出息就是对父母最大的孝顺,他们会因为你的出息,而从灵魂深处感到骄傲,感到自豪。当你没有任何出息,就算你天天待在家里陪伴他们,他们也会心不安,更没有什么值得向外"炫耀"的动机。

由衷地讲,我在我的人生路途上持续奋斗,也许有很多种动机,如为我的客户持续创造价值，为了获得社会的认可，为了我自身的锦绣前程等，但其中永远都少不了一个固有的初衷，那就是，我要用我所取得的成就来让我爹妈骄傲，因为我知道，我的照耀一定会让他们的脸上焕发出骄傲的荣光！

6.决定型情感

坦白地讲，决定型情感不是太"情感"的情感，它是一种边缘化的情感。什么意思呢？从这个字面的意思，即可以看出，这种情感是驱使人做决定时的情感。虽然它不具备纯粹的情感吸引力，但是对于人们采取行动，却有着举足轻重的效用。

请记下决定型情感的两大标志性关键词：一个是明智，另一个是了却心愿。我们都很清楚，对于理智的人，最大的心智障碍就是纠结，换句话说，他们很难做决定。如果在你的营销中告诉顾客，他的购买是一个明智的选择，他可以通过你的产品或服务了却自己的心愿，那么，他的理性将顿时向感性滑动，从而，他就会越来越感觉做这样的决定是一件靠谱的事情。

所以说，明智和了却心愿这两个心法词是对理性思维的人最重要的感性杀手锏！当我为客户写营销文案时，不仅仅会在成交前告诉顾客他的选择是明智的，往往在顾客发生第一次购买后，我依然会跟顾客加持一遍："恭喜您做了一个明智的抉择！"然后进一步告诉他，他所做的这个明智的抉择会如何一步一步地了却他的心愿。

七大终级情感拉动力

第一种情感拉动力：爱。

爱这个词，是一个极为寻常的情感抒发词，人尽皆知。但是，你真的懂爱吗？你会用爱的力量做营销吗？事实上，绝大部分的人都没有把"爱"这个字看得很清楚，他们仅仅是认识这个字而已，而对"爱"的真谛依然是看不清。

无可否认的是，"爱"这个字的魔力巨大，大得惊人，大得令你无法想象！很多时候，你的行为都在被"爱"所影响，所左右。换句话说，如果你能真正洞察到"爱"的深层次魅力，你也能有影响力，控制人，营销人。

无数人之所以对"爱"这个字意义把握不到位，是因为他们对爱理解得很笼统，很抽象。因此，要想真正善用"爱"的力量去影响人，说服人，我们必须从不同的角度，从更深的层次去发掘、破解、定义这个字的具体含义。

下面，我将从八种表现形式来分别向你阐释爱的定义。

爱的第一种表现：爱父母——孝。

为什么中国人称百善孝为先？言外之意，当一个人连最基本的孝道都已经忘却了，那么，在他的心中再也没有善良可言了！当然，值得我们共同感到欣慰的是，正是因为这句古语一直以来都在教导与影响着我们每一个中国人，以至于我们每一代中国人的血液里都流淌着这样一种最纯朴的爱！

也就是说，几乎对任何人讲来，"孝"这个字，都能穿到人的心里去！即使是作恶多端的坏人，也很难割断他对父母的爱。事实上，绝大多数的坏人虽然危害社会，但他们依然不会忘了对自己的父母尽孝！

善于用"孝"的力量，可以瞬间让人感动，并且可以持续不断的感召顾客。

史玉柱最初打开脑白金市场就是从"孝"这个情感点切入的，如脑白金的分期广告语——孝敬爸妈脑白金。做儿女的过年买礼品，不知道买什么，因为受了广告语的影响，最后选择了脑白金，因为他（她）要孝敬爸妈！

如果你的产品品牌内涵不是这个孝字，但依然可以把孝作为你产品的附加情感价值，如很多商城的促销活动，如君莱克天猫店的促销文案描绘：父亲节到了，送一个自动热水壶吧！

谁言寸草心，报得三春晖。人生最不能等的就是孝敬父母，十年一晃就会过去，二十年一转眼也不会复返，到那时，你的父母变成什么样了？君不见高堂明镜悲白发，朝如青丝暮成雪，请君不要等到父母苍老的那一天才想起去尽孝，到那时已经来不及了。所以，让我们一起共勉吧！

爱的第二种表现：爱同性——义。

对同性朋友的爱，中国传统的语言叫仗义。毋庸置疑，我们每个人都希望交到仗义的朋友，甚至说，在自己遇到麻烦的时候，希望有哥们或姐们能仗义一把，把自己扶起来。这时，你会打心眼里深有感触。很显然，仗义也是一种爱。

为什么江湖上的英雄人物都倍受崇拜，也是因为仗义，所以博得天下人的拥护和爱戴。成为英雄人物的显著标志是：行侠仗义，光明磊落。

想一想，看看你的产品，是否能把一个"义"字传递出去，通常礼品店，都可以如此来传达情义。

爱的第三种表现：爱异性——情。

到底何为情？人类历史上也没有人解释得很清楚，当然，我这里也不多深究，只是从形式上给你一个基本解释，爱异性就叫情！你之所以会爱上一个异性，那已经表示你对他动情了！

虽然无法深入地解释，但我们每个人都有机会深深地体验到爱情的魔力。爱情的力量是巨大而震撼的，爱情可以说令众生竞折腰，再伟大的人物也放不下儿女情长！

问世间情为何物，直教人生死相许！不由分说，善于用"爱情"的力量，可以收获甚至俘虏你想要的一切。如，俘虏异性，说服观众，营销顾客，打造影响力等。

世纪佳缘的出现，就是满足人们对爱情的渴求，这是直接拿"爱"来创造市场，用爱来做营销！因为利用爱的需求和爱的力量，世纪佳缘网站在上线八年之后就发展成了上市公司！

为什么琼瑶会成为华人最受欢迎的言情小说家？她就是善于深入细致地用爱情来影响观众。你看她哪部小说不是由纠缠不清的爱情故事贯穿起来的？《情深深雨蒙蒙》《一帘幽梦》等等，正因为爱情的纠缠，从而让普天之下的观众都跟她纠缠不清了。为什么还珠格格令人百看不厌？即使年复一年地无数次重播，还是会有不少人守候着去看，事实证明也是如此。关键原因就是那缠缠绵绵悱恻的情感纠葛！

如何利用"爱"来说服人？

周凯旋是李嘉诚的第二任妻子，当年结识李嘉诚是因为卖北京东方广场的事，周凯旋当年只是一个房地产销售员，而当她把东方广场卖给李嘉诚之后，她可以赚2.4亿元。怎么卖的？策略就是她先用爱的力量搞定人，我们看一看最简单的三段用爱来做销售的对话。

李："你赚钱是为什么？"

周："我赚钱就是为了和你合作！"

李："你为什么要和我合作？"

周："跟你合作就是为了天天和你在一起！"

李："天天跟我在一起的目的是什么？"

周："爱你就要跟你一起实现！"

周凯旋正是善用爱的语言魅力，从而实现了她名利双收的梦想。

因此，你必须要学会用"爱"的力量去吸引人，并且要充分把"爱"运用到营销中去，体现到广告文案中去，你告诉她，用了我的产品，会获得更多异性的倾心与爱慕。

爱的第四种表现：爱受难者——同情。

最容易让人起恻隐之心的事，就是同情弱者，同情受苦受难的人，根本原因就是，大家都会觉得你是善良的。

这里透露一个营销智慧：同情不仅是人心生恻隐之情，同情心更是建立信任感的一个重要的途径。

试想，有没有哪位顾客会去深信一位对他人苦难麻木不仁的商家？反过来，当一位顾客发现原来这个企业是一个有仁爱、有同情心的公司，他会立刻对你心生好感，从而相信你！为什么汶川大地震慈善活动，王老吉捐一个亿，却在一年内多收获20亿元？因为全国人民都发现了他们的同情心，于是乎，众多中国人浩浩荡荡一起成为王老吉的消费者。

不管多大的企业，多大的商家，都应该具有同情心，然后你的事业必然会发展。凡是遇到民间疾苦在微博上发酵时，你动一动手指转载一下，感召一下，都会获得粉丝对你的好感。

如果出现一个关于公益慈善的热点讨论，你还可以专门在你的商城或网站上开出一个版块，传播这次慈善活动，让访客见证你的爱心！

唯品会专门在网站上设立了365爱心基金，为关爱弱势群体持续贡献力量，并且对公众有一个名正言顺的承诺："我们的承诺：1张订单，365天关爱。会员每提交一份有效订单，并从'失学儿童，贫困重疾，扶助孤寡，自然灾害'四大公益项目中选择一项'奉献爱心'，唯品会将从收益中捐出365厘（即0.365元）作为爱心基金。汇入'唯品会365爱心基金池'，把您对生活的热爱和金子般的心灵，源源不断地分享给需要帮助的人。"

正因为增添了这一分对社会弱势群体的同情心，为唯品会这个网站增添了一分用户黏性，因为人心都是肉做的，消费者或多或少会因此而敬重这个公司的文化！

爱的第五种表现：爱员工与家人——成就。

一个人加入一个组织，加入一个公司，是不是仅仅为了找某种归宿感？这显然不够高度，不符合他最终的期望与梦想。一个人之所以一生都愿意追随你，就是希望通过你而让自己的人生获得辉煌，换言之，就是在你这里能够被成就。那么，设身处地地想，作为一个领导人或一个主人，你爱下属的根本体现就是要成就他，他才会发自内心地感受到你是真正爱他！

老板对员工怎么说？"只要你听公司的话，公司就帮你们实现梦想，成就人生。"简言之，我爱你，就会成就你，对你的人生负责！

商家对顾客怎么表达："只要你严格按照产品的使用方法去采取行动，你就能获得你想要的结果，我们就能真正成就你，帮你达到目的！"

家长对孩子怎么说？妈妈批评你都是因为爱你，最终结果都是想成就你的人生！

卖一种对孩子的成长有用的产品，如亲子教育研讨会，营销文案可以怎么描绘？"你真的爱你的孩子吗？爱他，就必须对孩子负责；爱他，就必须以成就他的人生为一切宗旨！"如此来描绘，谁都没有办法来否定，因为说到他的心坎里去了。

如，我周韦廷本人的营销签名档："我在渡口等着你，等着你跟我一起到达彼岸！"也就是渡你到彼岸，就是为了成就你——我的客户！

爱的第六种表现：爱国家和人民——造福。

企业应该怎么说，商家应该如何说？

每次顾客购买时说一句话："您是我的顾客，是我的衣食父母，用我们的产品让您的生活过得更幸福、更美好是我们的宗旨。我会在以后的日子里，全身心地为您服务。只要您有任何问题，可以随时问我！"这样一表态，顾客会立刻心生温暖，被你的"爱"所感动。

爱的第七种表现：爱贵人——感恩。

什么叫贵人？贵人就是你之所以获得某一种成就、机会、收获，一定有他的扶助，如果没有那个人在相应的时候出现，你就不会获得当下的结果。

谁对你有知遇之恩，谁对你有提携之恩，请你都不要忘了，一定要永记于心，并及时地去回报他。那么，贵人就能感受到你是一个心中有爱的人！

顾客是不是贵人，是不是恩人？是的，如果没有这么多顾客长期的陪伴与支持，就没有你的今天，所以要把顾客当恩人，他们心里就会对你有感觉。

不时地展开一些感恩活动，感恩大回报，让顾客以及社会各阶层都知道，你们是一个懂得感恩的公司，那么，你们公司在市场上，一定会一步一步获得人心，走得长远！

你在做营销时，要记得提醒顾客除了他自己可以用以外，还可以把你的产品送给曾经帮助过他的人，曾经给予过他恩惠的人，因为正常人一想到这个"恩"字，就会有所触动，生发联想！

爱的第八种表现：爱任何人的基本前提——给予安全！

你想想，一个男人说他爱一个女人，但连安全感都不能给予，那何以叫爱？连安全感都不能给予的爱，就是虚情假意的爱，玩世不恭的爱！因为女人的第一重需求就是安全感，我前面也有提过。

基于这个根本前提，那么，一位深情款款的男人如何对他心爱的女人表达爱意呢？我给你一种语言表达方式，如，你可以这么说："自从跟你在一起后，我就给自己树立了两大人生纲领。保护你，是我的最低纲领。"

这种情况下，对方通常都不会分散精力去抗拒你，因为里面有心法能量词——最低纲领，反而，她一定会继续好奇地追问："那，你的最高纲领呢？"

你可以这么回答："那就是要和你朝夕相伴，长相厮守！"你或者说"执子之手，与子偕老"之类的话都可以。这样一来，女人很容易感受到你那令人踏实、安心、根深蒂固的爱！因为很显然，前者体现的是你能给予她生活上的安全感，后者是情感上的安全感——专一。

总之，不管最低纲领，还是最高纲领，你都是在表达你要给予她的安全感！

这两句话是我本人在表达真情时所创造的杀手锏表述模式，你可别随便就泄露出去了，也别滥用。

与此如出一辙，商家必须以保证顾客的利益不受到侵犯为前提，然后保证给予顾客的长期服务不会被减弱，他才觉得有安全感。并且你要用营销语言情真意切地表露出来，在呈交文案时、客户沟通时都应该如此表述！

总而言之，你记住，凡是发自内心流露出来的爱，言行合一的爱，都几乎可以实现你想要的一切，只是时间问题！

第二种情感拉动力：身份色彩。

想必，感情色彩这个词，你应该早就听说过，因为我们从小学语文就知道褒义贬义。其实一个人的身份也是有色彩的，身份色彩不是本来就存在的，而是外人给加上去的，从营销的角度来讲，就是塑造出来的。

比如，贵和贱，很明显是一褒一贬，如果直接定义人的话，就会出现身份色彩，即贵人和贱人，当然后面这种词，没有人爱听，但它就是一种身份色彩。

善用身份色彩的商家和企业，可以在营销上迈入一个新的台阶，一个更高的层次。

在美国有这样一则故事，同一座城市同一街区，有四家妇女内衣店，卖的是同一款睡袍，竞争非常激烈，很显然，这四家商店都在为怎么卖而发愁。谁曾想，其中有一家店想出一个妙招，在短时间内妙杀了其他三家同行。这家店是如何做的呢？策略非常地简单，店主在门外挂出两块广告牌，一块写上"卖给圣人"；另一块写上"卖给罪人"，结果在短短的三天时间内，这家店卖出了所有的睡袍。

为什么会创造这种出奇的结果？因为大家都想争做圣人，而不愿意做罪人，这里所谓的罪人只是一种衬托，因此，很明显，商家使用的是"身份色彩"这种情感营销拉动力！

为什么我前面提到的"数风流人物，品古越龙山"这句广告语能拉动巨大的市场份额，想必，你应该明白了，很明显，风流人物是一种身份色彩，因此，大家都争做风流人物！

所以，你应该找到一种相关的身份色彩，然后赋予到你的产品中去，也就是赋予顾客，顾客在心里收到后，势必会心生情愫。心法词有贵人、心腹、功臣、感恩天使、阳光族人、达人等。

第三种情感拉动力：遗憾。

相对来说，遗憾是一个偏向书面化的词，它有一个口语化的攻心近义词——后悔。

人生最痛苦的感受是什么？在我看来，人生最大的切肤之痛不是担心，也不是死亡，而是后悔！你到底为什么会后悔？你之所以会后悔，那就是因为当你蓦然回首时才发现，你之前明明能做到的事情，并且也是你想要得到满足的事情，结果因为种种原因而错过了，因此，你会极度苦恼，甚至撕心裂肺地痛苦。

促销文案可以这么表达："本次促销活动是6月8号至6月10号，为期仅为三天，千万不要等到6月11号之后再后悔莫及，错过就是过错，当你发现为时已晚时，后悔已经来不及了！亲们，请立刻行动吧！"

也就是说，消费者只要看到"后悔"这个词，他心里就会自发地关注，害怕因为失去而后悔，因为害怕错过而感到遗憾！

"早知如此，何必当初"，是令任何人都感到心酸的一句话！

因此，要攻心，就是不要让后悔出现，在消费者心眼当中，把后悔变成前兆！你要做的就是，提醒消费者，不要让后悔发生！言外之意，就是让成交快速发生！

所以，在此，我也给你一个人生的忠告：要做的事情，就要赶紧着手去做，别磨蹭，别错过；老了没有回忆没关系，有一大堆后悔那就惨了！

第四种情感拉动力：快感。

什么叫快感？很显然，快感就是你所享受到的痛快与畅快的感觉。快感，是人们天生就迷恋的东西，如果你做的产品和你做的服务能够让顾客尽情地释放，尽情地体会到快感，那很容易引发市场的形成！

欢乐谷到底靠什么吸引游客？欢乐谷卖的是激情、刺激，这些都是快感的直接体现。那里的摩天轮、过山车、极速飙车、蹦极等项目会让你发了疯似的尖叫。当然对于初玩者来说，一定还会感受到那从曾有过的惊恐，当然惊恐过后，就是痛苦。

2007年，我第一次同几个朋友一起在北京欢乐谷玩，当体验完极速飙车后，一个朋友一下来就神情恍惚地告诉我："哥们，这是拿钱买恐怖啊，我下次再不玩了。"我说你在哪里可以体验这种"恐怖"？我说这就是享受痛快，不是恐怖。

紧接着，有意思的事还真是发生了，第二天，正好又有几天朋友从上海和湖南赶过来，都说要去欢乐谷，我当然只能陪同了。我问昨天那位受了惊吓的朋友还想去吗，他想了20秒，说："让我们继续去享受痛快！"然后就跟我们一起去了。

因此，不管每个人用什么样的心情来形容，欢乐谷只是在满足人们天生就迷恋的东西——快感！

为什么江湖上会流传"坐奔驰开宝马"的俗语呢，因为宝马卖的是驾车的快感，宝马的视频广告就是在尽情地向你展示：驾着宝马越野车在野外兜风的那种畅快与快活之感。

你有没有在网上买书不看或者只看前面一点点的习惯？事实上，无数人都是喜欢买而不屑于看！今天在当当网上看到一本令你怦然心动的书，你一不小心就买了，你这个"一不小心"为什么会发生？其实，你只是在满足自己想要获得的快感。因为书的文案引发了你的兴趣，所以你才怦然心动。请记住，这些都是用文案在触发你的快感情绪。

体现快感的心法语句："干什么事真是人生一大快事。"如果我告诉你，享受什么真是人生一大快事，我保证你会有很想去体验的兴趣。比如我说："吃着那鲜美纯正的小肥羊火锅，饮着那香醇可口的青岛老啤，真是人生从未有过的一大快事啊！"你想不想去体验一下？从营销的角度来讲，设想，如果小肥羊和青岛啤酒如此双剑合璧进军市场，一定会在民间生成一个新的消费印象，从而给彼此新增市场份额！

如果真正要实施这两个品牌的"快感"营销合作，难不难？这属于《领袖营销思想》中的思想内容，我这里可以先简单地提一下。其实非常简单。口碑传播最快的路径就是互联网，再具体一点就是微博，具体怎么做？

直接让一个新浪微博的大V发起这句"快感"语言感受（实际就是软文广告语）："吃着那鲜美纯正的小肥羊火锅，饮着那香醇可口的青岛老啤，真是人生从未有过的一大快事啊！"然后在下面配上他正在小肥羊实体店吃喝的场景图。然后再发动其他大V转发并评论这条微博，如"有品位""爽啊""的确很不错"等评语都行，这样一环一环地让这个感慨性的帖子在微博上发酵传播。如此一来，一定会引发餐饮羊群效应，数不尽的粉丝会趋之若鹜地涌进当地的小肥羊火锅店，因为他们也正渴望着享受这种"人生快事"。

再如，一边在星巴克的窗台边品着香郁的拿铁咖啡，一边读着严歌苓的爱情小说《一个女人的史诗》，那真是人生一大快事啊！软文炒作如此而来，势必会让更多的网民去关注严歌苓，并陆续成为她的读者。

其实，有一个字直接体现了快感的实质意义！这也是一个极具攻心力量的情感关键字——"爽"！

没错，"爽"这个字的确很攻心，因为它本身就直接表达了快感的含义，绝大部分的人，只要听闻某产品很爽，都会立刻产生想去体验的冲动。

爽歪歪，喝过没？你可能没喝过，但你的孩子应该喝过；即使你没喝过，这三个字你一定听说过。因为"爽歪歪"几乎已经成了人们生活中的一句口头禅，事实上，这是娃哈哈集团推行的一款饮料品牌。爽歪歪饮料之所以能在市场上大受欢迎，因为仅听名字就让人体会到快感了，它就是靠"爽"吸引消费者去购买。

为什么老坛酸菜方便面会在短时间内春风化雨似的引爆市场份额？因为你还没吃，它已经先让你的感觉爽起来了。

老坛酸菜的广告词怎么说的？"传统老坛，双重发酵，这才正宗，这酸爽不敢相信！"无数电视观众望着汪涵那种陶醉的表情，已经情不自禁地沉醉其中，垂涎三尺了，想要吃，大部分人就是因为看到那种"爽"的快感而去购买的，实际上，好不好吃已经不是最重要，因为再怎么好吃，如果你不去买，那这个品牌，也没办法打开市场。

所以说，创造"爽"这种快感营销氛围，可以直接刺激人们的情感基因，从而拉动产品销售。

第五种情感拉动力：无法穿越的情感死角——羡慕、忌妒、恨。

我们都很明白，人的很多行为动机都是因为竞争而驱动的。换句话说，如果没有竞争，商业社会也很难泛起更多的波澜，营销将变得困难，很显然，这对整个经济社会的推进，没有好处。

那么，毫无疑问，人所有这些行为动机中间也一定有一部分是因为情感动机而引起的，而人与人之间最突出的情感竞争，莫过于三重体现，归结为五个字就是：羡慕，忌妒，恨！

到底什么叫做羡慕？羡慕就是别人有，你还没有，但是你想得到却得不到，所以你会垂涎三尺。什么叫忌妒？忌妒是羡慕的升级层次，羡慕一年两年三年了，还没得到，于是乎，你开始慢慢表现得对别人的幸福感到厌烦，事实上，也是你心里极想得到，所以苦恼，郁闷。恨的情绪已经到了极点了。忌妒疯了，就会恨！

恨是不是讨厌的意思？恨是不是不喜欢？如果这么来理解"恨"，那还远远没有触摸到情感的核心层次。

恨和讨厌，这两者之间的情感差别到底有多大呢？事实上，绝不仅是程度上的差别，而是天壤之别！

三星恨不恨苹果？恨得要命，因为苹果的营销已经是天下一绝，三星暂时无法超越，所以恨！其实他自己也承认苹果的市场太强大了。如果三星请我做他们公司的营销顾问，那么，我会怎么做呢，首先激发三星对苹果的恨，让三星再忌妒，然后告诉三星："其实你们是有办法超越苹果的，只要作两大战略调整就行了。"如果我把这几句话一讲完，三星已经慢慢地被我营销，因为我可以解除他们的恨，帮他实现！

不谦虚地讲，这五个字的情感杀手锏，永远都能拉动人心的走向。尤其是，对女性而言，只要你把这三大情感运用到火候了，基本上90%的女性消费者都会被降伏！

为什么卖高仿包包、高仿iPhone手机的不良商家也能赚不少钱，甚至是在短时间内获取巨额暴利，那就是消费者的这三重心理在作怪。商家核心运用之道就是，他们一味地刺激消费者的羡慕、忌妒、恨！商家与消费者主要心智对话就是这样："别人天天玩'爱疯'，你还在玩什么？羡慕吗？看见办公室的同事，整天背着LV的皮包上班下班，炫耀，张扬，你忌妒吗？"然后，商家会告诉消费者，其实你不用羡慕，忌妒，现在，你也可以拥有，因为是廉价的，言外之意，他可以帮你实现，不再羡慕忌妒恨。

当然，我是绝对反对卖伪劣产品的商家行径的，而卖正品依然可以利用触发顾客的"羡慕，忌妒，恨"。

你要明白一点，不管是忌妒别人，还是被别人忌妒，都会在顷刻之间让人的"不安"的情感得以浮现！

还记得本书的开头是怎么说的吗？在本书一开始，我就说了："亲爱的总裁朋友，互联网创业家，我真的特别为你感到庆幸，甚至很忌妒你！"此时，你会想："我凭什么，会得到你的忌妒"，因此，你才更有兴趣看下去。

因此，用这种情感死角来做营销的核心操作法门只有两步：第一步就是你需要刻意地去创造一个生活中的竞争个体或竞争现象，让他羡慕，让他忌妒，让他重复地意识到自己越来越想得到，但事实上却得不到。这时你再告诉他，你可以帮他得到；第二步：你明确地提示他，当他想要的结果得到满足后，也会反过来成为主角，激起别人对他的羡慕，忌妒，恨。如此一来，你的营销就会逐步走向成功！

第六种情感拉动力：认可。

为什么无数人会不自信？自信是不是装出来的？自信是不是被人鼓励出来的？我现在跟你保证，如果一个人无法真正从内心深处获得自信，不管怎么鼓励，也不管怎么装，终究也还是不自信！

那么，自信到底是怎么来的？任何人之所以会不自信，其核心根源只有一个——不被认可。换句知说，任何人只要被认可，他自然会发自内心、挥洒自如地流露出自信！你想想，你已经明显地感受到你已经名副其实地得到了别人的认可，你还需不需要谈自信？显然是不需要！

通常情况下，当一个人跟你吐露心声，或者向你发表一个观点时，其首要的渴求就是得到你的认可。具体来说，你认可他，他就开心，你不认可他，他就灰心，这是普通人无法改变的情感基因，或者说是很难改变的本性。

同样，绝大部分的人之所以不愿意跟人建立关系，不愿意堂而皇之地充分彰显自己，也是因为他觉得自己不被认可，而一旦得到认可，那可能他一整天都会过得很滋润。

认可，可以浇灌人的心灵，可以给人充足的生活能量。

因此，我们必须要找出这条根源性的情感神经，你才能打入他的内心。

从营销心理上来讲，消除自卑，获得别人的认可，是任何人一个典型的情感诉求。那么，从"认可"这个情感角度来做营销的话，你只需要满足顾客两个心理层面。第一，你认可顾客；第二，你能帮助他蜕变，获得别人的认可。而第二个层面，就是你的产品或服务所传达的情感价值。

为什么所有的明星都在争相角逐各类电视或电影奖项？如香港电影金像奖、台湾金马奖、优酷娱乐盛典……他们这是在为了求得观众及其社会的认可。如给你一个最受欢迎男演员的称号，你心里有多美？而其中的"最受欢迎"这个词，就是认可的攻心象征词。

反过来讲，从商业上来讲，正是因为获奖成全了演员们所追求的"认可"，所以，才使得它本身日益得以壮大，反过来被娱乐界所认可！换句话说，营销就是你能帮助顾客获得认可，顾客就会反哺你壮大！

一位普通的艺考生被选拔进入中央戏剧学院，通过四年光阴的学习，然后金蝉脱壳，由尘世中的沧海一粟变成一位万众瞩目的电影明星，受到众人的追捧，走到哪里都是星光灿烂，光芒万丈，这是谁的功劳？不管他自己多么勤奋刻苦，这其中一定少不了中央戏剧学院对他的深入改造。换句话说，他所获得的众人的"认可"在一定的程度上是中央戏剧学院帮他实现的，这就是中央戏剧学院给学生带来的这种重要的情感价值——被认可！

一位平凡的公司职员在接受了某某职业技能培训公司的教育之后，重新回到自己的公司，一转眼发生了很多改变：工资得到提升，职位得到晋升，更关键的是受到老板的赏识与认可，是谁成全了他？是该培训公司帮他获增了被身边的人所认可的情感价值！

请你记下来，以"认可"为基石的五大情感需求层级：被认可、被尊重、被赞美、受人欢迎、受人崇拜，由此可见，很显然，这五大认可型的情感需求程度是由低到高、层层递增的。

具体来说，一个人只有发现自己被人认可了，他才能真正从别人的心里获得尊重，当他从某方面能获得别人的尊重，也会常常获得别人的赞美，而当赞美他的人数越来越多，他的认可程度就会到达一个新的层级——受到群体的欢迎。同样，当受到群体的欢迎程度越来越深的时候，一定会出现一部分崇拜他的人。

毋庸置疑，认可的最高境界就是被崇拜！任何男人最渴望达到的情感需求也是被崇拜，古今中外各行各业但凡成大业者，都已经获得众生的崇拜、仰望！换句话说，如果你的营销对象是男人，你就要明白，你要把他带到的最高情感境界——被崇拜！

事实上，只要是武装人的身心的产品或服务都可以跟"认可"这种情感牵连起来！如，大气的服装，贵重的提包，豪车，有风范的手表等，提升人素质的职业技能培训，只要是可以彰显人的气质与身份的行业，你向他描绘，穿上你的衣服，戴上你的手表，接受你的技艺培训，不管开上什么品牌的车，他会令人刮目相看，万众瞩目，得到上司的赏识，走到哪里都是一个受欢迎的人。这样，就能降伏人心。

第七种情感拉动力：自由。

设想一下，一个囚禁在监狱里的罪犯，长达十年没得到过阳光的沐浴，当听到狱警宣布：你可以自由了！那一刻会是什么感觉？咱们没进过深牢大院，可能无法彻底体验到那种被释放的感觉，但是我们至少可以找一个词来形容这种感觉，叫做重获自由。

事实上，不仅是监狱犯，就连我们普通人，都不希望身上有枷锁，受别人的控制，咱们都渴望自由，渴望身心获得解脱，这是每个人与生俱来的天性。

简言之，任何人要想真正过得潇洒，要想发自内心过得美好，必须获得身心的释放。同样，如若你向消费者倡导，你能在某种程度上成全他的自由，这是你在营销上获得成功的一个重要的诱因，更是你将逐渐获得民心的关键性情感推动力。

正因为洞察到了旅客也有这个重要的情感需求，携程网毅然推出了"超值自由飞"这样一个商业板块，"超值自由飞"之所以如此受欢迎，显而易见是因为它满足了"自由"的情感渴望，从而使得旅客的航班不再受某一个时刻的限制。

正如携程网的官方介绍："超值自由飞是一种为了帮您买到更便宜机票而创新的机票购买方式。您可以选择期望的出行日期，以航空公司提供的特惠价格申请，具体成交与否需以航空公司最终确认为准，航空公司和起飞时刻在成交出票后才会揭晓。"

如果你的公司是帮助企业老板获取财务自由的，那应该如何描绘营销文案？如："你渴望获得财务自由吗？你希望无论你身在何处，公司依然在源源不断的为你赚取财富吗？活着是为了自由，为了享受人生。"几乎任何老板看了，都会心生共鸣，不仅是老板，任何人看了都会产生异常的兴奋之感，因为人人都想获得自由！那后来应该如何描绘？接下来，你开始阐述，你的产品是如何具体地帮他实现财务自由的。

因此，记下这五个攻心关键字：自由，自在，悠闲，随意，随心所欲。告诉你的顾客，当他使用你的产品之后，在某种程度上，他可以解脱了，可以自由自在，可以随心所欲去过生活了！

五大顶级情感后足力

如果能把前面十三种情感动力切实地发挥出来，让其各显神通，尽情地向消费者辐射其各自所具备的心法能量，你已经可以轻而易举地在营销上取得非凡的突破了，事实上，除此之外，人类还有更高层级的情感需求，我称之为五大顶尖情感后足力，在我看来，此乃情感营销的最高境界了。

当然，我还是希望你能先把前面的十三大情感吸收通畅，掌握出火候，学以致用，发挥并收获到其应有的营销效用之后，再跟我一起修炼情感的最高境界，我会在相关的现场培训会上，为你全面深入地揭晓情感营销的五大顶级杀手锏后足力！

第三重境界：实现梦想

你有梦想吗？

想必，你一定是个有梦想的人，因为你希望你的生活过得更美好。换句话说，你之所以如此认真地学习营销智慧，无非是在为实现你心中的梦想而不断地进取！

同时，我也确信，社会上很多很多人都和你一样，都是有梦想的人。尘世的任何一个角落，都一定有无数梦想的种子、胚芽，它们等待着被孕育，等待着绽放，等待着长大。

没错，我们人活着，除了解决生活问题以及满足情感这两大基本渴求之外，还有一个更高层次的渴求，也就是我所定义的渴望弦的第三大构成——追逐梦想。总结来说，任何人还想好端端地生活，就为了这三件事：解决问题，满足情感，实现梦想，不存在其他事情。

而无数人之所以愿意穷其一生地想要实现梦想，根本原因就是他不想沦为红尘中的等闲之辈。不愿意持续过当下这般生活，因此，在很多情况下，梦想成了催促人们持续奋进、驱使人们持续行动的那个最伟大的动力。

为什么无数人明明已经衣食无忧了，情感也比较圆满了，还那么拼命奋斗，还那么扎实地学习？只是因为他心中的那个梦想还没有实现。

但是，梦想是不是做梦做出来的？是不是呐喊出来的？是不是祈祷出来的？你拿根观音香在观世音像面前祈求，就能实现梦想吗？不仅不会如此，即使单靠个人的奋斗力量也是很难成功的，纯粹只是满腔热血也是没办法真正实现梦想！

但梦想的实现是需要有所倚靠的，至少需一盏明灯为追逐梦想的人指明方向，化解一路上的黑暗与坎坷！我们常常听到那些功成名就的人说："我之所以会有今天，是因为我仰仗了谁谁谁的帮助。"因为他知道，孤军上路是没有办法成大器的，而那些被仰仗的人，就是帮助他们实现梦想的人！

因此，商业的存在，就被赋予了更高的含义。具体到营销上来说，营销的最高义务层次，就是帮助一群有梦想的人实现梦想，成全他们心中的最大的渴望。

换句话说，你能描绘出顾客的梦想与愿景，并一一成全他们，帮他们实现，你就能反过来被顾客大众所成全，也就是你会在营销上面获得巨大的成功。言外之意，营销的最高境界就是经营人的梦想！

只不过，单单看梦想，也只是个抽象模糊的词，要使用梦想做营销，更关键的是，要把这两个字打开来看内核。那么，人们到底是为什么要实现梦想？换言之，人们想要实现梦想背后的动机到底在哪里？否则，你何以描绘顾客的梦想跟愿景？只有把"梦想"打开了看，你才能真正进入他们的梦想，表达出最高层次的营销心法。

那么，我们到底是成全了顾客的什么梦想？

任何人之所以想要实现梦想，其内心深处只有三个动机。第一个：希望自我变得强大；第二：获得社会大众的认可，获取名望；第三：实现终极向往，即人们所期待达到的理想境况。

事实上,这三个核心方向,不仅仅是任何人想要实现梦想的动机,也是实现梦想的结果。换句话说,当一个人实现了他自己的梦想后,一定已经满足了这三种结果中的至少一种结果,同时,也是他一开始就想要达到这个结果的初衷。

梦想营销,就是帮助人们实践这三大宗旨!

实现宗旨一:自我强大

自我强大,顾名思义就是想要摆脱弱小的困境,有实力有资本。不仅仅是丰衣足食,而是已经出人头地,成为人上人,并且还有接济别人的能力。如果不实现梦想,没有办法变得强大!

以我为例,我创造"道中道"是为什么?我的宗旨就是让中国1000万中小企业崛起,从而变得强大。你想想,中小企业的梦想是什么?毫无疑问就是想变得强大,然后逐渐向大企业靠拢,以立于市场的不败之地,中小企业没有变得强大,就不叫实现梦想。因此,帮助中小民营企业实现自我强大的梦想,就是我的梦想!

又如,蒙牛为了扩大市场,喊了一句什么口号?"每天一斤奶,强壮中国人!"这是蒙牛董事长牛根生亲口喊出来的,并且持续在市场上喊。其实这是有寓意的,这句话不仅仅是强调身体的强壮,而是喊出了整个中国人的心声:我们都想变得强大起来!

平心而论,中国人的身体素质好不好?众所周知,从清末开始,中国人就被悲惨地冠上一个"东亚病夫"的帽子,因此,让自己的身体变得强壮,是全体中国人一致的梦想!因此,蒙牛,用牛奶来帮助中国人变得强壮,是在成就全体中国人的梦想!

所以说,表达让人变得强大的梦想,具备与生俱来的营销杀伤力!

因此,用你的产品和服务,让顾客的身心变得强大,你就是在帮助他们实现梦想。

如奥康皮鞋的发展理念——梦想是走出来的!很明显,这其中的寓意就是鼓励人们一步一步，脚踏实地，就能实现自我强大的梦想。

同样，但凡真正的商业领袖，在创业之初，都是在鼓励与成全下属变得强大。如类似的心法语句："只要你跟我好好干，将来，你所想要的一切都会属于你！"言外之意，跟我一起干，你一定会变得强大起来，也就是你的梦想会得以实现！马云，柳传志，牛根生，任正非，概无例外在这么做！

实现宗旨二：社会认可

说穿了，获得社会认可，就是成为公众人物。为什么我们总喜欢赞美一位成功者说"名望所归"？

获得社会认可，是一个人想要实现梦想的一个关键性的原动力。

为什么几乎所有的企业家都喜欢在公众场合露脸，甚至发表演说？其实并不是他不由自主地接受了媒体的邀请，也不单单是他为了宣传他的公司，而是，成为公众人物，本身就是他梦想得以体现的一个重要组成部分。

无可厚非，无数人之所以想实现梦想，就是希望出名，甚至希望名垂千古，在名和利的面前，房产大亨王石毅然地选择了名，之后，登山便成了王石的生活主调，大家都知道，王石的梦想已经实现了。

换成营销的立场来讲，你能成全别人成为公众人物，能帮助顾客实现社会认可的梦想，你的营销势必会产生不同凡响的吸引力！

为什么北京电影学院能成为电影人才的摇篮？因为北京电影学院是在帮助艺考生实现万众瞩目、家喻户晓的明星梦，只要是踏进北京电影学院的学生，没一个不想出名的。你不是想出名吗？北京电影学院就是在拿你的这个梦想做出营销牵引力来吸引你的进入。

事实上，当下有点营销智慧的艺术培训学校，都是这么干的，你随便用百度一搜相关的关键字，你就会发现，不少的民营学校都在用"社会认可的梦想"作为营销噱头吸引学员报名加入。

为什么华谊传媒从不缺演员，换句话说，为什么如此多的新生代演员都趋之若鹜地涌向华谊传媒？因为它能包装你，既让你出名，又让你赚钱，谁不愿意干？所以，华谊传媒的签约艺人，几乎没有一个不卖力的。

再比如，做演讲培训的，应该如何做营销？演讲最大的吸引力，在于你能快速地在公众场合露脸。也就是说，演讲培训最吸引人心的营销卖点在于，你能成全顾客获得社会认可的梦想，而当一个人获得了社会公众的认可，他想的财富，地位，影响力都会水到渠成地涌来！

这里透露一个秘密：任何人想要轻而易举地获得社会认可，只有两个通道：一个是表演，另一个是公众演说，除此之外，再也没有其他任何方式会如此快速地帮你达到。

当然，关于"社会认可"这种梦想，不是所有的企业能直接帮助顾客获得的，只能是针对相关的行业进行相应的梦想营销，一般是做教育培训的公司，可以直接使用这种梦想的拉动力，来推进营销的长远进程。

实现宗旨三：终极向往

你一定听过有人这样跟你说："在我40岁以前，我想干一件什么事情。"或者，"在我的有生之年，我希望看到一番什么样的景象。"很显然，这是他的一种终极向往，也就是他一辈子的梦想。

因此，梦想的第三层次，就是人们心中永恒的向往。至少在某一个长远的时代终点以前，人们心中都会有一个最终所期待达到或看到的情景。

古今中外，不管哪个年代，任何民众，所有的顾客，他们心中都会有一种终极向往，但令他们感到无奈的是，他们自己很难去实现这个梦想。因此，要想影响人，营销人必须能透彻地洞察当下人们的向往，并能清晰而明确地将他们所期待的景象描绘出来，意在与他们达成心声共鸣，然后就是带领他们一步一步去实现这个梦想。你就能成为一代营销大师，甚至成为一代领袖！

所谓终极向往，说到底，就是对将来所做的一种情景描绘。

乔布斯举办产品发布会，通常情况下，他上台演讲的第一句话就是："跟我一起实现改变世界的梦想！"

因此，要想成为一代营销领袖，你必须要善用梦想的力量，瞄准你的顾客共同期待所达到的终极情景，然后你告诉他，你会带领他们一步一步到达这种境地，看到这番情景。

好了，实现梦想的三大动机就介绍到此，同时，这三大动机也是你开展梦想营销的核心宗旨，希望你能细细领会，牢牢掌握，为你的营销增添厚重的一笔！

至此，渴望弦的全部内容也已经告一段落，当你明白渴望的核心内涵之后，你才能真正明白顾客到底在买什么。照应前面的话来说，渴望就包括三大部分：顾客渴望解决问题，渴望满足情感，渴望实现梦想。

具体来说，顾客之所以会产生购买的渴望，归根结底就是为了满足以下六大宗旨：求安全，找方便，为情感，让自我变强大，被社会认可，为实现终极向往的情景。

事实上，我们在前面已经知道，渴望的这三大部分不是孤立存在的，而是有着层层递进的助推关系，这三者之间体现的是人们在渴望程度上的变迁。因此，在营销的使用上，还可以有更深层次的进化。换句话说，如果让渴望的三大层次三剑合璧，重重推进，势必会让你的营销变得步步为营，相得益彰，从而释放出更惊人的能量动力，甚至会让营销变得无懈可击！

艺术表演学校应该如何塑造渴望？

第一：今天，你了解我们，明天，你努力塑造自己。

第二：半年后，你拍戏了，一年后，你出现在电视荧屏上。

第三：不久的将来，你也可能是家喻户晓的明星！

言外之意，也不过是满足学员的这三重渴望：

第一：让你学会拍戏，为了生存，这是你参加培训的第一重需求：解决问题。

第二：一年后，你出现在电视荧屏，这是你的荣耀，会让你绽放光彩。这是情感需求。

第三：实现家喻户晓的明星梦想：自我强大，公众认可！

英语培训学校应该如何向学员描绘渴望？

第一：熟练掌握英语技能，找个好工作安身立命。

第二：成为父母的骄傲，令人艳羡，活得有尊严。

第三：成为一代英语大师后，你会收获怎样辉煌的人生，如像李阳一样获得社会大众的认可，用英语实现自我强大的梦想！

事实上，真正有智慧的企业家，在经营员工的渴望时，也不外乎这三重境界，如果你依照如下三个层次来给员工描绘渴望，你就能长久地锁定其心：

第一：努力工作，好好赚钱，解决生存问题。

第二：生活得更美好，获得情感上的满足感：有资本娶娇妻，有能力好好孝顺父母，在同事、朋友圈中活得更有尊严，有面子，有幸福感。

第三：跟我一起实现更远大的梦想：让自我变得强大，在江湖上获得名望，影响社会大众！

我在网上还看到一则被网友疯狂赞赏的广告语，那是一位老婆婆挂在橘摊上的一个广告招牌——甜过初恋。

在当地，因这则广告文案的出现，一个小小的橘摊和这位老婆婆受到无数路人和顾客的围观，以及记者的青睐，后来天津网和凤凰网都有报道，然后受到了无数网友的追捧，包括台湾知名节目主持人蔡康永都赞赏有加。

无可厚非，这则广告文案的确拟得较有水平，也有吸引力。但是，大家所谓的这种"创意"真的难以生成吗？

在外界大众看来都非常有趣，在我看来，其实不是奇特新颖的创意。如果你一直认为是因为广告文案本身的创意吸引人，那么，在营销上，你永远都是局外人。其实它只是发现并满足了某一种本质上的"渴望营销"——甜蜜爱情的情感诉求。

也就是我所讲的渴望弦的三重境界，它只不过是升级到了第二重境界罢了。

现在，我们具体来看看，如果按照第一重境界来描绘这个文案，应该如何做？那直击顾客诉求点——"甜"，也就是直接解决问题。

如广告文案："买三送一，不甜分文不收或不甜退款或不甜我请客。"

因为顾客买你的柑橘，无非是为了解决对"甜"的渴望。"甜"是消费者的直接渴望，他们可能过去买过很多不甜的柑橘，心中不满。

第二重境界就是情感需求，用"甜"让你回忆一种情感，那什么情感才是甜蜜的？如爱情、友谊、亲情等等。反正甜蜜的情感必定是体现人与人之间的亲密关系，这是核心原理。他让你回忆初恋的甜蜜与美好，所以叫甜过初恋。

你的思维只要过渡到了情感的层面，你就不会成为这则广告文案的局外人。如换个方式来卖柑橘，广告文案写上"甜过爱情""甜如友谊""甜如亲情"，都是如出一辙的原理。假如体现的是友谊与亲情，那就表示这种柑橘拿去送礼，是上上之选。

其实，我还可以让这则广告衍生得更有吸引力。应该如何做？很明显，我们还可以从渴望弦的第三重境界——"梦想"的层面切入。我来这样写广告文案：①中国梦——是品尝甜蜜（生活）的梦；②中国梦，从甜蜜（生活）开始；③让梦想更甜蜜；④让梦想品味甜蜜；⑤品尝我的柑橘，实现甜蜜的中国梦；等等。老百姓要实现中国梦，不就是为了追求甜蜜生活的梦吗？

这样一来，势必会引发百姓大众的围观与共鸣，因为大家都在谈中国梦，大家心中都有一个梦想，那就是摆脱苦涩，向往甜蜜，你寄梦想于物，那是在成全大家的梦想。另外，这也代表你自己生活的信念，因为你本人也是中国梦的一个个体，你想想，一个卖柑橘的个体户都在体验并追求着甜蜜的生活梦想，这让其他还在碌碌无为的人情何以堪？他们还有什么理由不为自己的梦想努力奋进？

记住我这句话：比寄情于物境界更高的就是寄梦想于物！

总而言之，只要你明白了渴望弦的三重境界，你心中有谱了，你以后可以在任何地方，在任何项目上谱写出真正扣人心弦的营销文案，因为你心里已经有了思想的筹码。

以上内容就是追索心理第一心法——渴望的全部内容，接下来，让我们来学习第二种重要的追索心理——同一心理。

同一——迅速拉近彼此距离的沟通智慧

先问问你，你最愿意听什么样的人说话？当然，很多人都说过，他们最愿意听他们喜欢的人讲话，你当然不愿意听你讨厌的人讲话了，这是在情理之中的事。事实上这只是结果，不是原因，换句话说，是先因为某人第一次说了一些话让你有所触动，你才喜欢听他第二次、第三次甚至更多次。然后，你才开始慢慢地喜欢上这个人。

比一见如故来得更有实效的其实是一听如故！

那么，我们为什么会对某些人的第一次讲话就有所触动？想必，很多时候，你已经自己回答了这个问题：因为他说到我的心坎里去了。如果别人说话，跟你的内心所想没有任何关系，再进一步说就是没有任何交集，你愿意听吗？

同理，你再设身处地想一下你的消费者，想一下你的顾客，他们最喜欢听什么样的话，最容易为怎样的资讯所共鸣？只有这样，你才能做到让消费者喜欢你。

为什么很多情况下，你的营销资讯没人愿意看，原因其实非常简单，因为不是他们想要看的，不是他们愿意看的。而解开这个过程的答案就是两个字——同一。换句话说，你之所以没有在第一时间内打动消费者，就是你跟消费者的心智步调与行为步调没有实现同一，或者说没有实现共鸣！

为什么绝大部分人的沟通能力总是难以发生革命性的突破？中国人老早就知道：这要求我们不能对牛弹琴。但非常遗憾的是，到现在为止，绝大部分人还在执迷地抱怨别人的认知，而他们之所以抱怨，就因为别人听不懂他的话。对牛弹琴到底谁的错，真的是牛的错吗？不是，是弹琴人的错！牛听不懂，你为何还要顽固地对它弹出自认为优美的琴声？方式错了，你应该弹出牛的喊叫声！

你要营销多少人，你就要与多少人进行同一。换言之，剩下的不能与你同一的人，你就营销不了，强迫营销，就是累赘！为什么俞伯牙自认为弹出的古琴曲特别婉转动人，到最后也只是感动了钟子期？因为高山流水，曲高和寡,只有钟子期跟他同一了。

没错,我们人一生都在找理解、认可、支持自己的人!在找志趣相投的人,如果对方无法理解你的话,也就是他无法跟你同一,你再多说一句都是废话!

为什么我们中国人讲"话不投机半句多"?如果你无法跟消费者合频,那么再多的话,对方也听不进去。你记住:沟通的核心智慧就是让彼此之间同一。

要解开同一的弦内密码,让其释放其本来所具有的营销威力,你需要学会并采用同一的三重思维模式。

第一层构建目标:彼此同一

显而易见,彼此同一的意思就是你和对方一样,有同样的习惯,有共同的兴趣爱好,同样的处境,同样的问题。我们常说的惺惺相惜,就是这个意思。

换句话说,在某种程度上而言,你们彼此之间就是同一类人,而只有同一类人,才是真正的惺惺相惜;只有同一类人,才能彼此照见到对方的苦衷,对方的心思,对方的想法。

同一类身份:如真正受观众追随,受影迷歌迷拥护的明星大腕不会摆架子,换句话说,正是因为他们真正领会了"同一"的力量,才营销了天下的粉丝,才创造了今天的卓越成就。

2013年湖南卫视的跨年晚会,最光芒四射的人物就属刘德华了。并且他是作为压轴人物来为整个晚会增添重彩的。你知道吗,刘天王说了一句什么话使得他一开始就引起全场观众的轰动?他只是说了一句非常亲昵且非常乡土的一句话:"长沙的朋友,我回来了!"你想想,刘天王这句话是在表达什么意思?无非就是在表达,我刘德华也跟你们一样,过去做过长沙人(因为我以前来过长沙开演唱会),现在我还是长沙人!现在,我重归故里了。

之后,他唱的第一首歌就是家喻户晓、脍炙人口的经典曲——《中国人》。《中国人》,有多么的耳熟能详!全中国人民都知道!因为《中国人》,所以普天同庆,全体中国人同响!紧接着唱《爱你一万年》,《谢谢你的爱》,

然后，与会场互动最多的声音，就是"我爱你"，并无数次带领观众说我爱你！从而将整个晚会的狂热氛围拉到最高点！

雅安地震发生之后，为了表示举国上下对雅安同胞的倾心关怀，几乎所有媒体都发出了同一个心声："此刻，我们都是雅安人。"这是在用同一类身份拉近同胞之间的距离。

电商上同一类身份的队伍似乎更磅礴了，淘宝仅用一个"亲"字把4亿顾客都亲成了同一个圈，也就是说，只要你在旺旺上问掌柜，十有八九对方会以"亲"字来称呼你，那就代表你们是一体的。至少，他给了你这么一种相亲相爱的感觉。

同一类经历：事实上，消费者也同样最愿意听跟他同一类的人讲话，进一步说，同一类的人所发出的资讯，很难有人会抗拒。

所以，给你一个"彼此同一"的攻心语句："我和你一样"，演变一下，可衍生为"其实，我也和你一样"，"坦白地讲，曾经我也和你一样……"或者"他们曾经也和你一样……"。只要消费者看见有谁和他一样也有同样的问题，也有共同的经历，那么，消费者会很快和你站成一列形成共鸣，因为他们是想听"和他一样的人"后来是如何发生改变的，换句话说，你的营销已经开始步入轨道。

因此，你必须先描绘出对方的问题、现状与想法，然后告诉他，你曾经也有完全与之类似的问题，你深深地体会到其中的困苦与揪心，甚至是切肤之痛。后来是如何从水深火热之中跳出来的？而你之所以跳出来了，是因为你找到了某一种特定的解决方式，也就是过渡到你的产品上来了。

同一类问题：还不仅如此，根据"彼此同一"的思维，你还可以真正明白搜索引擎营销的核心原理。回忆一下，假如你今天有个问题解不开，于是你去搜索百度，请问，通常情况下，在所有呈现的搜索结果当中，是什么讯息最能让你有共鸣？再具体一点，你最先愿意点击的会是什么样的讯息？答案很明显是那些跟你的问题完全一致的讯息，原因就是你发现别人也问了同样一个问题，只有那个人最清楚你的困惑，因为完全一样嘛。

所以，你先去点击了那个问题型标题。而且，与你的想法完全一致的问题讯息，通常都会显示在搜索结果的最靠前的位置。如，今天你想到上海去旅游，你一定要找一个信誉好的旅行社，因此，你通过百度去搜索，很显然，你搜索的语句越精准，你越能得到你想要的那个最匹配的搜索答案。

你发现了没，有很多人都在问与你同样的问题，更关键的是，跟你的问题语句完全一致的问题呈现在搜索结果的第一位。很显然，你会先去点击查看第一个问题资讯！如果你观察仔细，你会发现，后面三个搜索结果的更新时间都比第一个要近，可与你问题完全吻合的哪个问题依然排在了第一位！这就是同一的营销威力。

因此，我们使用"彼此同一"做营销时，要尽可能地跟消费者的问话同一，不要用官方语句，你要用消费者的习惯用语，这样一来，他才知道你们彼此是同一类人。如语句中少一个"啊"字，少一个问号，搜索结果的排列一定会不一样！因为如果彼此之间都用了"啊"，那么表示你们之间的感情色彩都是一样的。

利用"彼此同一"做营销时，你只需抓住一个核心点：在同一个时间段，同一个场合，如果客户是阳春白雪，那么你就是阳春白雪；如果客户是下里巴人，你就是下里巴人。山不过来，你就过去，主动权在你手上，那么你们之间就能同一。这样的结果，你就会在行为上与语言上，打开顾客的心房。

第二层构建目标：了解同一

即使你和他不完全一样，但你了解对方，你能走进顾客的世界，说出他的困惑、渴望，你能完全站在他的角度来对话，那么，对方也会对你产生好感。如常用的"了解同一"的心法语句："如果我站在你的角度，我也会这么认为的。"如此而来，顾客就会认为你是懂他的，所有的爱情之所以会发生，首要的考核标准，就是你们相互了解。

你有没有发现，在恋爱的过程当中，百分之九十的女生都会问男生同样一句话："你了解我吗？"倘若你都不了解一个女孩，你让他接受你，那就是异想天开了。你想想，你都不了解对方，不懂她的心思，哪个女生敢把她的一生交给你？当一个女孩子受伤了，或者生活中有问题了，我跟你保证，对于不了解她的人，只会做一件事——安慰，而安慰其实不是她真正想要的。只有了解才能有爱，爱就是解决他的问题，帮他成就人生，如果彼此之间不了解，不可能会有真爱生成。

为什么咱们总是发现美女与野兽成双对，然后惹得无数男人的羡慕忌妒恨？因为除了野兽大胆勇敢之外，还有一个重要的原因，那就是野兽一定会花尽心思去了解那位美女，他可以如数家珍地把一个女孩子的爱好、性情、习俗，一一道明白。她懂女生所爱，知女生所需。

而你之所以还摘不到桃花，那就是因为你根本还没有进入到桃花的世界，所以你就被排斥到桃园门外。费玉清《一剪梅》"爱我所爱，无怨无悔"，那是一种执迷，这样的结果就是，你只能隐在"明月小楼，孤独无人诉情衷"。

简言之，你对一个女孩有多了解，那么你追到她的可能性就会有多大。

因为当你了解了你所追求的女生后，你就自然会用她喜欢听的语言以及她愿意接收的方式去采取行动，她自然就很难抗拒。

那么，你了解你的顾客吗？

你对顾客有多了解，你就能多大程度和他成交。"了解同一"有两个核心的攻心关键词。一个是理解，另一个叫做"懂"。因为了解，所以懂得。

因此，要真正让这个"懂"字与消费者连接起来，你需要实施两个环节。

第一环节：明确告诉消费者，你懂他。

第一步：如天猫商城，甜心索菲香水的文案描绘，"爱"的最高境界依然只有一个"懂"字：

女人（男人也是如此）只有听说有人懂她，他一定会感到非同寻常的欣慰。

谁让顾客知道，他最懂顾客，那么顾客也会感到欣慰。如：相宜本草懂你！

你应该早就注意到了，如优酷首页有一个新版块叫做"为我推荐"，这是何用意？意在让你明白，优酷是懂你的，懂你的需求爱好。如果不懂你，没有办法跟你推荐。这就是同一营销的直接体现。

为什么说宝剑赠英雄，书香传知音？言外之意，只有英雄才能真正懂得驾驭宝剑，而书香之所以应该传给知音，因为你最懂知音的品位与爱好，要不然，何以谈得上知音。

第二环节：用他们所懂的语言将这个"懂"字诠释出来。

你懂别人，就必须能洞察到别人的苦恼，了解到他们想要什么，了解他们愿意听什么，并且用他们所懂的语言表达出来。不仅是营销文案应该这样，现实生活沟通，线下营销也是如此。

如，员工愿意听"业绩"还是愿意听"收入"？显而易见，员工最在乎"收入"，那么你就不要跟他口口声声谈"业绩"。

设身处地地想，顾客到底是不是发自内心的喜欢听"促销活动"这四字？实际上顾客喜欢听"打折优惠（活动）"四字，那么你以后不要再用"促销活动"的字眼，用"打折活动"来代替。因为促销是你要做的事，而打折是消费者想要得到的结果。

你要针对什么顾客，你就用顾客所懂或者说他愿意听的语言跟他沟通，也就是跟他同一。

我在成都有一个企业客户，她自己已经做了十三年的传统广告策划，孕育出的成功案例无数，很多知名企业的广告都出自他们公司之手，如索尼手机、同仁堂、仁和药业等。但她不懂互联网，所以对网络营销总是比较茫然，但她很希望将自己的业务扩展到互联网上来，以借助新经济的势态。基于这样一个原因，2011年我们也算是有机缘在成都结识了。

但一开始，她请我做策划的意愿不是很强，因为她对我不太了解，也就是不太放心，这完全是在情理之中的事情，可以理解。那么，这时候，我必须要跟她进行"同一"化沟通。从她的习惯爱好入手。通过短暂的两天的交流，我发现这位女总裁不仅对佛教经典颇有研究，而且其佛学修为与造诣高得简直令人惊叹，她经常带上全家人去相关的佛教圣地敬香拜佛，如五台山、普陀山、峨眉山、九华山等四大菩萨道场是她每年的必去之地！

当我了解并懂得了这位女总裁深厚的文化兴趣之后，我心里便有了一定的筹码，因为我本身就对佛学文化有一定的体悟，甚至我更能洞察清楚宗教的营销之道。因此，自那以后，我跟她之间的每一次沟通都一定会涉及与佛学相关的关键性话题。如：心经、八万四千法门、净空法师、六祖慧能、舍利子等。而当有了这个深厚的文化共性作为我们彼此沟通的桥梁之后，我们之间的关系就越来越"同一"了，因为每次见面，我都会用一半时间同她谈佛论道，另一半的时候谈我对网络营销的见解。

就这样，第五天，她主动打电话约我去签单。

事实上，我后来发现，很多企业老板都懂佛学，因此，佛学成了我跟很多企业客户发生业务关系的敲门砖了，感谢佛学让我们彼此同一！

你跟一个人沟通，就是用他最愿意听的话题开始，并且他最懂的语言开路；同理，你跟一群人沟通，你就用这群人最懂的话题与语言开始。书面营销文案亦是如此，你必须找准某一类顾客的问题、爱好以及他们所懂，然后用文字语言与他们进行潜在的沟通。

所以说，了解"同一"的一个核心点就是"懂"，不仅是营销，生活中也是如此，当你从如何"懂"对方的角度来先入为主思考问题，而不是自我贸然行事的话，很多问题都会被轻易化解，并且你还能获得种种成就。

我在做研讨会时，常常讲这段话："一个政治家，如果懂得了平民百姓，那天下就是他的了；一个文学家，如果懂得了万千读者，那天下的语言就是他的了；一个商家要是懂得了社会各阶层，那市场就是他的了；一个网络营销人，要是会描绘大千网民的内心世界，那必定可以在互联网江湖坐拥一席之地！"

第三层构建目标：拥抱同一

当你了解完顾客的问题与现状，以及懂得顾客的心理想法之后，那么，接下来应该干什么？接下来唯一的任务就是：向顾客呼吁你能带领他们一起来解决这个共同存在的问题，一起把他带到另外一个"同一的世界"。

也就是和你一样的人抱团，你们一起解决这个问题，因为你们是一路人！

"顾客之所以生活得不那么快意，就是因为有某些问题没解决，你告诉他，你以前也遇到过同样的问题，你有类似的亲身经历，现在，你已经找到了解决方式，你以过来人的身份，为他指明一条路线，你来带领他一起解决这个问题，带领他走出这片困境！"这就是你所要表达"解答同一"的主旨思想。

我曾经为一款治疗慢性肠胃炎的家传秘方做过营销文案，由于是医疗类产品的互联网营销，加上该客户的再三叮嘱，因此，为了维护他的利益，请原谅我不能将其品牌名公之于众。而有些案例在我征得了顾客的同意之后，我都会毫无保留地揭示出来，这是我的分享原则，这里特地交代一下。

局中人都很清楚，慢性肠胃炎是一种很顽固的病症，通常情况下都很难治本，即便是大医院也很难将其彻底攻克，更何况还要付出昂贵的治疗费。

生产并调制该产品的人是一位老中医，四川彭州人，我的这个客户其实是该产品的总代理，而他之所以成为总代理，是因为他本人就是该产品的直接受益者。

下面是从该营销文案中截取的一小段：

"哎哟……哎……哟，咋又疼了啊……妈呀，这一阵一阵断肠又虐心的围剿，何时是个头啊？"（同一弦，进入他的内心世界，描绘对方某一个时刻的现状）

"你的胃又开始报复你了吗？"（核对同一）

"亲爱的朋友，你还在为肠胃炎的突如其来而感到撕心裂肺的痛苦吗？你恨透了那种没有预告的折磨吗？"（了解同一）

"慢性肠胃炎，一种害人不眨眼的魔鬼！"

"不能再这么下去了！我们一定要消灭它！彻底扼杀它！"（解决同一的呼吁）

"如果你再也不希望还有下一次的"痛苦纠缠"发生，那么，我可能是唯一可以真正帮助到你的人！"（吸引往下看）

"因为，过去，我也和你一样，在足足五年时间里，受尽了慢性肠胃炎的折磨，那种痛苦与折磨简直是常人难以想象到的，有时口流酸水，有时在床头翻来覆去彻夜难眠,有时在地上翻跟头久久未能平静,有时甚至不省人事,有时不得以只能祈祷上帝。如果你也是这样,那么,我们算是同病相怜,我非常能理解你的苦衷,坦白地说,之前我也和你一样处心积虑,什么药都服用了,什么办法都试过了,花尽了不菲的费用,最后还是不能从根本上斩断我的"痛",治标不治本。因此,为了了结自身的大事,我孤身一人从华北到华南,不惜跋山涉水,求医问道,我费尽千辛万苦去找解决方式,终于在四川找到了我的恩人——一位老中医,就是他的回春良方让我彻底解脱,至今胃炎再也没有发作。"(同一的经历与感受)

"遗憾的是,他老人家年事已高,没有太多的精力去推广他的祖传良药,他也不懂网络,所以没有办法将它的妙方推向全中国。为了帮助更多的人早点摆脱苦海,从那以后,我作了一个明智的决定,我决定将推广这款产品作为我一生的事业,于是我决定成立专门的肠胃炎医药公司,为这款产品注册独有商标,然后将其宣传出去,让更多的人受益,我的目的很简单,就是和你一起消灭病魔,解决痛苦,让我们一起走出痛苦的边缘!"(正式解答同一)

接下来就是详细的产品价值阐述,以及本品渊源和信任的建立。

至此,同一心理介绍完毕,想必,同一的重要性,你应该有意识到了,总而言之,同一是你进入顾客内心世界唯一的通路,如果你和顾客彼此之间没有同一的话,你根本进不去对方的心智,你将会被挡在他的心房的房门口。

下面,让我们接着探讨追索心理的第三种心理,也是最后一种心理——神秘,我称之为神秘心法,我们来看看神秘心法到底有多神秘。

神秘——即刻激发顾客兴趣的启动按钮

在你的脑海里,是否隐藏着一个在某个时段内你没弄清楚却又挖空心思想要去弄清楚的问题?我敢确定,一定有!而且绝对不止一个问题,更重要的是,这种问题其实每天都在你的生活中上演,通常情况下,这种问题我们叫做奥妙或者玄机!

例如宇宙到底有没有外星人？到底是先有鸡还是先有蛋？这世界上到底有没有神仙，有没有鬼神？这些问题曾一度困扰了无数人，到现在也还没有答案。更重要的是，甚至有人为了探索个究竟而把自己弄得三天三夜茶饭不思，有时候，我们回过头来想，这又是何苦呢？先有鸡还是先有蛋，跟自己有什么关系呢？但依然拦截不了我们对其探索的冲动。

事实上，无数人都在永不休止地去探索一些所谓的奥妙或玄机。因为几乎每天都有"奥秘"和"玄机"出现，所以，人们的思维活动也就永无休止了。

那么，我们为什么会竭力地去探索这些奥秘呢？换句话说，是什么因素驱使我们不可遏抑地去追索这些玄机？答案就是深植我们基因中的一根弦，叫做神秘！

没错，人们天生就对具有神秘色彩的东西感兴趣，并且会不知不觉地产生好奇，你都不知道为什么，你心中的神秘弦就会自发地驱使你产生探索的行为。

为什么绝大部分人会对一个问题打破砂锅问到底？那就是因为我们内心深处的那根神秘弦在作祟，"神秘"激素驱使你打破砂锅问到底。

为什么我们在互联网上浏览新闻的时候，本来是漫无目的，后来却又有目的地选择了某些内容进行查看？也只是因为某些资讯触发我们心中的那根神秘弦。而很多时候，你发现，一旦结论出现，你很可能会深深地感到叹惜，原来结果也不过如此，但你为什么一开始连想都不想就去点击它？

好奇害死猫，神秘俘虏人！

毋庸置疑，神秘弦的力量与生俱来就是如此的顽固，挡都挡不住。

但是，你必须要明白，如同无数旅游胜地都是人造的一样，红尘中无数神秘的事件都是人为塑造的！如魔幻小说中的各种神秘的故事情节，就是作家一手塑造的，换句话说，魔幻小说之所如此的吸引人心，因为它触发了读者心目中的那根神秘弦！

尤其是企业在利用神秘因子策划营销方针的时候，那这个神秘的资讯可以说全都是人为塑造的，目的就是吸引顾客产生兴趣。但凡营销大师，都懂得如何利用神秘弦不可抗拒的力量去实施很多营销方案。可以百分之百肯定的是,如果你善于运用神秘弦的威力,你将在营销上获得巨大的突破,并且是超越性的突破!

换句话说,只要你能触发人们心底的某种神秘因子,你就能吸引他的注意,并驱使他产生某种行为,而他想要揭开神秘的面纱所要付出的代价就是为答案买单!这就是神秘弦对营销的切实意义。

具体来说,神秘弦对营销的应用,到底有哪些特别有效的实施方针呢?通过我多年以来对神秘弦的探究与实践,我总结出了如下几种实施方针,我确定:以下任意一种方针,只要你一用,就一定会对你的营销产生出奇的妙用,产生不可估量的杀伤力!

第一大实施方针:引发答案

很显然,任何人之所以会对一件事情寻根问底,终极是为了获得真相,说得通俗一点,就是想知道答案。但绝大多数的情况下,你若是直接给消费者答案,会不会产生别出心裁的吸引力?事实结果是不会,并且很多时候,消费者还不一定有兴趣去了解你的答案,因为他找不到一个缘由去了解你的答案。这时候,你的答案或资讯是不具备神秘效应的。

所以说,引发答案不是直接给出答案,为什么叫引发呢?引发答案的具体表现手法就是用一个神秘的疑问句,引发出消费者心中所未知的答案。

这里,我给你五个典型的心法关键词,帮助你引导出一个诱人的疑问句,从而让消费者心中的那根神秘弦一触即发。

第一个心法词:为什么。

人们对一件事情追根溯源就想知道为什么。如青少年科普读物《十万个为什么》,直接在书名中突出使用"为什么",50年来,累计销量破1亿册!

如我打算拟定标题写小米手机的营销手法:"为什么小米手机仅靠微博营销就能一年售出900万台?"这很明显是揭秘小米手机的独特的营销手段,只要关注小米,只要想学营销的,必定会点击这个标题,因为他们就想知道小米是怎么做微博营销的。如换成标题"小米手机的营销手法",我保证这个吸引力立刻下降 N 倍!

第二个心法词:是什么。

如,我写个广告标题:"是什么秘诀让一个 9 岁的女孩在 30 天内变成班上的口语佼佼者?"很显然,这是在卖一套口语教材,或者口语教育培训课程。

再如,我写篇文章标题为:"是什么决定了电商企业的发展命脉?"想必,但凡在做电子商务的企业都会有兴趣去查看。

第三个心法词:怎样/如何。

"怎样",这个词使用起来也非常简单,和"为什么""是什么"完全类似,你想让顾客获得具体的解决方式,就在一句话的前面加上"怎样",人们之所以想继续关注,就是想弄明白他应该"怎样"做。

如:"怎么才能及时地买到廉价的飞机票?"

携程网,去哪儿网都会这样温馨地提示你。

"怎样穿西装才显得男人真正地有品位?"

卖服装的商家如此来写文字标语,很难被抗拒,因为你这是在教别人,不是赤裸裸的推销,而且这种标题用作软文营销,用作邮件标题,都会比普通的广告标题的点击率高几倍!

你记住:凡是体现了"怎样"或者"如何"的表达句式都是一种教育,是帮助消费者,而不是直接的广告推销,它会比一般的推销形式有效得多。并且,这两个词本身就具备一种"神秘"的吸引力。

第四个心法词:哪几大。

这里,你需要注意的是,你在使用"哪几大"这个攻心引导词时,这其中的"几"必须要用具体的数字来替代,这样才能更生动有效地发挥这个词的神秘吸引力。

如,我可以写个这样的标题:"何炅凭借哪六个口才法宝成为倍受亿万观众热爱的主持界大腕?立刻点击揭晓!"你一点进去就是一篇软文!软文当中分享一些何炅本人的主持风格、主持心得,然后继续用链接引导进去就是一个口才培训网站！

你的核心表现模式就是告诉顾客，你的产品凭借哪几大优势，能保证帮助顾客解决问题。

第五个词：到底。

"到底"是一个极具营销张力的神秘心法词，仅从字面的意思，我们就能明白，"到底"表示归根结底的追究，也就是引发神秘答案的最高修饰境界。

为什么我把"到底"作为第五个词，因为它可以和之前的四个词相融地搭配起来，从而产生天作之合的妙用。换句话说，如果在这四个心法词的前面再加上"到底"二字，那么整个句子会产生更深层次的情感拉动力和吸引力。

具体来说，"到底是什么决定了电商企业的发展命脉？"比"是什么决定了电商企业的发展命脉？"更富有神秘的张力！"到底怎样穿西装才显得男人真正有品位？"比"怎样穿西装才显得男人真正有品位？"更有吸引力。

同样，当你反问别人的身份时，"你到底是谁"比"你是谁"会更有感情色彩，这应该是你很明显就能感觉得到的！

因此，采用"引发答案"作营销时，就是首先在客户的大脑中悬挂一个问号，从而驱动他的内心迫不及待地想知道答案，使得他必须继续看。因为他会顺藤摸瓜，顺着疑问找答案。

你要弄明白两点：1.对引发答案而言，"引发"比答案本身的吸引力要强；2.引发答案的表现形式必须是一个疑问句。

第二大实施方针：扑朔迷离

扑朔迷离是什么意思？想必你很清楚，虽然你"看不清楚"，但是你知道它本来的意思。没错，在中国的语言当中，扑朔迷离就是看不清楚的意思。

而在营销的范畴当中，扑朔迷离当然也还是脱离不了它本来层面的意思，只不过这里有个重要的前提，那就是消费者很想看清楚。总结来说，也就是消费者很有兴趣想要看清楚，但他就是看不清楚，也看不懂，如此一来，他就越发想看清楚，换句话说，他的神秘意识就越来越加深了。有谋略的商家和营销大师就是这样擅用"扑朔迷离"来营销消费者的。

去年在北京航空航天学院，我就跟暴风影音的副总裁王刚老师一起探讨了一则"扑朔迷离"的广告。

日本著名内衣品牌——华歌尔，拍过一支非常有意思的视频广告，一群日本少女穿着同一花色的胸罩和内衣漫无表情地跳起了机械舞，有张有弛，动作相当整齐，后来被网友恶搞称为又萌又囧胸罩舞蹈，一时间引发互联网狂潮。这中间的营销玄妙到底在哪里呢？在于视频故意给你若干个近景镜头让你看胸罩本身，但就是不让你看清楚到底是什么牌子，让你感到扑朔迷离，而且整个视频一直持续两分钟引诱你产生好奇，直到最后，才突发其来地在屏幕上显现，把观众所有的印象聚焦到这一点上，让观众恍然大悟，原来是华歌尔。

大家听说过香奈儿没？这是一家有着一百多年历史的著名品牌，其经营的产品种类繁多，有高端的服装、珠宝、香水、包包，但我要说的重点不是它的产品本身，而是这家企业的品牌logo。

认识这个标志吗？如果你常常陪女友或者陪妻子一起去逛商场，想必，应该见过这个标志，不知道你看到这个标志后有什么感觉没？反正，当我第一次见到这标志的时候，我就觉得挺神秘的，仿佛挺有内涵，很有含义，好像很玄妙，但就是说不出它的具体含义。直到现在我也没彻底看透，换句话说，我很想去弄懂它到底代表什么含义，但就是弄不懂，扑朔迷离。说到底，你也弄不懂它的根本含义，它只是在拿神秘因子在吸引你。因此，我判断，这恰好就是这个品牌标志所吸引人的地方吧。

事实上，正因为"扑朔迷离"的神秘煽动力，在各种营销对象上都有其非凡的用武之地，如魔术、风景、电影等。

魔术之所以如此有魅力，就是因为其具备了扑朔迷离的魅力，你很想看清楚其中的玄机，但就是看不清楚，所以你越来越想看清楚！

为什么迪拜也好，金字塔也好，每年都能吸引无数的游客趋之若鹜？原因，其实很简单，答案仅仅就是"神秘"，因为大家都弄不懂，看不清楚，所以就想前去看清楚到底是怎么一回事。所以说，迪拜塔、金字塔就是在经营"神秘"，再具体一点就是经营"扑朔迷离"！

香港电影圈的导演，要说最让我迷恋的是谁呢？非王家卫莫属！原因就是王家卫是最让观众感觉扑朔迷离的，正如他的电影一样，很多人都觉得他拍电影不靠谱，到底是不是真不靠谱呢？

多年前，当看完电影《阿飞正传》后，我心里立刻就浮现出一个疑问，并且这个疑问遗留在我心里长时间都挥之不去，我后来发现无数人都和我一样有着同样的一个纠结：那就是在电影的尾声，为什么梁韩伟会突然冒出来，这是什么乱七八糟的？如果是王家卫是精心策划的，那么，这到底又是玩的哪一出戏？

直到再后来我看到《花样年华》，我才有所醒悟，因为《阿飞正传》的尾声，可能是王家卫故意设的一个"谜"局，故意让观众继续好奇地追问下去，继续关注王家卫的下一部作品。至于说《花样年华》到底是不是《阿飞正传》的续集，《阿飞正传》中梁朝伟的镜头是不是在为续集作铺垫？一直以来，也惹得观众们争议不断，因为两者之间的剧情的确有承接关系，并且主角就是梁朝伟与张曼玉，但是，王家卫从来也没有公开阐明这两者是否有关系，因此，观众们只好继续猜来猜去。

正是因为你看不清楚，而你又很想看清楚，所以才让你意犹未尽。

其实扑朔迷离本来就不属于阴谋，而属于阳谋，因为你可以让消费者释放出更多渴望的力量，因此，你完全可以将"扑朔迷离"作为你自己的一把营销兵器。核心的操作手法就是在一个正常的逻辑或信息下多做一个点缀，让人想吃透却又吃不透。

第三大实施方针：有始无终

我们都知道，在为人处事方面，我们应该尽可能地做到有始有终，以便给别人留下一下好印象。同时，于我们自己而言，在经营事业，甚至经营人生方面也必须要做到有始有终，绝不能半途而废！

也就是说，产品本身必须有始有终，你不能卖一个残缺的产品给客户，这是我们对顾客的责任。但这里咱们是围绕营销而言，也就是在表现形式上，有时候，有始有终的表现反而会失去一些魅力。换句话说，有始无终的表现形式，往往更能引发顾客的好奇心，激发顾客的兴趣！

你想想，当人们发现他对某件事情的认知已经画下一个句号，他还会不会对这件事倾注过多的精力与兴趣？显然是不太会，因为他已经找不出理由再往前走了。因此，要想用"有始无终"来刺激人们心中的那个神秘因子，你必须从这两个角度来表现。

"有始无终"的第一个体现形式：让人们感觉到本身完美的东西却不完美，他总觉得你还有个"终点"没补上，所以，他会好奇为什么没有那个"终点"。

为什么维纳斯雕像会如此受众人关注？它的别出心裁就是因为他的缺陷美。注目者总认为她不够完美，因为好奇她那只胳膊到底去哪了。从设计者的角度来看，其核心思维就是——有始无终。

苹果手机之所以散发着如此夺心的吸引力，除了产品本身的魅力受到用户"爱疯"以外，还有一个"不正常"的标志讯息令人深思，那就是它的 logo 图标——一个留了一个缺口的苹果，仿佛被人咬了一口似的，大部分的消费者在看到这样一个图标时，眼睛都会愣一下，并且会顿时在心里产生好奇：呃，这苹果怎么缺了一个口呢？而消费者越好奇，就越感觉到意味深长。

而事实上，正是因为缺了这么一个口，才得以引发无数争议，并且，这种口碑会逐渐上升到一种神秘的认知。如果不缺这个口，自然就没有人去探讨了，因为对于"有始有终"的资讯，人们找不到明显的争议切入口。

"有始无终"的第二个体现形式：你要让消费者感觉到整个事情压根还没有结束，因此，牵引他在脑海中继续追问余下的答案，从而引发无限遐想！

在描绘一个产品的功效或价值时，我们通常可以这么表达，当你列举完一部分功效或价值后，紧接着说："这只是你将要获得的一小部分好处和收获，当你收到产品并亲身体验后，还会收获到更多令人意想不到的惊人效果……"

如果他想知道还有哪些惊人效果，那么，他所要付出的代价就是购买。因此，你尽量不要一开始就把全部答案告诉消费者，言外之意，不要和盘托出，和盘托出的死结就是阻止好奇心的滋生！

华为公司的企业口号是如何说的？"华为，不仅仅是世界 500 强。"而通常在这种表述下，后面都应该至少还要跟上一句话，比如说"不仅仅是……还是……"，或者说"不仅仅是，而且是……"，这是我们每个人的正常语言认知反应。那么，不仅仅是世界 500 强，后面到底还有没有其他语句呢？答案是没有了。华为的广告语，就是这么一句独立的话。

但事实上，在消费者看来，后面一定还有答案没说完，也就是说，除了世界 500 强这个荣誉之外，华为还有更高级别的身份地位，因此，进一步引发消费者以及社会各阶层的追问，更何况这种追问是基于崇敬之上的。

也就是说，在这种情况下，企业主体是在把"有始无终"的"终"让消费者自行去想象……

另外，李开复老师对"不仅仅是"这种"有始无终"的神秘句式，也有异曲同工之妙用。李开复老师创办的创新工厂是一家专注于信息产业的投资机构，因此，在他的新浪微博背景图片的顶部，你可以显而易见地发现几个白色醒目的大字："这里孵化的不仅是项目。"换句话说，任何人看到这句话，都会立刻领会到它所传达的两层含义：第一，创新工厂肯定会孵化项目，这是"始"的层面；第二，除了孵化项目之外，创新工厂一定还孵化别的东西。那到底还有什么呢？但就是没直接告诉你。正因这种"有始无终"的表述，才吸引创业者持续而深入地关注他的微博，并希望创新工厂能带给创业者们更多的光明。

其实，除此之外，"有始无终"也是电视综艺节目的惯用伎俩与手法。如果你善于感悟细节，你会发现，几乎所有的电视节目都会提前用"有始无终"的神秘因子来锁定下一集的收视率。为什么电视连续剧下一集的收视率往往会比上一集高？因为节目组只需要在上一期的结尾处用几个疑问句就把你的期待留到了下一期，如：某某男女主角之间到底会擦出什么样的火花？某敌对双方又会结下什么的恩怨？到底是什么神秘人物的出场将整个情节引到高潮？而如果你想要兑现这个期待，你必须等到第二天才能知晓。

也就是说，电视栏目组每天都会提醒你，永远都还没有结束，而你之所以每天都愿意按时守候在某个卫视频道前，是因为它前一天用神秘表述方式告诉你了下期更精彩！

因此，你在利用"有始无终"的实施方针来表达具体的营销资讯时，你只要秉承这个方针本来的含义，你自然就会具备神秘的吸引力。具体说，你必须要表达出一部分信息，这叫"有始"，若是完全不透露任何枝节，那就叫故弄玄虚了。第二，你必须让顾客明显地感觉到还有更多精彩而有分量的信息隐藏在这个资讯后面，等待着他自己去遐想，等待着他去发掘，他永远不能彻底看透信息的全部含量，除非他主动找你来发生关系，那时候，就表示营销开始落地了。

事实上，神秘弦的实施除了上述三大方针之外，还有两个超级特别的表现手法，而这两大超级神秘的法门，不仅仅能给你的产品营销带来超凡的震撼效果，而且可以让你本人都变得出神入化起来。换句话说，只要运用恰到好处，这两大独门神秘武器既可以让你的产品变得有灵性，还可以把你本人迅速地打造成某一个领域的大师，更关键的是，只需要网络营销就能实现操作成功，听起来，好像有点玄妙吧？

只是，在我看来，你暂时还不必要如此心切地去了解神秘弦的这最后两道法门，因为如果只是想表现出不菲的营销吸引力，想要超越一般的营销人，你只要学会并精通前三大实施方针就足够了，也就是说，你只要把"引发答案"、"扑朔迷离"、"有始无终"的核心要旨及其具体的体现方式学会并且融会贯通，你所释放的营销资讯就能焕发出非同凡响的生命力。

所以，关于神秘弦的第四大实施方针与第五五大实施方针，待你将前三大方针吸收透并能熟练运用之后，再单独咨询我，或者在我的培训会上，我会详细跟你阐释清楚这两大法门的核心要旨和使用方法。

至此为止，消费者"追索心理"的三大内容体系都已经为你介绍完毕。

而我之所以把追索心理归为人性索引的第一组成部分，想必，你现在应该能感受到它的本质作用了，因为它是所有营销的根源力量，换句话说，如果没有了追求和探索，任何人就没有动机去做任何一件事情。具体说，如果你洞察不到人们心中的"渴望"，如果你不懂得拨动顾客心中的"同一"，如果你未能触发到人们心中的"神秘"，那么，不管什么样的营销策略都会变得苍白无力，追索心理是营销的魂，魂没了，精力自然也会散去。

那么，是不是只要满足了顾客的追索心理，那么成交就一定会发生呢？答案是不一定，因为还要看顾客是否愿意接收你所发出的追索资讯，因此，人性索引还有第二大组成部分，叫做接收心理。

第七卷　接收心理四项法则——
成交十二心法加持篇

即使你的产品讯息能与消费者的"追索心理"一拍即合，他也不一定会马上购买。如同一位萍水相逢的人在初次见面就跟你说，他能满足你的所有要求，并且他的确也能洞察到你心中的渴望，你会不会立刻就跟他建立关系？很显然是不太会，因为我相信你不会那么冲动吧！所以，你还要经过一番仔细的斟酌与考量。

其实，我们每个人心里都存在着一些固有的接收机制，更重要的是，几乎每个人的接收机制都相同，也就是说，你的心里早就存在着某些具体的接收评判准则，当你触及一些人和事时，这些评判准则会自发地发挥它本来的作用。具体说，当这些人和事没有触发到你心底隐藏着的这些评判准则时，你是不会轻易接收它的；反之，你就愿意接收它。

只是，这些固有的接收机制不是一般人能发现得了的，因为多数情况下，连我们自己也无法系统地表述出来，你到底凭什么接收它？

通常情况下，你只有等对方具体地表达出了某些资讯，你的这种机制才被激发出来，你才能在心里面响应道："啊，不错，这事可以干，这人靠谱！"

因此，作为被接收的一方，要想时刻有效地保证别人接收我们所发出的资讯，我们必须要能洞察到这种普遍潜藏在人们心中的接收机制，让其现出原形。尤其是对消费者而言，这种接收机制显得尤为重要，因为很显然一点，消费者如果不接收你的话，成交就会变得非常困难，所以说，购买的前提，必须是接收！

很显然，接收机制生成于消费者的心理，因此，从营销的角度而言，我们不妨称其为接收心理，无可厚非。要满足消费者的接收心理，不是那么简单的事情，毕竟发生在顷刻之间的成交，只是极少数情况，因此，攻克消费者的接收心理，是一项工程！

这项工程看似很困难，但其实，要实现这项工程，依然可以变得很简单，只要你按照以下四大项法则，这项工程的铸成也将变得水到渠成。这四大法则我定义为接收心理四项法则，分别是信任法则、细致法则、承诺法则、警示法则。由于这四大法则瞄准的还是消费者心理，为了和追索心理在形式上保持一致，因此，我们姑且可以定义为四大心法。

下面，跟我一起来学习这四大心法，看看这四大心法到底是怎样无懈可击地攻克消费者的接受心理。

信任——让顾客发自内心承认你的真实

信任到底有多么重要？我可以用一句简单的话来概括：没有信任，人与人之间就没有关系发生。换句话说，要想让人接受你，必须先让人相信你！你想想，如果你不信任某个人，你会发自内心接受他吗？可以说得再彻底一点，通常情况下，不是信任，就是抗拒，除非你是迫不得已。迫不得已，那就只能"就范"了。

为什么陌生人之间如此难以亲近，难以产生关系，因为彼此之缺乏信任。换言之，要想把初次见面的人变成你以后的关系伙伴，你要做的第一件事，就是想办法让他信任你。在信任的前提下，再谈其他！

过去，我们大家都应该听过一句话叫做：世界上最难的两件事，一个是把自己的思想装进别人的脑袋；另一个是把别人的钱装进自己的口袋。在我看来，这句话肯定存在一定的问题，因为这其实完全是抽象的说法，没有说出问题的本质。

如果把这两个问题物化下来的话，这两个问题应该有所调整，变成：全世界最难的两件事，一个是让人相信，另一个就是让人行动。你想想，大家不接收你的思想，是因为什么？根本原因就是不相信你！而相信与行动这两者之间又有着必然的关联：要让人行动，必须先让人相信。

对咱们自己本身也是一样，为什么绝大多数的人都不能坚持到梦想实现的那一天？可能会是因一些客观原因招致的，但根本原因一定是你心中的那份信任的程度开始减弱了。你当初信誓旦旦地想要干一件事，可走着走着，就在中途停下来了，行动也缓下来了，你之所以不愿意坚持行动，是因为你发现你还是不那么相信坚持一定会有获得。

同样，如果顾客坚信你的产品是值得购买的，他终究会产生购买的行动，只是时间问题。

关于信任，可以说是全世界各行各业的领袖人物、企业家和营销人士都在倾尽全力研究的话题，在我跟很多客户的接触过程当中，我发现每个人都能针对这个问题说上一两句，并且或多或少会有些心得。想必，你可能也听过很多人讲各式各样的构建信任的技巧和策略。

事实上，在整个营销领域，关于构建信任的方法可谓是林林总总，五花八门，但是，比较令人感到遗憾的是，到最后，很多人在使用时都不知道到底哪一招有效，越发混乱，甚至搞得支离破碎，究其根本原因还是他们心中没有一个章法，没有抓住构建信任的本质。因此，大家依然比较惶惑。

大家之所以惶惑，究其根本原因，其实还是没有把"信任"这两个字的本质看透，现在，我们再认真深入地想一想，你之所以不信任某个资讯，请问，你是在担心什么？你在担心它是真还是假！信任的本质就是：你在感知它是否是真实的。具体说，你感知一个资讯是真的，你就信任，你感知它是假的，你就不信任，就是这么简单！千万不要觉得因为简单而漠视这句话，因为这是构建信任的根本理论依据！

因此，请你牢牢记下这句话：消费者获得信任的过程，就是在核对真实感的过程；而你要构建信任的过程，就是在吐露真实感的过程。对于商家而言，吐露真实感，就是构建信任的全部。

有了这个思维依据，我们便不难得出构建信任的三大法门：企业真实感、品牌真实感、价值真实感。因为消费者不管怎么核对，无非都是在核对这三大方面的真实感，因此，我称之为构建信任铁三角。

铁三角展示第一角：企业真实感

信任最大的天敌就是捏造，你要让顾客明白你不是虚无缥缈的，不是江湖团伙，你必须给顾客证明你的企业是真实存在的，你的公司在社会上有名有分，不仅是真实存在，而且可能还比较强大。具体的表现手法就是把能证明你公司真实存在的相关要素都清清白白地彰显出来，贴在网站上，让访客一看就能感觉到："嗯，这家公司是真实，合法，靠谱！"

通常情况下，能证明公司真实存在的具体操作要素有以下四个：

1. 公司的经营许可资质。
2. 公司所获的相关荣誉，这是证明你公司生命力的顽强。
3. 公司座落地室外环境与室内环境，重点体现正常状态下的员工们的办公情景。
4. 创始人的相关资历。

有一点，我想特别提醒你的是，要体现公司所在环境的真实感，必须要同时体现人和景，因为有景有人的同时出现才叫生动。如七乐康药业公司刻意在其天猫店上所做的"原形毕露"，就是为了"人景交融"。

关于企业真实感的打造，这里我就不举例了，因为你只要按照以上操作四要素在你的宣传载体以及营销型网站当中详细呈现出来，你就能在顾客的心目中树立你的企业是真实存在的印象。

另外，我需要补充提醒你的是，在整个电子商务领域，打造企业真实感在两个方面显得尤为重要。第一方面：医疗行业、健康产业、化妆品行业等三大行业，必须名正言顺、清晰透明地彰显出你的经营资质、企业资历及相关的产品检验报告，不能有任何含糊，只要你含糊，那么消费者的购买就会变得含糊！因为消费者不会为了一个"不存在"的企业而拿自己的健康作赌注！不管你如何鼓吹你产品的疗效，也很难获得实际的营销效果，因为最必需的一环没有打通！

第二方面：像海尔、格力这样人尽皆知的大品牌可以不那么刻意地强调真实感,因为大家都知道它们名副其实。但对于一个刚刚浮出互联网水面的小微企业,其存在感的呈现是不可或缺的。你想想,在互联网商业江湖,你可谓是初来乍到,访客从前都没听说过你,那么你的首要任务必然就是让他感知到你的真实存在,打开他们的第一重心理防线。

铁三角展示第二角:品牌真实感

想必,关于品牌的重要意义,应该不会再存在争议。品牌是每个企业的灵魂,是关系企业持续发展的原动力,换句话说,消费者对你的品牌认识有多深,他产生持续性购买的可能性就有多大!

为什么我们会习以为常地去选择我们熟悉的品牌,因为这些品牌已经在我们心里留下"真实"的烙印,而你之所以不愿意去选择你不太熟悉的品牌,因为你还需要花过多的精力去怀疑、考核、分析它的真实性。因此,构建品牌真实感,是每个企业都必须要重点实施的头等大事,尤其是互联网企业!

那么,到底如何打造品牌真实感呢?要让顾客认为你的品牌具备强大的真实感,只有三个实现的途径:第一个途径,深厚的品牌起源;第二个途径,不断进取的发展历程;第三个途径,社会各界的推崇。

为什么第一个途径必须是彰显你的品牌起源?很显然一点,只要你有品牌起源,那就表示你是有过去的,有渊源的,不是凭空生成的,而过去是改变不了的事实,那一定是斩钉截铁的真实。

并且,顾客认为品牌起源越久远就越真实!为什么无数人到现在依然把儒释道文化奉为当下的文化圣经,并且作为他们人生与事业的经营智慧?正因为其具备悠久的历史渊源!

文化如此,商业品牌更是如此,在顾客看来,你有历史根源,你就具备品牌起源的真实感。

如浪琴腕表,有一天有朋友跟你推荐"浪琴"品牌,但假如你是第一次听说"浪琴"腕表,那么这时你需要了解它的真实性,你很自然会去搜索它的相关资讯。而你一搜百度,首先映入你眼帘的就是:"浪琴表,源自1832

年的瑞士制表商，拥有180年历史的高端手表品牌，不论男士手表还是女士手表均以优雅设计以及精湛制表工艺闻名于世。"当看到这个资讯时，你已经在心里打消了第一重疑虑。甚至你可能还会对你的缺乏见识感到有些愧疚，"哦，不知道浪琴有如此深远的历史，原来是我孤陋寡闻……"

换句话说，浪琴品牌之所这么做，无非就是在向你阐述他的品牌真实感。因为任何品牌，不管其历史有多么久远，一定会有人还不知道。

对于有历史起源的品牌，必须要把这个起源旗帜鲜明地彰显出来。如果没有怎么办？如果你的品牌确实没有这么悠久的历史起源，那么，在这里，我给你一个攻心的"品牌起源"表现语句。如："早在多少年前（具体的数字），就有了什么产品的雏形或者原貌"；或者说"早在50年前，谁（知名人士）就曾经提过什么样的观点"；或者说"某某品牌是基于过去某一个时代的历史文化而缘起的"；等等类似语句，也就是说，你必须让人感觉到你的产品有历史缘起！

剑南春用一句广告词，将它这个品牌的生成渊源阐释到了极致。"唐时宫廷酒，盛世剑南春"，在消费者的眼中看来，剑南春酒不是凭空生成的，而是延续了唐朝宫廷酒的品位与风格甚至是酿造工序，这样一来，既有历史渊源又有诉求！这就叫"真实力量"的嫁接！

来源跟不跟科技发展相矛盾？是不是科技越发展，就越不需要历史渊源？这是完全错误的观点，事实上，商海中任何能立得住脚的品牌、能扬名立万的品牌都是有来源的，不管它多么创新，多么前沿，都不可能凭空生成，否则人们没办法接收。为什么叫继往开来呢？继往开来的明智解释就是：基于什么，然后开创了什么。没有这个"基于"，人们很难相信你的真实性！

换句话说，没有缘起，就没有真实感！即使是一个新品牌，也一定会有缘起。正如人的品牌名一样，假如你本不认识我，我们俩初次会面，如果我跟你介绍我叫周韦廷，这很显然是一个陌生的资讯，那周韦廷这个品牌是怎么来的，有没有历史缘起，一定会有吧！事实上，我是濂溪先生周敦颐的第29代传人，这是真事，也就是说，周敦颐先生是我的直系祖先，没有他，就没有我。不管我及我的后代如何，我也是基于周敦颐先生的血脉而来的，这是改变不了的真实！如此一来，我的"品牌起源"就比较深了，并且你也比较熟悉这个历史渊源。

让我们看构筑品牌真实感的第二途径：呈现不断进取的发展历程。

为什么要呈现你的发展历程？呈现发展历程的目的就是向消费者表明你品牌的来龙去脉，顾客认为你品牌有详细的来龙去脉，那就是真实的，因为当下还真实存在的品牌，一定会有真实的发展记录。为什么咱们跟别人有了初次接触之后依然还是怀疑对方？很显然一点，是因为咱们还不了解对方的来龙去脉。

你是谁？你从哪里来？你想到哪里去？这是任何中国人面对陌生人时最常问的三个问题。言外之意，其实他就想了解你的身世，问清楚你的来龙去脉，问清楚你过去这些年的经历与人生旅程，要不然，他跟你交往就会不放心。事实上，这三大看似简单的问题，也就是哲学的三大基本问题。

但凡懂得构建品牌真实感的企业都会把发展历程呈现清楚。具体的表现手法，就是按年份的递进，来呈现其辉煌不凡的发展历程。

七格格是我本人非常欣赏的一家淘宝网电商品牌，它的特色在于它是一家"聚小众以成大众"的女装品牌，具体说，就是将众多的小众市场品牌，聚合叠加成一个大众市场品牌，从市场的战略层面来讲，这绝对是他们所布下的第一步绝妙好棋。

而我之所以特别欣赏它，不仅仅是因为他们有了这个明智的战略举措，更关键的是因为他们能将这个战略举措兑现成结果的执行能力，事实已经向我们表明，七格格已经用智慧与行动书写了一部强悍而快速的品牌发酵史，着实令人敬佩不已。

事实上，七格格早已成为淘宝网上成长最快的女装品牌，其掌门人曹青是一位杰出的80后女性，勤劳，诚恳，梦想远大。正因为七格格的辉煌成就，如今的她已经实现了财务自由，并且曾一度入选过《福布斯》"中国三十位三十岁以下的创业者"榜单，令无数草根创业者心生羡慕与敬佩！

再如，有用过百雀羚吗？我可以肯定地讲，即使你没用过，你的父母那一代一定有用过，因为百雀羚的确是中国的第一代护肤品品牌，其经典程度不言而喻。在百雀羚天猫店上，就有一段其专程为消费者所展现的恢宏发展历程，其深远的品牌起源与不断进取的发展史的确可以继续撼动这一代的消费欲望。

过程的呈现，就是我们在打造品牌真实感时应该采用的一个必要的途径——呈现不断进取的发展历程，除了按年份进程之外，你还可以把这个真实感表现得更有杀伤力，那就是按月份的进程来呈现。

但总而言之，如果你能把你品牌的身世与发展历程向顾客交代清楚，那么，你在构建信任方面，又向前跨进了重要的一步！

那么，品牌真实感的第三大途径，体现社会各界的推崇又是何用意？很显然是在证明并加持更加强大的品牌真实性，具体说，就是借用社会各界的推崇力量来向消费者传达一个更加确定的信息：这品牌靠谱！消费者会认为，如果你的品牌在社会各阶层被推举得越深越广，那么你的品牌真实感就越强！否则，你何德何能会得到社会各界的推崇？消费者就是这么想的。

并且，社会各界推举的声势越浩大，你在消费者心目中的真实感就越强大，进一步说，消费者对你品牌的信任也就越牢固！与其说"大家好才是真的好"，不如说"大家都说好了，那一定是真的好了"，因为前者强调的只是目标，而后者强调的已经是真实的结果。

因此，关于社会各界推举的应用，给你一个具体操作法门，那就是，你必须明白：推举的核心体现就是两个字——报道，如优酷财经频道的报道，新浪健康频道的报道，搜狐的报道，央视网报道，新华网的报道，《创业家》杂志的报道，某某新闻频道的报道及其各行各业名人达人的口述报道等，而不是你上了腾讯、百度、央视的广告，上了谁的广告远不足以体现你品牌强大的真实感。当你明白了这个核心思想，你就能直接找到具体的体现措施。

再如柏卡姿 BB 霜天猫商城所呈现的，媒体报道与各届网络红人达人的联袂推荐，可谓是双管齐下。皙肤泉之所以发起浩荡的人海推崇大势，无非也就是在打造无法抗拒的品牌真实效应。

你记住我这句话：商业文化氛围之所以会形成，那就是因为你的品牌已经得到了社会各界的推举！你要让消费者看到，社会各界都在报道你的品牌讯息，那么，你的品牌真实感就会顺理成章地形成，当这个报道到了一定的声势，那么，商业文化氛围也就会形成！而互联网商业文化氛围的形成，完全可以铸就一个互联网品牌的崛起，因为互联网本来就是一个商业江湖！

铁三角展示第三角：价值真实感

毫无疑问，顾客之所以愿意购买你的产品，其最重要的前提是因为你的产品有价值，没有价值的产品就是废品，这是亘古不变的商业交易准则。因此，任何商家（包括你）在做营销的时候，首先必须要把产品的价值给表达出来，也就是把产品给顾客带来的好处阐释清楚，表达价值，这本身就是营销人必须掌握的一项极为重要的营销工序，是需要坚实的说服智慧与描绘功底的。

但这只是站在你自身的角度来看待价值，当你向顾客阐述完产品价值之后，几乎任何顾客都会紧接着要完成一件必然要完成的事情：验证你所表达的价值是不是真实可靠的！

所以说，让顾客感觉到你的产品价值是真实可靠的，就叫做价值真实感的打造。很显然，打造价值真实感，是构建信任的一个极其重要的环节。只不过，当顾客还没有和你发生第一次成交之前，要让他彻底发自内心地证明你的产品完全是真实可靠的，从严格意义上来讲，这是不可能的事情，因为他根本还没有使用完产品，将来的事情还没有发生！尤其在电子商务的范畴来看，更不可能，因为消费者都无法触摸到产品实物本身！

有人说，先让消费者使用完产品之后，再付款。在我看来，这其实是一个荒唐之举，或者说是一个不切实际的行径。你想想，有几家公司能做到先使用后付款，有没有哪家卖西装的品牌告诉你："本品牌经久耐穿，保证三年不起毛，不褪色，三年后验证真实性了再付款"？

三年后，人家都到哪里去找你？这不是天大的滑稽吗？再比方讲，你有没有见过哪家卖减肥产品的药业公司大肆宣扬："2个月狂减30斤，达到指标之后，再付款。"这更是违背商业交易逻辑的表现。你记住，真正有效的商业交易原则永远都是：一手交钱，一手交货。全世界能成长起来的领袖型企业，没有一个是因允许客户拖延付款而成为大企业的！你所见过的那些纵容客户拖欠债务的人，都是代理商、经销商或者二手商贩，因为他们只是靠一点人情或者叫关系网在拉生意，真正要想让公司总部出货，必须先付钱，这是市场营销的交易准则！

另外，当你不认为一个产品具备真实性，你敢尝试用吗？你即便是在网络上免费赠送减肥产品给那些女士们，她们还害怕吃了得病怎么办？为什么赝品即使免费送，也没多少人愿意接收？因为人们心底只愿为真实价值而买单。可以是高仿品，但不能是赝品！

虽然不能事先让消费者自身完全证明你产品的真实价值，但是，我们可以让顾客感觉到你产品价值的真实存在性，这是完全可以做的。为什么我称之为价值真实感，你就知道这个"感"字的用意。事实上，我们只要让消费者感觉到产品价值是真实的，那么，他就会相信这是真实的，并且还会为这种真实感觉做出行动。从行为心理来看，认识是实践的先导，感知决定行为。

那么，价值真实感到底应该如何打造呢？

要让消费者感知到你产品价值的真实性，必须在他的大脑当中构筑真实的影像，而这个影像的真实必须靠"体验"来托起！

具体说，不管什么产品，不管什么服务，最能描摹出真实影像的一个核心攻心词，也就是体验！并且，我确信一件事，在整个中国汉语词典里，再也找不出第二个词比"体验"更具有真实的说服效应。

如，体验这个词，永远比"使用"这个词要更攻心，杀伤力更显著。何谓体验？顾名思义，体会验证真实感就叫体验，也就是说，体验本身就是对真实感觉的直接形容，给人的感觉仿佛就是你正在享受这个过程。而使用只是一个平实的动词，并没有体会"真实"的感情色彩。

我们不妨简单地设想一下：

假如有一天你问一位朋友是否去过欢乐谷，他比较平和地回答道："我去过呀，那里很多项目我都玩过，还蛮有意思的。"

然后你再问另外一位朋友同样的问题，得到了如下的回答："欢乐谷？你还别说，那里的项目很刺激很惊险啊，尤其是那里的极速飙车、俯海蹦极，真是让我亲身体验了一回什么叫做惊心动魄，直到现在，一想到那次在欢乐谷的体验，我还心有余悸。"

你会更相信哪位朋友的真实经历？毫无疑问，我相信你一定会认为第二位朋友的回答更真实。你之所以会不自觉认为第二位朋友较第一位朋友更具真实性，因为他是体验过了某些项目，并且也体验到了某些感觉。而第一位朋友所回答的"去过"，"玩过"，只不过是"使用过"。

因此，你必须要明白，有体验才能描绘真实的感受，有体验才能传达信任的感觉。进一步说，当你向顾客描绘一个产品的价值时，如若能把自己的亲身体验也流淌出来，那样会直接流入顾客的心田，让人无法抗拒，因为单单"体验"这个词本身就已经是一个超强的营销心法标签与符号，它能自发地降伏人们对真实感的抵抗情绪。更不用说体验的过程及体验的感受了。

对于能触摸到这一点的互联网商家而言，他们就深深地明白，"体验"的威力大于"使用"的威力，于是乎，"亲身体验"便成了打造价值真实感的一个最有杀伤力的攻心词。

根据这个根本的思维通道，于是，价值真实感的打造就出现了三种途径，如果你将以下这三种途径运用得恰到好处，那么价值真实感就会在消费者的眼中呈现得合情合理，难以抗拒。

价值真实感第一途径：展现真人体验报告。

在实体店，当一位女士踏入一家化妆品超市，面对琳琅满目的产品，她会不知所措，她会纠结许久，因为她无法确定哪种产品是真正有效的。在这种情况下，如若有一家店有一位非凡的销售员当着她的面直接体验给她看，并且把各级步骤所产生的体验结果用相关的道具精确测试出来，不仅仅如此，当销售员体验完之后，还请该女士亲自来体验，同样测试出相应的效果记录，这种成交率会不会很高？答案是不言而喻了，一定非常高！你记住：没有人会抗拒体验出来的真实。

事实上，从整个过程来看，消费者就是在验证一件事，叫做眼见为实！具体说就是，她最想看到整个体验过程的发生景象，以及体验效果的出现！

在网络上，这种真实情况是很难实现的。因为网店是一个虚拟店，你根本进不去那个店。但网络上可以通过图片、视频和文字等建立真实的真人体验镜像，这里面的主角就是真人！具体来说，也就是把整个过程体验给网络消费者看，并把每个环节体验的结果给他们看。而这整个打造价值真实感的过程，我称之为展现真人体验报告。

微博上流传着反映实事求是的经典流行语，叫做有图有真相。如果用在电子商务营销上，用图片直接展现体验过程，你就能构建价值真实感。

如百雀羚化妆品就是用一个女孩的图片示意过程，来赢得消费者信任的。意外之意，是这个小女孩在把百雀羚这个产品的效果一步一步体验给你看，意在让你感觉到这个产品的品质是真实可靠的。

既然有图有真相的话，那么有视频一定会产生更高一级的真实。因此，除了采用图片的形式来展现真人体验之外，还可以用视频来展现真人体验过程，也就是说，以视频的形式把一个人体验某产品的过程，尤其是把该产品给人带来的好处与变化，都一一彰显出来，如此一来，更容易构建让人难以抗拒的真实感。

毕竟图片展现的只是一个个静态的画面，而视频展现的是动态的体验过程！从佛教提倡的"六根"即眼、耳、鼻、舌、身、意来看的话，视频可以让消费者从眼、耳、意这三根来体验到产品的价值。因此，视频会比图片更具有说服力！

爱仕达家用电器在做电子商务营销时，就深深地意识到用视频构建价值的重要性。爱仕达在天猫商城销售它的一款名叫火龙眼健康炒锅时，为了突出其所宣扬的"无油烟不粘锅"的产品卖点，首先呈现在其产品介绍页面的内容并不是说服型文字，而是一个长达8分钟的视频！

展示视频的主旨内容是什么？很明确，那就是展现真人体验过程，目的就是打造价值真实感！为什么要在其产品介绍页面的一开始就做这么一个举措？因为它要在第一时间内降伏消费者，消费者的第一想法就是想确认这个产品的价值是否如商家所说："你不是说这个产品在使用时无油烟不粘锅吗，真是这样吗？"这是消费者内心的潜在问话，那么商家应该响应这个问题，直接给出回答："让我来亲自体验给你看！"

假如你的公司是卖软件的，为了向消费者证实软件的各项功能指标（如生成速度），那么，你只需要安排一个人来操作，并且在幻灯片大屏幕上显示出结果，并且把生成的时间都明显地统计出来，这就是真人体验报告的视频展示。

乔布斯在每次新的产品发布会上，当他讲完产品的若干个要点之后，他一定会亲自体验示范给现场的观众看，并且会把操作的全部流程，尤其会把超越竞争对手的各项性能指标都在幻灯片的大屏幕上和盘托出，让观众们一目了然，甚至是发出心悦诚服的感叹："哇，这个产品太强大了，真是酷毙了！"就这样先把现场的发布会视频拍摄下来，然后再由一级经销商把这个视频传达给下级经销商，当下级经销商看到乔布斯现场体验，自然容易感受到真实。

这里，我想特别提醒你注意的是，在你拍摄视频时，必须要把人和产品都摄入进去，甚至要尽可能多地把这两者捕捉到同一个镜头当中去，目的就是为了体验。如何才能叫做体验？有人才有体验！换句话说，只要人没有出现，都不叫体验！为什么我称之为"真人体验报告"而不是"体验报告"？核心原理就在这里，因为产品必须是人来体验，消费者和视频中的人一样，都是体验产品的主角，这是构建"真人体验报告"的核心。大道至简，但非常遗憾的是，这也是绝大部分做视频营销人所犯的严重过失。

为什么无数人做视频营销都难以获得令人欣慰的结果？如果要通过视频为你的营销带来显著的效果，其表现内容只有两大要旨：第一，传递一个印象，让消费者持续地对你的品牌产生诉求记忆；第二，建立价值真实感。事实上，大多数的商家在做视频营销时都脱离了这两大核心要旨，而去传播一些对消费者而言无关紧要的信息，最终既无法刷新消费者的记忆，又无法赢得消费者的信任。

总而言之，无论是视频形式，还是图片形式的价值展现方式，你一定要牢牢抓住这一个核心关键词——真人体验，具体在营销表现内容上，它必须要包括三层基本要素：真人，体验过程以及体验结果。当你着手去这么做了，你会发现营销效果必然会大有增长，因为绝大部分的顾客，都很难抗拒真人体验的威力。

价值真实感打造第二途径：描绘可预见的体验状态和结果。

为什么叫做可预见的体验状态和结果？显而易见，既然是可预见，就说明描绘的不是现在，而是将来，因为顾客一开始还只是通过网站或广告看到了你的产品资讯，成交尚未发生，货也尚未收到，事实上，你的目的就是通过打造价值真实感来成交顾客，所以，对你自身而言，真正的体验其实尚未发生。

那么，既然消费者的体验尚未发生，为何又可以让他感觉到你产品的价值具备真实性呢？玄机恰好就在"可预见的体验"这六个字！这是我创造的一个营销新词。具体来说，就是你能把消费者将要（购买产品后）体验到的具体状态和具体结果提前预见出来，那么当消费者看到这个预见后，就会自发地在他的大脑中生成真实的影像。这种可预见性的体验，我又称之为"将来完成时"营销理念！

事实上，这种价值真实感的生成，是基于消费者的意识和潜意识共同作用的结果。从意识上的层面来讲，消费者会认为，既然你能把体验时所呈现的具体状态和结果清晰地描绘出来，那一定是因为曾经有人体验过了，并且达到了同样的状态和同样的结果，因此，你的大脑中才有了这种价值生成的"原型"，然后你才有底气把这种原型表达出来告诉其他未购买的消费者，于是乎，尚未购买的消费者会因此而感觉你的产品具备真实的价值！

反过来说，倘若你不能把消费者将来体验到的具体状态和结果预见出来，那么，很显然，就说明还没有人体验到该产品的具体价值，所以你高谈阔论你产品的好处，在消费者看来就是哗众取宠，或者只能是泛泛而谈，经不起推敲。因此，消费者无法从主观意识上感觉到你的真实性！

而领袖型的企业在做营销时，就特别擅长把这种可预见的体验画面描绘得身临其境。

膜法世家是一家迅速在互联网上崛起的电商企业，其品牌地位及其号召力在面膜这个大领域绝对堪称是一个强大而领先的门派，甚至在整个互联网化妆品行业都牢牢掌控着一席之地，仅仅在其入驻的天猫商城上，膜法世家的销量就迅猛地冲到了30多万件。膜法世家之所以能在电商行业获得如此不菲的成就，因为它不仅开创了一种全新的基于皮肤反垃圾理念的绿豆面膜，然后把这款产品的"可预见体验"描绘得身临其境。让消费者还没有使用就已经感受到那无法抗拒的真实。

让我们一起来具体看一下，膜法世家是到底怎么在其产品介绍页面上描绘这种"可预见体验"的？

在描绘到这个部分时，首先就是一句心法式的标题："新鲜体验难以抗拒"，直接就用文字把真实感与真实感带来的直接效果给引出来了。还记得我一开始就说过，"体验"二字本身就具备"难以抗拒"的心法威力吗？

然后用一系列连贯性的使用步骤向顾客展示一个身临其境的体验过程。官方之所以如此描绘，言外之意就是告诉你，当你体验时，也就是这个过程，只是在这里，把这个画面提前实现。

还没完，后面还有更加生动、更加可以预见到的体验结果：

第一天使用后，皮肤明显清洁干净，暗沉一扫而光；第三天使用后，肌肤细致清透，透明度大大提升；第七天使用后，以往大油田、黑头鼻、黑脸的囧相全然消失，肌肤焕然一新！你看到镜子里"新鲜"的自己吗？

7天，给你新鲜的自己

第1天：迅速净化！
第一天使用后，皮肤明显清洁干净，暗沉一扫而光！

第3天：细致清透！
第二次使用后，肌肤细致清透，透明度大大提升！

第7天：焕然一新！
第三次使用后，以往大油田、黑头鼻、黑脸的囧相全然消失，肌肤焕然一新！你看到镜子里"新鲜"的自己吗？

这最后一句是怎么说的？"你看到镜子里'新鲜'的自己吗？"当看到这句话，你会有什么感受？消费者会有什么感受？千万别认为这句话很通俗，很简单！很明显，这就是我前面所说的"将来完成时"的句式，重点是他已经完全把这其中体验的人假想成你（消费者）自己了，而事实上，当你联想这整个体验过程，你本身已经把自己当成其中的体验者了，并且在你的脑海当中已经把"新鲜的自己"这个体验结果不知不觉地移到了自己的身上，仿佛已经发生。因此，你根本没有杂念再去思考这种效果是假的，因为"真实的体验画面"已经在你的思维意识中发生了，触手可及，这，就是身临其境的威力！

因此，请针对你的产品和服务，当你给你的消费者阐明一个或多个好处以后，为了使得他们相信你的产品能够真真正正给他们带来这些好处，你需要向他们描绘出，当他们使用你的产品时，将会体验到哪些具体的感受和效果。常用的描绘逻辑就是：使用第几天，会发生哪些变化或者使用到产品的某个环节、某个步骤，消费者会亲身体验到哪些相应的感受、效果和变化。

也就是说，把消费者将要体验到的清晰画面，提前设想出来，也就是，你能预见到，然后在他们的大脑当中放映一遍，二遍，三遍……他们就会不知不觉地认为你的产品应该具备真实的，值得信任的价值！

这就是打造价值真实感的第二大途径：描绘可预见的体验状态和体验结果。接下来，让我们再继续来学习一个极为重要的打造价值真实感的高效途径。

价值真实感打造的第三大途径：持续揭示老顾客的真实体验与感受。

作为商家，作为企业家，你在持续不断地通过广告，通过互联网等各种媒介向众多的潜在顾客传达你产品的价值，消费者面临着是否要接收你的讯息。很显然，沟通双方在价值的立场上，一开始是很难一拍即合的，一个是卖方，一个是买方。

什么叫价值？简言之，价值就是给人带来的好处。你说你的产品有价值，那么，也就是说，有没有人已经从你的产品当中体验到好处了呢？换句话说，你能不能找到现在的案例来着实地照应你的价值？这是消费者对真实价值的一个显而易见的评判方式，因此，可以把买方与卖方连接到同一价值立场上的人，不外乎一种关键人物——体验过产品的老顾客。

消费者和老顾客都是买方，在利益上，很明显是同一立场，因为都是买价值。而老顾客是已经和商家发生过关系的人，他已经体验过了，所以，他终于能和商家一样，认识到产品的价值了，所以说，体验过的人才有真正的话语权！

也就是说，消费者对产品价值真实度的认知，在很大程度上都会参照老顾客的话语权。因此，老顾客对产品的体验过程及体验感受，对构建产品价值真实感起着举足轻重的作用。

事实上，很多商家也都明白这一点，明白老顾客的价值，但很大多数人都只是蜻蜓点水，没有深入贴切地发挥这个策略的效用！同样是老顾客的说法，为什么你会发现，有些说法更能触动你，有些说法你总感觉不那么真，从而导致成交结果大有不同！

让老顾客现身说法，是不是让老顾客给你的店铺打个高分？是不是让老顾客给你作个推荐？是不是邀请老顾客对你的产品大赞佳词？或者把掌柜抬举一番："这店的老板真好"？凡是采取这些举措来构建价值真实感的商家，都是走了皮毛，或者说根本还没进入角色！

大多数人之所以还不能在"老顾客"这个角度上打造强大的、不可抗拒的真实感，根本原因还是他们没有深入地体会到"体验"这个词的切实意义。事实上，在本章的整个篇幅，我都在围绕一个核心在阐述，即构建价值真实感的核心，就两个字——体验！

你记住，只要是体验式的说法，必须是体验者发自肺腑地流露他赞同的言行举止及感受！根据这个核心思想，你在利用老顾客构建价值真实感的时候，必须注意以下三点：

第一，老顾客必须是为自己而说，而不是为你而说，要做到老顾客心中无你，即无商家。凡是为商家而说，都不叫体验，而叫捧场。而捧场式的说法，势必会让真实感扭曲。

第二，老顾客必须记录自己的体验过程，抒发自己的体验感受。具体说，也就是他今天使用了什么，明天用了什么，是怎么用的，然后在体验的过程中，有哪些感受。没有体验过程和感受，不足以表现出真实，换句话说，没有过程和感受，根本也不能叫做体验。

第三，老顾客必须把体验之后所带来的效果，即他身心所产生的变化给吐露出来。所谓价值真实感，如果没有了价值，真实也会失去意义。体验的终极目的，还是为了感受产品给人的生活带来的改善。

当你明白这些本质性的要点，然后不断地更新老顾客的体验案例，铁定会持续地为你的产品和品牌增添信任度与真实感。

另外，在用老顾客构建体验真实感时，还有一个极具心法力量的关键词——真情告白！想必，这个词你应该有见到过，如类似"无数美容达人们的真情告白"这样的描绘标题。为什么真情告白对顾客能产生咒语般的降伏力？原因非常简单，因为，在消费者看来，真情告白就是体验产品之后所吐露的真心话，是完全以自身的口吻来说的。换句话说，没有真正体验过的人，是不可能有真情告白的。

如这样的标题,"一位温州亿万富豪的真情告白",那么这样标题所要表达的内容,极有可能是这位富豪的自述:他是如何通过经商,一步一步成为亿万富豪。因此,读者就会自发地认为,这是一位富豪在讲自己的故事,发表自己的经历与体验,抒发自己的感受。而不会是泛泛而谈的官方语言,也再不是那些催人奋进但又枯燥乏味的成功学理论。因此,"真情告白"更容易吸引人阅读,吸引人点击,更重要的是,这个词以及它所引出的内容,更容易让人觉得真实,让人相信!

如卖减肥产品,如果你想让你的老顾客现身说法,为你的产品打造价值真实感的话。不要再用那些"客户见证"等千篇一律的标题文字,因为客户见证和客户体验在营销上会产生截然不同的效果。很明显,见证是为你(商家)作见证,也就是想尽一切措辞来给商家证明产品有多好,说到底还是侧重站在商家的角度来表达。而"真情告白"一定是自己的体验,至少,消费者从"语感"和"语境"上就是这么来理解这个词的含义的!

因此,运用"真情告白"这个词来做引子,势必会产生不同凡响的杀伤力。如我来为减肥产品拟定一个这样的标题——"一位60岁减肥大妈的真情告白",然后用一个视频或者以文字的形式,围绕老顾客构建真实感的三大核心要旨把他自己的真实体验情况清晰明了地表达出来,一定会让你产品所宣扬的价值真实度与震撼度成倍地增加,甚至无法抗拒!

当然,作为老顾客体验讯息的引出词,除了"真情告白"这个攻心词之外,还有一个同样具备真实说服力的攻心词——"自述"。自述这个词之所以具备很纯粹的真实感,是因为任何人都能在顷刻间明白的它的含义,以自己的角度,来讲述自己亲身体验到的过程、感受和心得!这就叫自述!

中国有一位极具传奇色彩的企业家,为什么说他传奇呢?因为在众多业内人士的眼里,他是一位能把"糖水"式的保健品卖出上百亿资产的先驱式人物,可想而知,此人的营销智慧绝非等闲。还不仅仅是保健品,这位企业家还能把网游和银行等诸多产业操盘成上市公司,他就是巨人集团创始人——史玉柱。

因为在商业领域铸成了辉煌而卓越的成就，史玉柱受到了众多企业家及营销大师的崇拜，甚至招致一部分商海人士的羡慕忌妒恨，因此，很多人都想学到他的营销真传以及商业智慧，坦白地说，我本人也非常欣赏史玉柱先生的商业智慧，尤其是他那从中国本土国情所实践出来的营销之道。

在今年的六月一号，市场上推出了一本营销著作《史玉柱自述：我的营销心得》，这本书一经推出，一时间在市场上泛起壮阔波澜，在短短几个月内，畅销上百万册！事实上，这本书的原著不是史玉柱本人，而是优米网。而优米网之所以成为原著，目的就是想要凭借本书的影响来拉动其网站核心产品（具体说就是VIP课程）的销售。

这些都不是重点，重点是，为什么这本书会产生如此惊人的销量？因为他们懂得并运用了"自述"的威力。

在我看来，优米网的主创人员，都是营销高手，甚至其编辑也是营销型编辑，直接把"自述"二字放到了书名当中。所以说，"自述"这两个字，在本书的售卖中，占了很大的分量。我跟你保证，如果书名当中没有"自述"两个字，那么这本书的销量一定会大打折扣，事实也证明如此，你有发现以前写史玉柱的书籍有如此畅销的吗？答案是没有！为什么会没有？因为以前不是史玉柱"自述"，不是"自述"的书，就一定没有那么纯正而强大的价值真实感，原理就是这么简单！

在这本"自述"的一开始，史玉柱就很坦率地承认，营销到底是个什么具体的概念，他也说不清楚，他就专注地讲他自己卖脑白金的实践经历，讲自己的亲身体验、感想和心得，没有任何修饰，这种体验够真实吧！正如柳传志为史玉柱的自述所写的推荐语一样："玉柱的自述有两个特点：一是真情实感，毫无矫揉造作；二是一边打仗，一边总结出来的。不是从商学院趸来卖的。也就是说，玉柱是写菜谱的人，而不是只会按菜谱做菜的厨子。"

所以说，"自述"本来就是体现"真实"的一个重要标志！

事实上，真情告白和自述这两个词，本来就是"体验"的直接写照，说得再彻底一些，"真情告白"和"自述"都脱胎于"体验"，没有体验，岂能有真情告白？没有体验，哪来自述？而"体验"本身就代表真实。因此，我可以说，"真情告白"和"自述"具备强大而无法抗拒的真实感。

因此，让老顾客来现身说法，为你的产品打造无法抗拒的真实感，最明智的表现手法，就是让他们来"真情告白"，让他们来"自述"，如"顾客张三的自述"一定比"顾客张三的见证"要有真实感，即更具备说服力。

为了让顾客的真情告白和自述产生更加强大的攻心力，你还可以专门开设一个模块，来陈设成批顾客的真心话！命个名叫做真情告白留言版！以视频的形式或者以写日志的形式，来留下他们体验你产品的感受。

日本知名化妆品品牌 DHC 当年在打入中国市场时，特地为推广自己品牌制作了一本杂志，当顾客免费领取了体验套装，他们就会随同套装一并邮寄给顾客。如果顾客能把自己的体验感受与心得写好，并贴在杂志的"真情告白"专栏，那么，该顾客还会获得一个免费的礼品。就这样，DHC 通过这种方式收集到的"老顾客的真情告白"与日俱增，换句话说，随着时间的推移，DHC 杂志上所呈现的"真情告别"也就越来越多，浩浩荡荡，令新顾客叹为观止，从而使得这个品牌的价值真实感就越来越强！

你完全可以在自己的网站或者网店里，开设一个专栏叫"真情告白"，或者叫"老顾客自述"，你的任务就是让这个专栏的内容日积月累，日日更新！你还完全可以直接在公司的客户接待大厅，安装一个比较大气的液晶荧幕，用来专门播放老顾客的真情告白和自述，全天候不停息地播放，让等待着的客户一边喝茶，一边自然而然地就看到这个，这样的结果就是，顾客还没有正式打算跟你做生意，他心中的那片疑云就已经消失了一大半！

换句话说，当新顾客通过感官重复不断地接收到老顾客体验后所发出的肺腑之言，那么这些肺腑之言便成了商家所释放出来的营销"心法"，而心法的威力在于，它会让顾客自动被降伏。

如此一来，你产品的信任度就会与日俱增，你公司品牌的口碑力就会不断得到加持！

是的，价值真实感，完全可以由众多老顾客的体验反馈而铸成。老顾客的体验心声,是你构建价值真实感的一大杀手锏途径,不管在哪个时代,哪个行业,哪种营销渠道,它都会行之有效!

谈到此处,构建价值真实感的三大核心途径就已经跟你述说完毕,我希望你能认真地领会,理解,更重要的是,务必要在自己的公司、项目中践行。因为,这三大途径是你赢得消费者信任的最有效的表现武器,但凡营销领袖,都会把这三大武器发挥得淋漓尽致,如果没有使用这三大武器的力量,消费者对你的信任就会变得迟钝,进一步说,消费者跟你发生成交关系的效率就会变得怠慢,变得落后。

因为,信任是打开消费者接受心理的第一把密钥,信任是能照进任何消费者"接收心理"的第一道曙光,信任是营销领袖引人接收的一种不可或缺的心法力量,这是你必须永记于心的人性法则与营销纲要!

细致——情真意切的极致性描绘手法

早在十年前,江湖上就流传着一句经典的至理名言,叫作细节决定成败。我记得,在刚开始兴起的那一时间段内,这句话几乎成了人们做任何事情所要参照的一个不可或缺的指导思想,尤其体现在中国的商场或职场上。

可后来,随着一些学者的介入和一些思想家的辩驳,尤其是无数实践家的佐证,这个观点在人们的心中得到了一些揣测和改写,有人认为细节的确是可以决定成败,而也有人认为细节未必能决定成败,一时众说纷纭。

那么,细节到底是不是真的能决定成败呢?

我本来也不太想为这个"决定"二字去较劲,因为很明显,泛泛而谈的话,这个观点显然是不成立的,假如说细节决定成败,那细节的另一面——核心,又决定什么呢?难道细节比核心还重要?

其实,我最关心的不是从理性上来分析这句话的严密性,而是某一个观点是不是对人们的某一方面有帮助,或者说如何对人们有帮助。因此,在这里,我不是来抨击汪中求先生的这句名言,也不是要为这个观点正名。但是,我想如何可以让人们更愿意去接收"细节决定成败"这个观点,更能让"细节"

如何有效为你自己所用。

在我看来，只需要简单作一个两部划分，就能让你彻底认清楚"细节决定成败"到底是怎么一回事。

这两部，一个是台前，另一个就是幕后！

凡是处于幕后的事情，如果说细节决定成败的话，势必就显得绝对化了。什么叫幕后？就是只是你自己用来运作的道术与方法论，而这些是别人看不到的事情。换句话说，你不是用来现场直播展现给别人看的事情，这就叫幕后。

比如说，你经营一个公司，你根本没有把你经营公司的各级步骤详细的拟定出来，只是在大脑里把一些重点的运营路线和方针给筹划出来了，但你的公司依然在赚钱，在发展，好端端地活着，因为你的总方向是正确的。有没有这样的公司？有很多！而这些潜藏在你心中的路线跟方针，你要不要写一个具体而细致的运作方案给客户看？显然是不需要，这就是幕后！能轻易看懂海底捞经营理念的有几人？海底捞有没有把幕后的经营方针、策略与细节向全体员工袒露？海底捞没有这么慷慨的"细节"吧！

对于幕后这个词的定义，最原始的来源大概就是节目彩排了，任何一个节目，在开演前一定会经过彩排这个步骤，彩排是典型的幕后吧！假如一帮舞蹈演员在幕后排练时，每个人的着装打扮很随意，但他们动作很整齐，步调也是绝对的协调，个个精神饱满，当他们正式在观众面前表演时，你能说这个舞蹈节目会失败吗？等正式表演时，再统一换上那时尚而惊艳的着装，不照样光彩照人吗？难道整体装扮换了后，整体舞姿就变了吗？

什么叫台前？台前就是你直接表现出来的东西。表现出来干什么？表现出来给别人看。你想想，既然表现出来是给别人看，你不想表达得更准确、更精致、更生动吗？台前的细节有着非同凡响的重要性。

也许，台前的表现，我想，用"细致"会比用"细节"更贴切，因为细致可以是具体针对某一个环节上的表达和描绘。

是的，台前的细致，真的会显现出不可计量的影响力。因为，只有细致的东西，才能在人的脑海里生成一个具象的画面，让人浮想联翩，从而留下生动而深刻的记忆!

另外,细致的东西之所以更容易令人接收,是因为人们认为细致能体现真实。你发现,一个称职的媒体编辑在报道一则新闻时,一定会用细致入微的语言来叙述整个新闻的来龙去脉,因为他知道,如果新闻不报道细节,读者会怀疑新闻的真实性。

事实上,不管人与人之间的沟通上,还是营销资讯的传播,语言表达等这些都是台前的典型体现,这些是直接要呈现给别人看的,当人们把焦点直接凝聚到你所表达的对象上时,细节会成为他是否愿意接收的一个重要的标志。具体来说,细节会让沟通更有效,细节的表现一定会让你的营销更成功,细致会让语言的力量锦上添花,细致甚至会深度的影响你表达力与表现力的成败!

可以进一步这么说,人们对越细致的东西,就越容易接受。越细致,越让观众痴迷;越细致,越让读者难以忘却。从营销的角度来看:消费者天生就被细致所打动!

为什么同样一个历史故事,人们更愿意听易中天来讲述而不愿意听其他普通人讲呢?因为一般人讲得不够生动,不够细致,所以你很难产生聆听的兴趣。你要听过百家讲坛,你会知道,易中天老师可以通过各种语调、手势、表情、神态把人物的故事讲述得精彩纷呈,几乎已经把当时的人物活生生地重现在你面前,把当时的场面身临其境地呈现的你眼前,这种细致的表现,拥有让观众无法抗拒的魅力。

那些有号召力有影响力的影视明星,是不是就靠着天生的所谓的明星范在演艺圈行走?不是,人们所认为的明星范,一开始根本不存在。王宝强有明星范吗?很难回答吧。凡是在演艺圈长期屹立不倒的人,都是靠着表演的实力壮大起来的,而实力往往是靠着他对细致的掌控来铸就他的魅力,从而俘虏观众。周润发一颦一笑都散发着巨大魅力,许文强的角色深入人心二十余年;孙红雷举手投足之间都透露着从容不迫的气度,不仅仅使得余则成这个名字成了《潜伏》的代名词,而且让孙红雷这个名字家喻户晓!表演就看谁能把角色诠释得恰如其分，谁能把细节表现得炉火纯青，谁就能赢得观众的喜爱与痴迷。

狭义上最常见的表达形式，应该是语言表达了，但凡深受读者追捧的小说作者，没有一个不是在扎实打磨他们的语言，而他们打磨的重点，就是对细节的深入刻画。生动细致的语言描绘，是吸引读者对你的作品产生痴迷的一个关键动力。

说到这里，你可能会感觉我在讲表演文学，跟营销有什么关系？我之所以讲这些，无非是想跟你表明细致对人们所产生的吸引力和影响力。千万不可小视，任何表达上的成功，都是营销上的成功，因为吸引、兴趣、影响这些特征本身就是营销表现的基础！

文学作品之所以畅销，是因为其内容本身就已经深深地降伏了读者之心。换句话说，文坛领袖，本身就是人性高手，因为他懂人心，他知道如何表述才能让读者感兴趣。

做营销，轻描淡写，不仅仅是让人觉得枯燥无味，更是让消费者不太容易接收你所说的。同样一件事，同样一个产品，只要你能比别人描绘得细致那么一点点，你赢得消费者亲睐的概率就一定会大很多！

是的，细致可以激发消费者的兴趣，可以更容易触动人们的心弦，可以让人更加愿意接收你的资讯，细致可以直接提高产品的成交力！

既然细致的描绘对营销有着巨大的促进作用，那么，细致化的体现会不会很难？是不是需要成为文学大师才能表达细致？答案是不需要！因为你是在营销你的产品，不是卖书，不是让你成为作家来写文章，你只需要学会以下三种杀手锏策略，你也能轻而易举地做好细致化表达和细致化营销。因为以下三种策略确实是我多年以来实践经验的总结，绝对行之有效。

第一种描绘手法：词彩化细致

词彩化，这是我创造的一个概念。简单说，就是用一些有攻心力量的词语把一句语言情感色彩化，以便使原来的语言释放出更多的生机！而通常情况下，这些既有力量又饱含情感色彩的词语基本上都是形容词，因为只有形容词可以直接让表达更细腻、更生动、更有韵味。换句话说，一句话当中如果没有了形容词，势必会变得比较木讷，变得生硬，也就很难打动人，也将难以降伏人。

骆驼商务皮鞋店的营销就富有语言色彩的能动力，因为它对鞋子颜色的描绘都是非同凡响的细致而精湛，一连用了14个颇具攻心力的形容词，岂能不轻易地触及男人们蠢蠢欲动的拥有渴望？除颜色之外，它对产品品质的描绘也是充满别具匠心的细致。

看起来价值不菲吧！事实上也是如此，您可千万别轻视了这只"骆驼"，至少在电子商务领域，它可是绝色超凡，金贵得很，就这个品牌，仅仅在去年双十一节那一天的天猫促销活动上，就斩获了一个亿的巨额销售额，其销售额位居当天参加天猫活动所有品牌的前三强！

实不相瞒，连我本人也是骆驼鞋的顾客，并且是忠实级别的，去年的"那一天"，我一口气买了三双，到现在依然还好端端的穿着呢！因为我还真觉得我穿起来，能让我本人流露出尊贵的气质和潇洒的风范！

再如，著名棉麻品牌茵曼连衣裙，每一个中心词的前面都有一个饱含深度意味的形容在修饰。

因此，要想让一句话突出更加细腻的吸引力，你一定要懂得用形容词去修饰你所要表达的中心词，只要运用得体，结果往往就是，你所使用的形容词本身越攻心，越饱含力量，整体语句就越富有营销力，这一定是成正比的关系！不一定只是产品营销，只要是语言表达，形容词"词彩化"的细致策略都会让语句本身的能量锦上添花，甚至产生突破性的影响力量。

且看一个简单一点的语句表达吧。"我爱你"这句话够简单吧！假如你对一位爱慕已久的姑娘说"我爱你"这仨字的话，通常情况下，都难以收到一个较为深刻的反应，因为这句话实在显得有点平淡无奇，没有什么情感张力！

你可能会想，如果此时用"非常"两字来修饰"爱"，变成"我非常爱你"会不会深刻一些？那么，我只能说这还是有些俗气，其实"非常"是个程度副词，而不是形容词，因此说，"非常"二字不具备实质意义上的攻心力。

但我们完全可以用"非常"这个程度副词来修饰一个饱含攻心力的形容词，如在"非常"后面加上"顽固地"，那么，原句就会产生截然不同的语言效果！

当年沈从文在学校追求张兆和时，表达爱意的第一句话就是："我非常顽固地爱你。"为什么要用"顽固"？为了表示他的执着和程度之深，绝对会顿时在她的心中荡起波澜。

虽然起先张兆和以"我非常顽固地拒绝你"回答了沈从文，但事实上，这种形容词的描绘方式，已经产生了"细致化"的响应，因为，张兆和也紧接着用了"顽固"二字，这是受了沈从文语言的直接影响！

并且，从那以后，张兆和对沈从文记忆深刻，哪怕是一开始很不愿意接受沈先生。要知道，当时张兆和的追求者可是成群结队的，因为不仅她本人长得清秀明媚，才貌双全，而且她的亲姐妹也是同样的出色。在我看来，张氏三姐妹仅次于民国时期的宋氏三姐妹！

但正因为沈从文的这种"顽固地"爱，最后还是让他得逞了，如愿以偿地与张兆和结为连理，成为结发夫妻，一直走到人生的尽头。

所以你就知道，在"我非常顽固地爱你"这句话当中，其实是"顽固地"这个形容词让爱的情感色彩更生动，更细致化了。

关于形容词词彩化的细致化表达，我想再给你传授一个更有杀伤力的描绘手法——叠加式细致法。如果你想让你的语言表达出富有成倍力量的细致化效果，如果你想深层次地触动消费者的心智，叠加式细致法可以帮你实现！

这也是我常用的一个杀手锏细致策略，具体说就是连续采用多个形容词来修饰同一个主体词，我的经验告诉我，采用2—4个形容词最有震撼力！

如："那是一位才华洋溢、温柔似水、重情重义的蒙古族姑娘，那一年，她刚好18岁……"；如果拿掉其中一个形容词，这位姑娘在读者眼中的吸引力相对来讲就会削减一分，而当这三个形容词并驾齐驱，同时来修饰这位姑娘，势必会让无数的先生顿时心生倾慕之情；或者再说得直白一点，会让很多男士立刻产生"想要追求"的渴望，巴不得小说中的这位小姑娘能突然间跃然纸上。

如："如果你想更轻松、更简单、更有效、更系统地运营好你现在的公司，那么周韦廷老师的《领袖组织思想》可以迅速、彻底、低成本地帮助你实现这个愿望！"如果把前面四个和后面三个形容词全部拿掉，会不会影响整个句子的流畅度和通顺度？一点也不会！但有这七个形容词的出现，整句话就会迸发出震撼性营销能量！

第二种描绘手法：数字化细致

当同一个事件既可以定性表述又可以定量表述时，人们更关注的一定是定量的表述结果，因为定量更加具体化，更加真实化，也就是更有说服力，而数字是定量的最核心、最直接的表现符号和工具！

一个公司的CFO最关心的不是这个季度的总体盈亏情况，而是财务报表上的体现收入与支出的各项指标，那些用具体数值来衡量的收支指标，是最让CFO以及董事长所敏感的！于营销而言，能让顾客倾心关注的也是那些被量化了的数值。你说你的产品销量大，那到底有多大？你说你的产品质量与服务胜过别家，那到底是如何胜过别家的？而数字可以直接把这种具体的程度给彰显出来，从而让消费者折服！

如柏卡姿全网销量2 825 632件，被评价185 477次，这个品牌就是这样用数字来体现其巨大的销量和人气的！

数字的力量到底有多么神奇？

我可以斗胆地说，中国人算是被数字俘虏了。换句话说，数字对中国人有着无法抗拒的吸引力，因为我们生活中所有的关系（不仅仅是商业交易）一旦发生或者即将发生，后面一定会跟上两个问题型的核心关键词，一个是"多少"，另一个是"何时"，而"多少"和"何时"几乎包含了人与人发生关系之后，心中所想知道的99%的疑问！而由这两个关键词所引发的疑问，必须用数字来解答，没有其他任何回答的方式！

顾客问产品的价格，只要一问，必定会问"多少钱"；"你买房子吗？""买了。""多少钱一平方米啊!""你公司多少人?"(他要能想跟你发生"合作"的关系)。如,风险投资最想问创业者:"你的店一年多少营业额?"(他可能想投资你)。如,你坐在高铁上,你一定关心的是:还有多久才能到?即使他们说很快就到了,你心里都一定还想问:"还有几分钟啊?"播音员所报出的剩余时间,是你最关心的信息。

在餐馆,你:"菜怎么还没上啊?"服务员:"马上就上了!"通常情况下,你都会继续接上一句话:"马上是多久啊,十分钟能上吗?"妻子问丈夫:"我想去威尼斯旅游?"丈夫:"可以啊!"(说明这件事情将会发生)妻子:"那,什么时候去啊?"

你看看,要么是在问"多少",要么是在问"何时"。

你发现,生活中林林总总的疑问,都必须用数字来满足!换句话说,你心中就期待知晓那个数字!而大多数情况下,这种期待都是热切的,甚至蠢蠢欲动的⋯⋯

2012年11月11日,是中国电子商务获得戏剧性爆发的一次重大转弯,那一天,在杭州阿里巴巴总部上演了一出令全世界华人都为之震惊的真实商业纪录片,淘宝和天猫总交易金额达191亿!

当大家都在争相揣测最后的交易总额时,在当天的24:00的这一刻,当宣布了最后的数字——191亿后,大家都傻眼了,因为这是一个令众人都始料未及的数字,第二天,这个"191"引发了媒体界的暴风骤雨,在中国的商海,一石激起千层浪,成为网络话题的引线。

绝不仅仅是这最后的191亿令人震惊,还有很多饱含悬念的关键数字,同样让人渴望被揭秘。

事实上,当天除了阿里巴巴自己的员工之外,还有一群精英式的中国本土企业家也齐聚在杭州阿里巴巴总部来现场见证那一天的真实商业历程,包括刘永好、史玉柱等知名商业领袖都被吸引过来看好戏,他们就坐在大厅里等,等什么?别无其他,就等荧屏上数字的变化,因为荧屏上数字每变化一次,他们心里就立刻又会出现一个新的期望值,然后再继续等下一个数字,尤其是一些代表关键性标志的数字，如：第一个十分钟内有多少订单，第一个一千万什么时间内完成，什么时间段内达到一百亿等。

换句话说，除了纯消费者外，当天所有只要跟商业有一点关系的业内人士，不管是大佬还是平民，一定有一个共同而且极为重要的关注焦点——数字。那一天，作为见证这个奇迹的重要一员，我彻夜未眠，我为这些将要出现的数字所期待，为这些已经出现的数字激动，直到第二天，阿里巴巴为了满足大家的好奇心，当然也是为了宣扬自己的成就，索性专程做了个时间—数字图表，在那个图表上完整、如实地展示了数字的全体动态变化讯息，这个详细的数字图表，又一次引发了互联网的哗然感慨。

让我们重温一遍这些疯狂的数字曾经带给我们的震惊吧，下面这些以特殊时间点为导航的文字信息来自于天猫官方微博的公布结果：

00：01　第一分钟超过 1000 万人涌入天猫；

00：10　10 分钟，支付宝总交易额 2 亿 5000 万；

00：23　3 家店铺成交额突破 1000 万；

00：37　第 37 分钟，支付宝总销售额超 10 亿；

00：70　70 分钟，支付宝总销售额超 20 亿；

02：19　2 小时 19 分，支付宝总销售额超 33.7 亿，超过去年双十一全天

08：00　8 时，53 家店铺支付宝成交额突破千万，销量超 4000 万 1 家，销量超 3000 万 9 家，超过 634 家店铺支付宝成交额突破百万；

08：16　8 小时 16 分，支付宝总销售额达 50 亿；

10：00　支付宝交易额省份排名前 10：浙江，广东，江苏，上海，北京，四川，山东，湖南，湖北，福建；

11：18　11 时 18 分，支付宝总销售额 79 亿，超越去年美国"网络星期一"，12.51 美元，约 78 亿人民币；

12：00　12 时，109 家店铺支付宝成交过千万，销量超 6000 万 2 家，销量超 5000 万 3 家；

13：38　13 时 18 分，历史性时刻 100 亿；

15：00　15时，天猫商城店铺销量超8000万1家，销量超7000万1家，销量超6000万3家，销量超5000万6家；

18：47　18时47分，杰克琼斯天猫官方旗舰店支付宝交易额破亿元；

24：00　支付宝总销售额191亿。

看看这一段公示的文字当中，有多少数字？

请问，如此气势磅礴的数字，能为你公司的销售目标作一次有力的动员吗？

事实摆在眼前，也刻在心里，中国人对数字的确有着天生的迷恋情结，不管你的表述是生动还是枯燥，一旦有数字出现，这些数字就会抢先跳到消费者的眼帘，因为数字代表细致！

在你使用数字来表达细致的过程当中，有两个关键点我想提醒你注意。

第一点：纵使是数字表达，也还可以更细致，最细致化程度就是具体到个位数！如每月销出3万件，和每月销出35698件，你更容易接收哪一个？很明显是后者，因为后者更细致！所以说，这两者的效果是不一样的，为什么有些店铺精确到小数点后面的个位数？也是因为它有更加细致的穿透力！

第二点：人们对阿伯数字的敏感度远远胜过汉语数字的敏感度！

你记住，在一个资讯当中，用数字来体现细致程度时，一定要尽可能地使用阿拉伯数字，而不要使用汉语数字。因为，事实证明，阿拉伯数字对顾客的攻心力，远远超过汉语数字。如，37一定比三十七的吸引力要强很多倍！30分钟比半小时更让人察觉敏感，因为从消费者感知来看，30分钟是具象，而半小时是抽象，想必，你应该有无数次这种体验，当你就某个问题去询问别人需多少时间时，如果对方回答半个小时，真实的结果通常都会在真正的半小时上下波动，有可能是26分钟，也有可能是40分钟，如果对方直接回答30分钟，那基本上就是定了！

人们渴望看到数字，人们期待数字化的结果，人们甚至对含有数字的信息抱有景仰之情。数字的力量就是如此的神奇、顽强、不腐不朽！你在做营销时，如果有了数字来做帮衬，其结果一定是锦上添花！

下面，我们再来学习一个相当有效的细致化表现策略。

第三种描绘手法：喻体化细致

我确信，你一定有过这种沟通的经历，那就是，很多时候，当我们费尽心力去阐述完一件事之后，期待对方的回应时，收到的却是那些平淡、镇定甚至无动于衷的回应，而没能让对方有情绪上的起伏，荡起心中的波澜。

你总觉得你表达得够清楚了，没错，你确实表达得很清楚，对方也听懂了，假如你对一个长得很漂亮的女孩说一句赞词——你非常美丽，简简单单五个词足以表达清楚了，非常美丽，这四个词，应该没有人听不懂吧，但对于本身就漂亮的女人，你发现，你这句话说完之后，对方通常都不会有太大的情绪波动，顶多假装客气地回应你一句："哦，是吗？"

其实，从你的话当中，对方根本没有体验到她是怎么美丽的，她只是知道你的意思，但没有深刻感受到。而对方之所以没有深刻感受到，是因为你的表达不够细致。

如果换一个词，再说："你可真是一位国色天香的姑娘！"那效果可就大不一样了！因此，当我们无法直接地描绘我们心中的感受或某一种状态时，用比喻的形式来描绘会更让人容易接收，甚至会被深深地触动！

还是针对如何表达人的美丽姿色来说吧，你会发现，几乎所有的表述"美丽"的成语都是喻体形式，如国色添香，如花似玉，如花美眷，美若天仙等。

为什么"非常美丽"这四个字，如此通俗化的表述不能够成为一个成语？因为任何成语都必须有一个深刻的内涵，必须存在一个典故和寓意，只有承载了典故和寓意式的表述，才能让人细致、深刻地体会到当下的那份感受！

喻体是细致的充分必要条件，也就是说，有比喻，人们就容易接收，为什么用比喻人们就容易接收？因为当一个人能够以比喻的形式的来描绘一件事物时，那一定是细致入微的观照到了，或者是发自内心地体验到了某种难以抹去的感受，那是对真实状态的具体烘托，换言之，如果你没有洞察到或者体味到细致的方面，你是很难喻体化的！

喻体化的表达，可以让同一种描述更加生动，更加细致，更容易触动人的情感。换句话说，喻体化的细致，富有强大的营销渲染力，无论是对于产品还是对于人，都不例外！

德芙巧克力，是什么味道？想必，稍有看过德芙广告的观众，都能轻易回答出来，牛奶香浓——德芙广告词的前半句就告诉消费者了，至于德芙的忠实粉丝就更是耳熟能详了。牛奶香浓，如此简明扼要的表述应该没有谁听不懂吧！

那么，德芙广告词的吸引力是不是"牛奶香浓"这四个字？答案不是，如果仅仅靠宣扬牛奶香浓的味道，绝对不可能让德芙筑成今天的市场领袖地位，因为大家不会觉得牛奶很奇特。德芙真正所释放出来的营销威力，在于它对"牛奶香浓"这个味道所进行的喻体化的细致描绘，也就是其广告词的后半句——丝般感受！

显而易见，"牛奶香浓，丝般感受"，这八个字就是在告诉你，用牛奶酿造的巧克力，品尝起来，就像丝绸一样的润滑，香浓绵绵。就因为这个比喻，当你尚未体验时，让你浮想联翩，当你体验之后，又让你有一种意犹未尽的感觉！

这个"丝"的形容，具备魔法般的诱惑力。其实，它只不过是对牛奶香浓的感觉所赋予的一种比喻化的描绘，但这种比喻却是那么的细致入微，那么生动形象，那么撼动人心！

香飘飘的广告文案是如何描绘的？这七八年来，香飘飘可以说是久负盛名，家喻户晓，因为它在整个电视品牌广告界长期屹立不倒，并且还在不断地刷新着其辉煌的销量纪录，在第一卷当中谈销量势时，我们也有着重探讨过。其实，在香飘飘的广告词当中，还坦荡地彰显了另外一个重要的营销表现手法，那就是喻体化细致！

香飘飘奶茶，一年卖出十亿多杯，为了有力地诠释这个惊人的销量，它后面紧接了一个细致的喻化表达——杯子连起来可绕地球五圈！仅从数字的结果来看，前后两句是不是同一个意思？完全就是同一个意思，不管怎么表达，销量结果已经很明确,反正就是十亿多杯嘛!

明明是同一个结果,为什么后面还要说杯子连起来可绕地球五圈?因为喻体化的细致,更容易触动人心,更容易在消费者的大脑里生成具象化的印象,事实证明也是如此,大部分的消费者或者电视观众,都对这个"杯子连起来可绕地球五圈"记忆犹新,我时常刻意地去问一些朋友或者我的客户,他们有的人甚至对这句话很反感,烦腻,但就是忘不掉!

你记住,当你要用喻体化的手法来表现细致时,你一定要事先弄清楚,你是为了表达什么?表达什么就是你的意图,然后用一个比喻化的手法来把你所想表达的意图细致化,生动化!十亿多杯到底有好多?这是你要将其喻体化的意图!

所以说,不管你营销的对象是产品,还是人,喻体化表述都可以让人更愿意接收你的资讯,就因为它生动、细致!

我再次强调一遍,通过我无数次的经验总结证明,以上三大策略是在任何营销当中,我们可以反复使用的三大细致化的重要表现手法,你要想使得你的营销资讯更容易让人接收,更容易让消费者的内心深处有所震动,你一定要擅长使用这三大策略来表达出细致!

因为,情真意切就靠细致来接地气!

接下来,为你揭示的是继信任与细致之后的第三大接收心理——承诺。

承诺——斩断顾客一切后顾之忧的定心丸

当消费者能够清晰明了地接收到你的产品资讯后,是不是就二话不说,愿意马上行动?如果是这样的话,整个商业江湖上就不会看见那么多的事后纷争了,更没有几千年以来就种植在人们心中的"后果"这一说法了!

所以说,他能接收,只表示他心中有那份意愿想要获得你的产品,绝不代表他马上就有跟你产生联系的意愿,因为他心中还有尚未化解的后果!

没错,人们即使对你的产品讯息了然于心,那也只是事先的接收,谁都明白，一旦关系发生，一定会有事后的"后果"，不管是好还是坏。后果是在发生关系之后才出现的，因此，"后果"的警惕性会事先在他们的大脑里打转转，担心的意识会油然而生！

绝大部分人之所以会担心后果是因为他们都要追求安全感，具体说就是事后安全感，人们需要自己保护自己，他们需要提早为自己的事后安全找后路，找靠岸，以便斩断后顾之忧。他们不愿意为不良的后果冒险，这是基本人性，尤其在咱们中国人的语言体系当中，为了克制冒险主义，咱们还特地发明了一句经典的俗语，叫做"不怕一万，就怕万一"。

不怕一万，只怕万一。其实在这里，万一只是个非常小的概率，但一个非常小概率的事件都会让人们分外地担心和纠结，他们就怕这个担心，他们担心万一真的不像你所描绘的那样，怎么办？我花了钱万一不值得怎么办？万一有各种各样的问题，怎么办？万一是未来可能要发生的事情，它是一只拦路虎，无数人就因为这个"万一"而在各种机会面前望而却步，无数人都迈不过"万一"这道坎，因为所有的"万一"都有赌的成分在里面，万一就是冒险，凡是冒险的事情，绝大部分人们都不愿意接受！

换句话说，要想让普众消费者愿意接受，你必须化解他心中的那个"万一"！在这种情况下，你需要针对别人所担心的后果光明正大地表示出你的姿态，这个姿态就是——承诺！

运用承诺的双重关键性要义

关于承诺，我们几乎每个人的心中都有一句台词，这句台词就是"既然承诺了的事情，就必须做到"。我相信这句台词，你这前半生也不止说过一遍两遍了吧，根据这句台词的直接含义，承诺即被赋予了第一个关键词——保证，"保证"二字本身是一个极具杀伤力的心法词。为什么我们常常一听到或一看到"保证"二字，心中会立刻升起一种莫名的踏实感？那就是因为"保证"直接体现了是承诺的中坚力量。

例如，老板对员工可以这么说："只要你愿意听我的话，我保证你能通过我们的平台实现梦想！"还可以更具体："只要你愿意把全身心交给公司，我保证你三年之内富起来！"

如，"我保证你的安全"这句话在任何时候对任何人讲都没人抗拒，如商家对顾客说："只要你按照这个步骤与流程来使用我们的产品，我们保证你会收获到你所期待那个的结果！"

但仅有保证，绝不足以担负起承诺的全部意义；因为保证只是从主观上来表示你的承诺，事实上，保证也绝不能完全化解客户心中的那个"万一"所带来的担忧，保证的用意只是让人们在心理上坚定：应该不会有"万一"吧，但你保证不了所有的"万一"，你再怎么保证，你能阻挡世事的变幻莫测吗？客观原因总有出现，一旦出现了那个担心的"万一"，你的保证拿什么来顶替？尤其是当很多次保证都遇到了"万一"这样的结果的时候，你下次的保证就会越来越丧失权威。

为什么在当下承诺的力量会越来越失效，越来越扭曲？不是承诺本身的问题，而是你根本还没有抓住承诺背后的本质！换句话说，之所以很多"保证"无法让人欣然接收，因为忽略了承诺还有第二个极为重要的关键词，叫做"责任"！

承诺必须与责任共存，你才能彻底化解对方心中的担忧，你对别人许下承诺，也就是要对别人肩负起应有的责任，我常常跟客户朋友讲课时说这句话：承诺要持久生成实效必须靠责任来践行！领袖之所以令人折服然后成为领袖，因为他具备一个重要的品质——敢于承担责任！

商业领袖亦是如此，海尔董事长张瑞敏先生砸冰箱的故事我相信那是广为流传，"因为我们承诺了'真诚到永远'的企业文化，那么必须对这句话负责，凡是不合格的产品，不管多少量，绝不容许流入市场！"这是张瑞敏先生的初衷！在我看来，"真诚到永远"，这句话的潜台词就是将真诚负责到永远！事实上，海尔集团本身也是这么做的。

为什么无数普通人在人生路上，不敢往前踏进一步？因为他们对"万一"失败后所产生的风险感到恐惧，而卓越人士之所以能领导普通人，是因为卓越人士会通过自己承担责任来鼓励普通人行动,如一句非常有行动催促力的心法语句:"你就放心大胆地干吧,出了什么事,由我来兜着。"就因为有这种责任的意识不断地贯穿在他的行事理念当中,因此,他成了领袖!大家都愿意跟他干!

任何一个组织之所以会有一个特定的人成为领导,一开始无非两个原因:第一,主动提出实施某一项任务;第二,敢为人先地提出愿意为这项任务的结果负责!如,一位侦察员跑到他的领导面前,可以这么说:"恳请首长,请您把这次任务交给我吧,我保证绝对不会让你失望,如果有任何意外,我愿意承担全部责任!"

你注意,这里面我同时利用了承诺的两大关键点:保证和责任。当首长听了这样一番干净利落的话,会对这位小兵心生欣赏,很有可能会成全他,把实施权交给他,而一旦任务能顺利完成,这位小兵就很容易获得荣升小组领导的资格,而事实上,这位侦察员只要能讲出这样的话,就代表他已经是具备了成为领导者的潜质和风范!

一名公司的领导也必须是这样诞生的,不可能有其他的花样与窍门,除非是靠裙带关系,否则必须具备承担责任的品质。为什么领导人常常被称为负责人?你要明白,原因也就在这里!

你能为你承诺的事情负责,你就能降伏人心,不管哪个领域,哪怕是婚姻、家庭,也不会例外!

一位男子向女士求婚时,不论说多少关心的话,也不管表达多少爱恋,千言万语也抵不上一句:"请把你的幸福交给我,我会对你的一辈子负责!"

因为到了那个层面,你已经不需要也不应该再用各种甜言蜜语来讨女孩子的欢心了,那是恋爱期间要做的事,你要做的就是给女孩一个婚姻的承诺,为什么很多女孩对男孩的各种条件都满意却迟迟不愿意迈入结婚殿堂?那就是因为男人对她缺少一个承诺!

她就等你郑重其事地说出这个承诺,敢做敢当的男人就会说出来,凡是不敢或者不愿意说出来的都不叫承诺。我相信,在西方的婚礼仪式上,男女双方在神父的见证下所许下的庄严承诺绝对不是多余！

如出一辙的是，当一个顾客对你的产品产生了浓厚的兴趣之后，你要让他轻而易举地迈过成交这道坎，那么，你必须对他的成交后果负责！

家居行业的领袖品牌——全友在天猫上自告奋勇地喊出服务口号："我会对您负责一辈子！"如此可贵可嘉的服务精神，真是令无数消费者竞折腰啊，这是名副其实的口号，要不然全友家居凭什么能在去年天猫双十一活动的那一天大获过亿的销量全胜！

总而言之，保证与负责的差别就在于，保证是让人在心理感觉上安心，而责任则是让人在实际结果上定心，保证必须和责任结为连理，才能相得益彰！因此，使用承诺的核心思想就是：你要承诺别人一个或多个他所期望的结果，如果没有实现，你会为这个结果负责任！也就是说，你要事先告诉他："如果我的保证万一没有在你身上实现，那么责任会由我来承担！"

事实上，从我七八年的咨询与策划经验来看，在我本人所接触到的商家企业家，以及现在我所观察到的营销案例当中，很多人也已经意识到了承诺的重要性，而且也开始把承诺的力量推行到各种商业与营销活动当中去了，但非常可惜的是，大部分的人在使用这把利剑时，都过于肤浅，略行一二，没有从更深层次把承诺的效用给发挥出来。很明显，这无疑是一种营销资源的巨大浪费和严重损失！

因此，为了让你更加彻底地精通"承诺"的营销智慧，那么，根据这个核心思想，我将为你进一步引导出五个细致、深刻而又关键的使用要领，从而帮助你将承诺的营销威力运用到极致，并且我跟你保证同时也100%负责任地向你确定，当你学会了这以下五大承诺的要领，超越99%的竞争对手也将变得轻而易举！甚至，只要你能将其使用得游刃有余，要想超越全部竞争对手也都在你的掌控之中！

表达承诺的五大操作要领

第一操作要领：必须承诺产品的使用结果，并且越具体越好！

毫无疑问，使用结果是消费者购买的直接诉求，这是你首先需要做出承诺的。如卖减肥产品的，承诺1个月内减掉20斤，这是具体的使用结果；如上完我的培训课程"领袖盈利思想"后，我承诺，在你贯彻落实我的运营理念与执行政策的3个月内，你公司的整体利润至少会提升30%以上，同时我承诺，民营企业的老板及项目负责人心里的担子和肩上的担子，会比从前轻松一倍以上。

第二操作要领：到底应该承诺什么？

对于这一点，我为什么要将其作为一个单独的要点特别提出？因为在我跟众多客户交流的过程中发现，很多小微企业的老板和营销部负责人居然不知道应当承诺什么。一开始，这看起来真是一个令我感到寒心的事情，后来，我发现这也确实是令无数人感到困惑的一个大问题，看似简单但确实有很多人不明白！

他们之所以会问出这样的问题，是因为他们忘了承诺本身的诞生渊源以及承诺的定义，我在这一章的一开始就说过，承诺就是解决消费者心中所担心的那些"万一"，所以说到底应当承诺什么？我用一句话回答就是：消费者担心什么，你就承诺什么！当如此解析之后，你心中应该了然了一大截吧！

如，所有消费者共同的担心：担心买贵？担心品质？担心不是正品？担心有副作用？担心男朋友不满意？担心女朋友不喜欢？举例，卖服装的商家，处理关于对品质的一个细节担心：承诺40摄氏度以下水洗不褪色，否则退款。因为带色的服装，消费者一定会担心褪色的问题！

你记住，你承诺的"担心"种类越多，消费者越容易安心，换句话说，你在市场上的竞争力就越强！另外，我发现，很多商家为了偷懒，常常用一句笼统的话对外宣称："如果您对产品有任何不满意，我们都承诺包退换！"

这种表述看似简单有气度，但事实证明，它比不上用分开承诺来得有效果，这句话可以说，但尽可能地用"分总式"的承诺格式，何谓分总式承诺？具体说就是，先尽可能地把各类分支担心承诺完，然后，用这句话来作为总结性的承诺！

关心担心的种类应该如何去寻找呢？核心的化解通道，就是站在客户的立场，设身处地地分析思考："如果我来买这款产品，会有哪些担心呢？"如此一来，你就能轻易地发现几乎大部分的担心点！还有更加全面、更加客观寻找"担心"的方式，那就是通过各类具有商品评论功能的大型平台去找问题，凡是顾客留言的问题都是担心。这样的平台如：天猫，淘宝，京东，大众点评网，唯品会，口碑网。

当然，承诺"担心"的前提是你真的能做到，如果确实满足不了的担心，那就挑明了说，因为坦露缺点比隐藏真相更容易赢得顾客的信赖！

第三操作要领：承诺一个意料之外的责任期限

你说你会为你的承诺负责任，那么必须得有一个负责任的时段吧。这个期限，在消费者看来，必须合乎情理。于是乎，就出现了两个期限极端，第一个极端：承诺极短的时间，比如说只有一天；另外一种极端就是承诺一辈子。很显然，这两者都是不合情理的。对前者而言，消费者可能连体验的时间都不够，又何谈能充分发现他所担心的问题？对后者而言，一辈子的时间连你的企业还在不在都无法确定，你做出这样的承诺，不是就极端了吗？

所以说，这两个极端性的承诺期限，消费者都不愿意接收！但为了抢先又能持久地博得消费者的钟爱，我们依然可以在这两个极端期限之间找到一个极具煽动力的责任期限！具体来说，相对于同行业的其他商家来讲，你所承诺的责任期限越长，你就越具备天然的竞争优势，你发现同行业绝大部分的商家所承担的责任期限均不超过15天，那么，你就承诺30天。你发现人家负责"30天退款保证"，那么你承诺"60天退款保证"。

通过无数的实践案例与测试结果，我得出一个最具心法力量、也最具科学性的承诺期限准则：在所有同行业竞争对手最高承诺期限的基础上，再扩增 1—3 倍期限，就是你的最佳承诺期限，这就正是我所定义的"意料之外的责任期限"。意料之外的解释就是，超出所有正常的情况，且又在情理之中！

关于承诺期限，你记住我这个观点：只要合情合理，合不合规矩都无所谓，因为规矩都是人定的！淘宝上大范围之内所定的规矩都是 7 天退换货，你也把期限承诺在 7 天之内，那么你的优势何在？你承诺 30 天，没有触犯你跟客户之间的交易形式吧？并且更加以人为本了。

消费者就希望你的承诺时间比别人都要长，只要他觉得靠谱。

第四操作要领：承担责任无理由比有理由更有杀伤力

消费者一旦对你的产品不满意时，他不希望向你报告很多原因，寻找很多条件，仿佛在乞求你来负责似的。而是希望你能果断、直爽、干净利落地扛起这个责任，这样他才感觉到跟你做生意会轻松，无压力，无后顾之忧！

例如一种普遍的情况，顾客："也不知道为什么，我总感觉这款式穿在我身上不那么好看，穿起来挺别扭的。"斤斤计较的商家："怎么不好看呢？哪儿别扭了？"你注意，这种商家就是在向顾客问理由！

开明的商家会怎么说呢？态度截然不同："您别担心，麻烦您明天给我退回来，我给你换一件好看的！"

因此，对于开明的商家，会在交易发生前就清晰地阐明：只要您觉得不合适，您不需要说明任何理由，直接申请退换服务就行了！

所谓计较与开明的差别，就在于，负责人会不会向顾客找理由及其找理由的多少！

再如这样一种承诺样式："如果你没有穿，没有漂洗，并且盒子封装是完整的话，你是可以退回来的。"你看看，这就是明显有条件的承诺了，顾客想：你提这么多条件，不就是希望别人不退嘛，那就代表你心虚。换句话说，你这样势必就为第一次成交增加了一道沟坎！

生活中也是如此，无理由的承诺永远要比有理由的承诺受人欢迎！我发现无数人喜欢拿"你若不离不弃，我必生死相依。"来做爱情许诺，来表达自己的忠贞不渝，但在我看来，其实这句话一定不是最打动人的。因为很明显，这句话是有条件才能成立的！

你想想，你这么一说，其实就能立刻浮现出这句承诺的另一层言外之意："你若离弃，我也不会随你到天涯海角！"我想问你，你凭什么先要求别人对你不离弃？因此，要让这句话产生真正无法抗拒的情义吸附力，就得让原意变得无理由、无条件！那该怎么改呢？

很简单，咱们这样改一下："无论你身在何方，我都会为你痴痴守候终身！"或者换句话说："不管你是否离弃，我这颗心都始终以你为归依！"如此一改写，你将立刻秒杀所有还在痴迷于原句的竞争对手！

忠贞不渝是要表达自己对爱情的主动坚持与痴狂，而不是先让别人为你痴狂，然后你才愿意为她厮守。这种承诺，就是有条件的承诺！

第五操作要领：打造无法抗拒的责任实施主张

前面四大方针讲的都是承诺的要旨，即承诺什么，以及如何承诺的问题。那么到最后还有一个关键的事宜必须向消费者明示，那就是当我们的责任真正出现之后，应该如何实施的问题。也就是说，当消费者所担心的那些"万一"真的发生后，应该产生什么样的行动？

很显然，想要让消费者愿意接收你的承诺，也为了让他们对你的承诺落心，你需要打造令他无法抗拒的责任实施主张！因此，出现了三大必要的要点。

1. 承担多少责任；一旦出现了消费者不满意，你愿意为他所付出的代价承担多少责任？这个必须要承诺清楚！毫无疑问，要让人无法抗拒，必须承担全部责任，更有杀伤力的表现是，比如连来回的运费都由商家来承担！而商家之所以敢这么做，这体现的是对自己产品有足够强大的信念，这相当于是给了消费者一个无法抗拒的定心丸！

2. 责任兑现路经：要让消费者觉得你这个承诺是看得见，也摸得着的，你必须告诉消费者明确的退款流程：怎么退，找谁，联系方式，申请退换货后，几天之内能落实。你要让顾客彻底明了，这个责任就是这么落实下来的。否则，如果他不知道兑现责任的路径，有可能跟你发生成交关系就要拖延很久。

3. 责任兑现真实性：要让顾客进一步相信你承诺的真实性，你还可以举几个真实责任兑现案例，目的让他们看见并验证一件事：你的承诺真的是能够兑现的，因为之前确实为一些顾客兑现过承诺。

如支付宝会员的资金安全保障，成为支付宝会员，如果你的资金出现损失，这个损失有支付宝全部负责，而且他们也展现出了补偿资金的真实案例。

当然，你所彰显的兑现案例必须是极少数，否则会让新顾客认为你产品的满意度比较低！并且公示承诺兑现案例时，最好附加公布客观原因，即消费者不满意是因为客观原因，而不是产品本身的原因，比如产品是快递途中不小心包装压坏了等客观原因，但即使是客观原因，你依然主动承担了责任，要表示这样的姿态。

如果使用以上五大杀手级的承诺妙法与方针，我保证你的营销绝对会释放出非同凡响的竞争力优势，只要一用，效果立竿见影，不管哪个行业，都不例外。

为什么新兴的纯网络品牌能在短时间内一路狂飙，秒杀若干传统品牌？我们来看天猫的几个典型的男装行业的承诺案例形式，你一准能明白该五大方针对网络营销结果所带来的强大拉动力！

第一种形式：七匹狼品牌男装——承诺期限过于平凡，责任要求有些牵强。

承担责任期限仅为7天，这个跟淘宝上绝大多数店铺没有任何差别。另外，官方似乎有些低估顾客的智商。你想想，当一个顾客既然愿意收货，如果质量没问题，那么他会刻意针对这个理由向官方提出退换吗？还要求顾客拍图，到底有什么意义？尤其是发错货物的问题，难道顾客连发没发错货物都不能判定吗，那可是顾客亲自挑选的产品啊，商家自己犯了错发错了货，怎么还好意思让顾客拍图？

第二种形式：李维斯——责任实施主张过于隐埋。

它的承诺主张当中包含了一个贴心退换货服务卡，这就表现得有些神秘了，也不那么坦荡了，难道非得让顾客买了之后，才发现有一个退换货的服务卡吗？何为贴心？消费者想要在成交之前知道得更多，尤其是最让他安心的那个承诺与责任，你能把这些重要的信息坦坦荡荡地向消费者阐述清楚，那就叫贴心，把"承诺"以退换服务卡的形式包裹起来，那不能叫贴心，必须把"承诺"在整个产品描绘页面当中堂而皇之地显露出来，那才叫贴心。

那么，为什么不把承诺大胆地预告清楚呢？

所以，其结果也有点"盛名之下，其实难副"的景况，在实体商场中风光无限的李维斯等知名大品牌，在天猫上单件销量最多的也只不过4000多件。

第三种形式：承担责任的理由与条件过于繁杂。

面对无数庄严的"保障服务"，我一看就愣眼了，如此烦琐的要求，到底是让退还是不让退？实在让人觉得虐心！

还没开始成交，就制定了这么超级繁杂、超级苛刻的借口与条件，跟法令条文似的，如数家珍，一一审查，生怕忘掉一条，连旺旺聊天记录都得提供。我想，该品牌之所以这么做，无非就是在算计一件事：当他被消费者要求负责时好为自己辩护，因为怎么着都至少可以找出一条理由对消费者说"不"！

无可厚非，这是商家自己在帮助消费者打退堂鼓，因为消费者一边看一边有另外一个声音仿佛在提醒他："还是先别买了吧，兄弟！要不然，如果不满意想要退换的话，那可不是一般的麻烦啊！这店家可不是一般的苛刻啊！"

请千万不要小看你的顾客，任何顾客心里都有一杆秤！

一个在传统商场上相当知名的服装品牌，在天猫上的销售却很不景气，因为其单件销量最多的也不足2000件。

第四种形式：亚狮龙男装——将承诺五方针的力量发挥到极致的典范。

为什么一个纯互联网品牌能迅速崛起，如一只势不可挡的黑马冲进了电商战场，轻而易举地战胜了无数传统大品牌？我们来看看亚狮龙是怎么向消费者许下承诺的。

其实，仅从亚狮龙品牌的承诺部分来看，就能看出其得天独厚的营销竞争力优势，因为几乎我所讲的承诺五大方针都能从这张图当中脱颖而出地显现出来。

第一：60天。这无疑是一个意料之外的责任限期，全淘宝甚至整个电子商务领域的企业，敢承诺60天时间退换的商家寥寥无几，在服装行业，我从来没发现过。

第二：无理由。退换不需要任何理由。正如我在第四方针当中所述的，承担责任时，无理由比有理由更具有杀伤力。

第三：只要是消费者的担心，不管什么种类的担心，一律负责退换！你看看，连狗狗不喜欢，老婆不喜欢，这种不太常见又有点无理取闹的担心，都愿意负责到底！

第四：商家愿意承担全部责任，而不是部分责任！何以见得？就从右上角的"退换也包邮"就能断定！还不仅仅是这样，与其说他承担全部责任，还不如说他愿意承担120%的责任，为什么说超过100%？看到图片最下面那个"诚意提示"没，你即使退货，他还把礼品送给你，言外之意，他不仅负全部责任，而且愿意舍本让您满意。所以说，商家负起的责任实际上是超过100%的，这种负责任的态度不值得顾客景仰吗？值得！

显而易见，亚狮龙具备有别于同行的一个非凡的营销特质：在承担责任面前，绝不含糊，绝不扭捏，绝不小家子气，而是诚诚恳恳地表现出他的坦荡、豁达与干净利落，而且，这种豁达与坦荡通过文字形式都能体现得很分明，文字苍劲醒目，清晰大气，浓墨重彩，且看承诺部分那些文字的尺寸吧，至少也比同行业超出5倍大小！

结果证明也是如此，亚狮龙所取得的成就，那是出奇的惊人！这是一个2011年9月才开始创立的纯电商品牌，完全从零开始，仅仅在14个月的时间之内就将营业额做到了3000万，并且在此期间，月销售额已突破600万，在价格绝不低廉的前提下（单件价格均超过二百元），单件产品的销量高达2万多件，无数传统服装企业的大品牌也远不可与之同日而语，从前面三种形式的案例当中，我们就能看到显著的差别。

从那以后，亚狮龙的创始人李蠡先生又设立了更高的目标，他想在今年

（2013年）创收破亿元的营业额，我只想说，在强大且超越式的营销车轮的推动下，我们一定要相信其势不可挡的前进力量！

所以说，承诺对任何商家的营销来讲都绝不是附属与次要，容不得轻视，因为承诺的力量对成交有着推波助澜的大用！

没有承诺，要让顾客下决定接收你，无疑会碰到一些心坎！如果你有承诺，那就是你在给别人一个安心的港湾，有了这个港湾，他才愿意全身心把未来交给你！因为，他一想到有了你的承诺，他可以全身而退！那么，他就感觉他现在的行动就不会是冒险了！

亲爱的朋友，如果把你的承诺变得胆大妄为，如果把你的责任变得慷慨大气，然后开始大力践行，蓦然回首，你会发现，你既能赚取成倍的利润，又能赚取众多的人心，两全其美，何乐而不为？

警示——让顾客不得不上心的心理策略

你有用过电热水壶吗？

我不敢说我们所有人都会做饭，但我相信我们绝大部分人都应该用电热水壶烧过开水吧！

当我们用电热水壶烧水时，请问，是什么让你相信水已经开了这个事实？进一步说，是什么让你迅速接收了"水开了"这个事实？

是不是让你一直用眼睛盯着水壶看，等着那里"冒烟"？是不是需要你每隔几分几秒就去打开水壶盖瞧一瞧，看有没有发现沸腾翻滚的景象？显然都不是吧，否则那得多麻烦！

很简单，其实是一个报警声音在通知你。换句话说，从你插上插头等候水开的过程中，一定会在某一特定时刻，电热水壶会自动发出嗡嗡的报警声音，这个声音只有唯一的目的，那就是它在告诫你水已经开了。

然后，当你听到这个声音时，不管你此时此刻你在干什么，或忙或闲，你都会顿时间起身，飞奔过去将插头拔掉！在那个时刻，你绝不会磨磨蹭蹭，也就是说，你不会去想我要不要拔掉，或者再等一下吧，你根本不会这么去想！

毫无疑问，你已经不知不觉地接收了这个嘀嘀的警报声音，因为你都已经用行为去响应了，那个嘀嘀的报警声，是你做出反应的唯一推动力，那就是一个警示性的讯息！

到底什么叫做警示？答案非常简单，警告性的示意就叫警示。如果再具体一点，十个字可以完全解释清楚：郑重的提示，严重的提醒！

你之所以会自发地去把电热水壶的插头拔掉，从根本原因来看，那就是因为这个报警声音在对你进行郑重的提示和严肃的提醒：水开啦……赶紧把我拔掉，要不然可能会出现不良结果。

事实上，在大多时候情况下，警示就像一种无法抗拒的心法一样影响着人们的心智，只要一发起，不管你喜不喜欢，你就是会去接受它，而不是去怀疑它。所以说，由警示的力量所产生的接收能量，通常都是条件反射式的！

为什么警示弦会有着魔力般强大的影响力？因为凡是警示性的讯息给你的感觉一定是：至关紧要！人的第六感意识没有办法对至关紧要的讯息不屑一顾，一般都是遵从，而不是违反，否则可能对自己的身心造成某种无法弥补的损失！

因此，警示影响人的实质就是，拿人们天生就在乎、敬畏、敏感的讯息去触动他的第六感，从而让他们自发的去接收这种讯息！

公安机关的工作车，在执法时，一边行驶，一边发出报警讯号，路人都会接收这个讯号，不仅仅会接收，而且会在立刻做出反应，你没发现几个对着干的司机吧！人们之所以会对这种警示性的讯号做出心理和行为上的反应，是出于敬畏！

我们在马上遇到红灯时会自发地停止脚步，很显然，你已经在大脑当中直接接收了这个讯息。事实上，总有那么一个时刻是没有车辆穿越的！那么，为什么在显示红灯的同时也没有车来车往的情况下，绝大部分的人依然没有横穿路口？警示，可以让大众都不约而同地接收！

警示性的讯息，不仅仅只有约定俗成的声音和图像标志来体现，直接用语言来发来警示，也依然会起到如出一辙的警示效应！

假如我们把这个红灯的交通符号改了，只是用文字来替换一下，假设这么替换，只写十个字——警告提醒：此刻禁止车辆通行。事实上，大部分的人依然会响应这个指令！不是因为资讯载体的不同就会有对接收效果产生不同的结果，这两者之所以都会起作用，原因是生长在人们基因中当中的警惕因子在起作用，一触碰这个因子，基本上会无可抗拒地接收这种讯息。

如有一天夜里，院子里有个人大声呼喊："着火啦，着火啦！"在这种情况下，我保证，几乎大部分人都会迅速地从房间里冲出来，即使是沉睡已久的大懒汉都会从夜梦中惊醒，因为他们都需要赶紧脱身！事实上，这件事的真相极有可能是一个精神病人捣的乱，但当时人们会不会首先做出这种假设而完全不予理会？不会！

为什么大家都会一窝蜂地外往冲？为什么大家都愿意先接收这个讯息？因为，此情此景下的"着火啦"对当地的居民来说，本来就是一个警示性的讯息！只不过，这种讯息是人为地用语言喊出来的，这样更直接！

那么，基于语言的警示力量，我们便可以轻易地发掘出，警示对营销是有着切实意义的！因为我们可以利用警示的力量，让顾客既敏感而又自愿地去接收我们的信息！

当然，我想我非常有必要提出一个99%以上的营销人都在犯的误区：那就是把警示与警告混为一谈！我之所以要提出这两者之间的差别，是因为如果分得清楚，一定会对成交产生明显的催化效应，如果分不清楚，可能会严重影响你对"警示"的使用效果：过犹不及，弄巧成拙，也不无可能！

警示是不是逼迫？威胁？

设想一下，当一名劫匪拿枪顶着一位无辜的市民时，要求他交出身上所有的钱，然后说只要拿钱，我就放了你，否则就开枪杀人，你注意，这位抢劫犯和该市民之间没有任何恩怨情仇。在这种条件下，绝大部分的人，都会接受这个要求，因为不接受，就可能丢了性命。这种接收心理，我称之为无奈接收。这就叫逼迫。或者叫严酷的警告。

警告性的服从，是人家真心不愿意，并且是想要抗争，只是抗争不了，只好妥协。你千万要记住：营销虽然不是拿别人的人身安全作警告，但绝对不可以把这种令人抗争的情绪和氛围带进来！顾客不愿意被逼迫！"警告"这个词在某种条件可以用，但切莫泛滥，我常常看到有些公司的营销网站上，或者广告资讯当中，这里也是警告，那里也是警告，这样的结果势必会让人喘不过气来，身心受到严重的束缚，最后即使购买，也不是那么惬意。

是的，营销上的警告，绝不是真正拿权力警告，如果是这样，消费者往往是不买账的，反而会与你的目的背道而驰。而警示，就是人性化的忠告，它其实是一种好言提醒，提醒人们对某件事要引起重大关注，让别人感到可能因失去一些东西而感到遗憾！你想想，顾客希不希望给自己留下遗憾？显然是不希望，所以警示是帮顾客驱逐遗憾，在任何顾客看来，都是愿意接收的，而绝不会在心里抗争！或者是让别人赶快意识到事情的危机性，要不然，可能引起一些不必要的麻烦，以及自己的利益受到损伤。

我前面提过，警示的实质，是令人在乎、敬畏、敏感，而不是让人紧张和忐忑。

比如你的公司声誉在互联网上出现了一些负面的势头，搜索引擎、微博、论坛上都有用户在抱怨，当然也有可能是小人的诬陷，但这时你不太懂公关，或者你并没有太在意，持无所谓的态度，这时候有朋友或者专业的互联网公关公司在特地提醒你："哥们，这事你可千万要引起重视啊，因为它可能关系到贵公司的生死存亡，您要知道社会舆论的威力有可能摧毁一个品牌。现在补救还为时未晚，再晚一个星期，有可能连神仙也无力回天了……"

这是在威胁你吗？不是！这是警示，你的朋友和相关的公关公司在警示你务必要意识到这件事的重要性，以及让你有危机感，这是为你好，不是警告与逼迫。

我接受你的要求，比如说对方极为苛刻地要求我方通宵达旦地加班加点，必须在三天之内做出来，不答应，就取消这一千万的订单，并且彻底斩断与我方的业务合作关系，这些是因为你的逼迫与威胁，我被迫答应，但我心里并不乐意，这就叫警告；而我之所以接收你的讯息，比如说抓住某一个商业机会，或者让我提早购买某一套服务和某一件产品，只是我之前没有意识到它的重要性与迫切性，因为有了你的特别提醒，我才明白它的至关紧要，如果没有你的特别告诫，我可能会一掠而过，所以我发现我是愿意接收的，这就叫警示！

说到这里，如果你的联想思维比较灵敏的话，你可能会隐约地感觉到警示心法与上一节讲的承诺心法仿佛有那么一丝一缕的联系，有这感觉吗？因为你之所以要对顾客作承诺，目的是让人接收，同样，你对他们作警示，目的也是让人接收你的讯息，要知道，我们这一大章内容都在讲接收心理。更具体的是，如果你仔细体会的话，你会很容易地发现，我之所以会提出承诺与警示这两大接收心理，是因为这两者都是直接由顾客的"担心"所催化出来的营销解决之道！

那么，这两者的差别在哪里呢？

差别正好就出现在这个"担心"上。具体来说，承诺是提前打消购买之后的担心，而警示是在提醒顾客如果不关注该讯息，或者说不重视本产品可能产生的担心。担心自己可能会有遗憾，也可能会有损失，这就是承诺和警示的显著差别。所以说，承诺和警示对顾客的接收心理所产生的作用，实际上是相辅相成的。

仅从字面上来看，我们很容易觉察到，警示心理跟它本身的语言文字和语言气势有着天然的关联性和紧密性，正因为这样，利用警示这一心弦，我们可以很容易，也可以很直接的突显出它的影响力与震慑力。

当然，我们更关心的还是：到底如何在营销当中把警示的威力具体发挥出来？

事实上，要直击警示心理，且能即刻生成营销妙用，只需两个步骤就能完成，第一步：用一个蕴含警示能量的攻心词来做引导，直截了当地引领人们进入警示的状态，这类词，我称之为警示引导词；第二步：给对方传达一个至关紧要的警示通知，引发他的警惕性，从而直接激发对方的接收心理。

为什么第一步必须要用警示引词导引出来？因为你必须要先让人明确意识到这是一条警示性的讯息，他才能立刻作决定要把其他信息暂且搁置一边，先关注至关紧要的事情。

那么，到底什么样的词，才算是所谓的警示引导词呢？下面四个攻心关键词，是我惯用的引导词，而且加上无数实践案例都证明了它们的简单与高效，这四个词是：非常忠告、特别提醒、重要提示和紧急通告。这四个词之所以具备强悍的杀伤力，因为这是我从警示的本意当中直接分离出来的。换句话说，当你使用这个词当中的任意一个词来开头时，在顾客看来，就代表你在给他们传递的一定是警示性的讯息！顾客一旦触及这四个词，他的感觉神经就会自发地开始警觉起来。

紧接着，后面的重点就是要表现第二步当中的至关紧要！何为至关紧要？事实上，纵观所有的至关紧要的讯息，不管表现形式如何变幻，归根结底，也只有三种核心表现方向，也就是警示的三大核心表现手法。接下来，我将跟你具体分享这三大核心表现手法，你只要进行照搬式地采用，就会立刻打开市场，甚至直接推动着成交的发生！

第一大表达手法：警示重要性

毫无疑问，在信息泛滥的市场上，我们每天都有机会接触成千上万的资讯，但你发现最后，你能真正收获到的有用的那一部分讯息实在是所剩无几，绝大部分都与你无缘，悄悄地从你身边走散了。

为什么面对如此盛多的有用讯息，咱们能接收到的却极少？很显然，是因为你没有去在乎！而你之所以没有去在乎的最直接的原因，不是你的错，而是你没有意识到它的重要性，要解决这个问题，不是让你给顾客进行逻辑分析，表明你的讯息其实很有用，很有价值，因为时间上来不及；最直接的化解法门，就是谁能自告奋勇地站出来，直接挑明了说："我对你很重要，如果错失这个讯息，你可能心生遗憾！"通常情况下，对方没有理由不去关注一下你！

是的，绝大多数的情况下，顾客之所以跟你擦肩而过，之所以闪电式的把你忽略，是因为一开始，你就没有告诉他，你对他很重要！

因此，在提出警示的资讯时，开门见山，就告诫顾客这条讯息对他本身的重要性，往往是明智的做法。因为，这样可以一开始就让对方产生警觉。

我去年年尾在上海邀请中国的民营企业开了一个电子商务研讨会。因为我知道太多的民营企业可能没那么在乎，因为他们总以繁忙为托词，拒绝很多商务活动，因此，我必须在我的邀请函文案的一开始就引起他的警觉，强调这次研讨会的重要性。

信函开头的一段话如下：

"民营企业老板请特别注意，这是一封对你极其重要的机密信函，因为它将直接关乎你公司今年的利润增长进程，以及最适合当下时宜的商业扩张战略的宣告！请您务必认真地看完下面的每一个文字，否则，您极有可能因此而丢掉一个额外多赚30%利润的新机会！"

如此来表述，一下子就把对方的警示心理给激活了，至少让他本来平静的心理顿时间泛起了波澜！

这就是显而易见地在强调重要性！不管他是否会全部接收后面的全篇文字信息，但至少这条资讯，通常都会接收！一开始，顾客就明白，这件事之所以对他极其重要，因为它跟对方的切身利益直接相关！

你注意，强调重要性的要害，就在于你必须让他知道这件事跟他的切身利益息息相关！否则，你空谈重要，就是哗众取宠，没有支柱！

因此，在拿重要性这个表现手法向别人作警示时，你必须掌握强调重要性的关键表述逻辑！你说某件事很重要，何以见得这件事的重要性？那么，到底应该如何表述才能让别人觉得果真重要呢？

事实上，我想特别提醒你的是，不管我们在阐述一件事的重要性，还是在阐述一个人的重要性，或者在阐述一个观点的重要性，都离不开一个最根本的表述逻辑，如果脱离了这个根本逻辑，对方很难感觉到你所说的真的很重要。

其实，只要你稍微仔细地分析我刚刚所举的这个邀请民营企业家参加电子商务研讨会的例子，就不难发现，强调重要性的核心表述逻辑，很简单，只有三步，我称之为强调重要性的铁三步！因为其虽然只有简单的三步，却具备严谨而精湛的说服逻辑！

第一步：明确提出，你所描绘的对象（人或事或观点）对某一方面很重要。如谁在某一领域做了重大的贡献，谁对某一方面的成就做出功不可没，谁在某个行业占据了举足轻重的地位，等等类似的表达方式。

第二步：用一句概括性的语句描绘该本体给对方到底起了什么样的帮助，带来了什么切身利益。也就是说，你必须要说明他所带来的重要贡献到底体现在哪里，否则，所谓的重要就没有彰显出实质的效用。

第三步：说明假如没有这个本体，就不可能到达现在所取得的满意结果。

为什么有些人明明做了贡献，但一部分人就是无法感知到他的重要性呢？那就是因为他们没有换位思考，所谓真正的重要，唯一的评判标准就是四个字——不可或缺。进一步说，衡量"不可或缺"最直接的分析标准就是，假设没有这个本体，人们在某一方面所取得的结果会不会受到较为明显的影响。如果没有这个东西，真的不受影响的话，那说明这个东西不太重要，最多只能说是附加或点缀。反之，如果没有这个东西，最后的结果会受到严重的影响的话，那说明了这个本体就是不可或缺！

因此，你可千万要牢记，这三步表述，一步也不能少，否则无法起到强调重要性的作用！

只要你根据这个铁三步来表达某件事物的重要性时，必定会在对方的脑海中留下"重要的"烙印，并且这个重要的烙印通常会在你表述完之后的顷刻间就会生成！而一旦对方真正感受到了这个重要性之后，他必然会因此而做出反应，有可能是行为上的反应，也有可能是情感上的反应。这个，就是强调重要性的切实意义！

比如，我们常常称淘宝网为中国的电子商务王国，很显然，在电子商务领域，淘宝网占据了举足轻重的地位，那么，如何突显淘宝网的重要性呢？

只要依据强调重要性的铁三步，咱们就能轻易地表述出来，这里，我来做一个示范，表述如下：

第一步：在当下这个新经济突飞猛进的时代，淘宝网无疑是一家超级伟大的民营企业，它对推动中国市场经济的飞速发展起着无可替代的重要作用。

第二步：因为出现了淘宝网的商业环境，中国 13 亿人都可以随时随地通过网络就能享受到便捷、廉价、海量商品的自由购物服务；因为有了淘宝网提供的平台机会，300 万普通人已经从索然无趣的打工生涯中解放出来，走到了自由创业的路上，成千上万名自由职业者已经积累了第一桶金，曾经的上班族和个体户，通过淘宝开店赚取数百万，甚至上千万的案例举不胜举；因为诞生了淘宝网这个交易发生枢纽，中国的经济增长量也获得了显著的提升，仅 2012 年的双十一的这一天，淘宝网就产生了 191 亿的交易额，全年，阿里巴巴集团给咱们国家的 GDP 就贡献了超过 10000 亿人民币。

第三步：如果没有淘宝网的出现，我们购物还会像以前一样费时费力，还要浪费掉许多不可忽略的多余支出；如果哪一天淘宝网消失了，300 万的创业者会立刻失去赖以生存并渴望致富的事业支柱；如果没有淘宝网的巨额贡献，中国去年的 GDP 很可能因此而消减整整 2 个百分点。

当然，我想声明一下，我这里不是要刻意来大力赞颂或者说宣扬淘宝网本身的伟大，也不是刻意呼吁大家赶紧加入淘宝网，也就是说，请你不要纠结与考量这个内容本身的价值。我是借此来向你阐释强调重要性的语言表述逻辑力量，这才是重点！

从上面表述的这三部曲来看，很容易让社会各阶层都引起重视，为什么是社会各阶层？很显然，我们从第二步的表述当中，就容易发现，至少会引起三大阶层重视：消费者，创业家，国家和政府！

因此，这三大阶层都会因重视而做出反应，具体来说，消费者会越来越希望在淘宝上购物；越来越多的普通人会受到激发想去在淘宝开店创业，当然，本身就有公司的传统企业就更不用说，想立刻在淘宝上新增炉灶；国家和政府会做出重要的反应吗？这不言而喻了，贡献这么多的GDP，国家和政府能不把阿里巴巴集团当"经济国宝"重视吗？

事实已经证明如此，为什么温家宝总理在任期作最后一次政府工作报告时，亲自点名邀请马云到堂？其实，温总理此举的缘由很清楚，只是没明说，实际上想表明马云对国家的贡献很大，我们都很重视你的意见啊！另外，在2012年的民营企业峰会上，因道路堵车导致马云姗姗来迟，浙江省委书记夏宝龙主动向马云致歉，原因就是阿里巴巴对政府很重要！

不仅是强调事物的重要性，而且强调一个人的重要性，也同样离不开这个铁三步！

假如你想要突出某一个人在你心目中的重要性，他可能是你的贵人，是你的恩人，应该如何表述才让他感觉到你真的认为他对你很重要？依然是这个"铁三步"模式！

依据铁三步表述模式，你可以这么说：

"在我的一生当中，绝大多数人都跟我擦肩而过，来来去去，不留痕迹，我知道，他们都成了我生命当中的过客，但您是至关重要的一个人。（提出对方的重要性）

因为多亏了您的帮助和提携，才让我在如此残酷的生存环境下，还能获得一席之地，不仅能让我找到一口饭吃，而且还让我的事业发展得有声有色。更令我始料未及的是，我发现我现在已经有能力买房买车了，我越来越感觉到梦想将要实现。（指出重要性的体现方面）

如果不是您在那个恰当的时机在我的生命当中出现，我可能到现在还在那条坎坷而渺茫的道路上颠簸、彷徨、流离，根本不知道希望在哪里，更不知道，到底何处才是我的归程！"（假设没有他，我所面临的结局）

最后还可以加一句："是您的热忱与厚爱在一步一步把我带到现在这个光明而灿烂的阶段！"

很显然，这是你在对你事业上的贵人表达知遇之恩！

你这么一表达完，只要对方当时的心情不是太灰暗的话，他会真的发自内心地感受到他对你的重要性，那种欣慰感与神圣感会情不自禁地从他的内心深处流淌出来。当然，你不一定要完全照我这么说，但表述逻辑不会变，他对你在哪方面重要，你就用相应的内容作替换！

同样，如果拿本书来说的话，当你仔细的读完《营销心法》这本书，我确信你也能体验到它对你的重要性，并且你能向别人表述出周韦廷（也就是我本人）以及这本书对你的重要性，那么当我发现后，我也会自然地流露出欣慰之感！

话说回来，前面一长篇内容，我都是在教你如何表述事物的重要性！它跟本节的主旨——警示重要性有何关联呢？关联再直接不过了，因为你只有懂得重要性的基本表述逻辑了，你才明白如何去警示顾客，如何去打动人们。警示重要性，只不过是把事物本身的重要性预先强调了，目的就是用重要性来激发顾客的占有欲，因为重要，所以顾客想要占有！

由此而得之，警示重要性的完整格式就是：警示引导词＋强调重要性。

因此，当你向顾客传达你所发出的资讯的重要性时，或者当你强调你产品所拥有的独特功能的重要性时，要想让顾客感觉到你在某一方面是不可或缺的，不管你的语言怎么变，但核心表现形式就是这三部曲！不然，顾客不在乎你，或者不觉得你很重要，也完全是在情理之中的！

第二大表达手法：警示急切性

只要是自己驾车的人都会有一种常识性的习惯，那就是当我们在都市的街道上开车前行的时候，通常情况下，你都可以一边开车一边听着音乐，悠然自得，根本没有什么很强烈的意识驱使你去避开后方的来车迹象，因为你只要保持轨道的前进方向基本不变，即使后方有超车行径，你依然可以继续走你的阳关道。

但有一种特殊的情况例外，那就是当后方出现了类似120或者110这种警报车时，这时候，不管多么霸道的人，都得让路，至少也得有强烈的警惕意识，生怕自己挡住了他们前进的路，而他们之所以在后方不停地发出强烈的警报音讯，无非就是在警示你：请马上让行！

为什么人们会对这种警报信号产生如此服从的接收意识？一经发出，全体司机和路人都得让行？因为急切！换句话说，他发出的讯息之所以能警示到你，是因为你感觉到他们很急切，很匆忙，这是一个基本的交通警备心理，人人都有！

何谓急切？急切直接意味着刻不容缓的事情，或者容不得过多的迟疑，你需要立刻做出反应！

对任何人而言，急切，与生俱来就是一种极具杀伤力的营销警示心理，当顾客面对急切性的警示讯息时，他的大脑当中会自发地敲响警钟，因为他都需要迅速做出决定。要么接收，他就能获得他所想要的结果，或者避开一些不如意的事情，但如果不接收，就会因错过良好的时机而引起他不希望发生的后果、遗憾和损失！

总之，凡是急切性的警示，必然会激发人们迅速产生意识性的敏感！而这种敏感意识，通常都可以由咱们营销人或商家用语言来人为塑造，意在让顾客迅速地做出接收的决策。

为什么天猫双十一活动那一天，第一分钟就有近千万人涌进天猫？因为时间仅有一天，大家心情分外急切，担心自己想要的东西买不到！

尤其加上天猫事先就加深了消费者的急切警示心理，无疑是"火上浇油"之举！天猫去年所表述的急切警示资讯，具体内容我不太记得了，但今年他们一定会继往开来地利用这种急切心理来大力激发消费者的购买行为！

在这里，我针对天猫活动提前作个示范表述，目的为了让你具体地学会如何表述强调急切性的警示心理。

依然按照我们前面讲述的表述警示心理的两大步骤：警示引导词＋警示内容，你注意，要产生十足的警示力量，这两步，一步都不能少！

"非常忠告：本次双十一活动仅限当天的24小时，请您务必提前充足支付宝余额，并在零点前就坚守在电脑前，否则你只能眼睁睁地看着自己心仪的宝贝，被别人横刀夺爱，请不要让去年发生过的遗憾又一次重现！"

这样让人一看，只要是一个正常的网购者，都会毫无反感地接收，并且按照这个指令行事，生怕错失良机，也生怕支付宝的余额不够而让购物过程瘫痪，所以，先要干什么？赶紧充钱！

同样，假如你的淘宝店也在不时地举办爆款优惠活动，那么，在一开始，你就应该用急切警示的力量来黏住访客的眼球和接收心理。如，你可以这么来表述：

"紧急提醒：本次优惠活动为期只有三天，请您务必抓住眼下难得的时机来收获您的满意，来了就不要空手离开，更不要再错过之后而悔恨，在即将结束前，请赶快抢一件吧，亲！"

商业上的合作谈判（如招加盟商），也可以用急切性警示来诱使对方快速作决定。如，你可以这样来表达："我想特别提醒你的是（警示引导词）：由于想跟我们达成合作的意向公司有20多家，我们只能选择5家最有诚意、最有实力的公司与我方达成合作，按照申请的先后次序，眼下，您只有三天的时间来考虑这件事，三天过后，我们将按照程度自动取消您的资格，转而将这个合作权限交给下一家意向公司，麻烦您务必在三天之内做出答复，谢谢！"

三天之后，无论他是打算跟你交易，还是放弃，总之，几乎任何人都会对这条资讯产生敏感，时时刻刻挂念着这个事，这就是警示的威力！假如换个说法："关于合作的事，我希望您好好地考虑一下，然后给我们答复。"很显然，这里就没有蕴含警示的作用，对方一定没有这么重视，甚至压根不会放在心上！

另外，关于这种警示急切的具体表现力量，我再给你两句我们中国人约定俗成的心法语句。第一句："机不可失，时不再来！"第二句话："过了这个村就没有这个店了。"这两句话，直接代表了机会的难得与紧急，只要是咱们中国人，基本上都能立刻明白其中的含义，并且会迅速在思维意识上做出反应，意外之意："我可警示你啊，兄弟，你已经不能再犹豫了，再犹豫的话，你就来不及了！"

如卖房子的，新开发的楼盘，广告销售文案以及客服的话术就应该使用急切警示心理，从而快速达成交易。

第三大表达手法：警示禁令性

在很多情况下，当商家大谈阔谈那些五花八门的产品功效时，消费者往往还不一定马上能接收，因为他们需要进一步的考证。但是你会发现，当有人提到某些禁忌的情况时，人们往往会不加犹豫地先接收，我相信，你也会不由自主地去关注这样的讯息。为什么会这样？原理非常简单，因为人们潜意识认为，一旦触碰了禁忌，或者一不小心跟禁忌的东西发生了关联，极有可能要付出代价，有时候，这个代价会比较惨重。

但是，我们不是天生就明白哪些是属于禁忌的范畴，任何人对社会的认识都是慢慢提高的。因此，我们一旦有机会捕捉到那些禁令的讯息，通常都会不假思索地去关注，想要弄清楚个究竟，目的就是为了直接避免付出代价，或者为了防患于未然。

如，"警告：严禁攀缘爬高压电线，否则后果自负！"这是在给你的生命安全做出禁止提醒。这种讯息，绝大部分人能不能接收？不是能不能，是必须接收，必须遵守！

如果你经常逛游各类社交网络媒体，我相信，你一定很清楚，有一类文章的转载率通常都比较高，那就是禁止类的文章。假如我这样拟文章标题："必须禁止混合食用的7组菜品"或"与美女约会时，男生切忌表现的12个不良动作"。对于这样的文章，我保证，转载率不会低到哪儿去；我可以负责任地说，当一个浏览者看到这种标题，要么非转不可，要么非看不可！

因此，但凡禁止类的讯息必然会引起人们的关注度、在乎度与敬畏度，而只要你所发出的资讯受到顾客的关注与在乎后，你就可以在内容中顺理成章地过渡到介绍你的产品，让他了解、喜爱并愿意跟你发生商业关系。因为，这种禁止讯息是你提出来的，顾客自然认为你是这方面了解得比较透的人。另外，顾客在想，既然有禁止的途径，那么一定有可行的途径，这个可行的途径，谁最清楚？当然你最清楚了！

如，我写一个标题，关于对传统企业的电商经营所做出的一个警示："传统企业做电商，切莫直接上广告！"当一个传统企业主欲想做互联网生意，或者一个已经重金砸了广告，尚未获得理想效果的互联网创业家，看到这条资讯，心里就更敏感了，更抱有警惕性了，所以就会打算认真看完我这篇文章，同时，他心里会习惯地认为，既然有禁止的途径，那么，我这里肯定有解决方案，这样，更加吸引他一步一步地看完这篇资讯！

要具体使用禁止的警示方式，我们常常要用到两个代表禁止语气的心法关键词，一个是"千万不要"，另一个是"切忌"。

稍微有点营销智慧，又有点霸权思想的培训机构，在招生时，都擅长使用禁止来做警示。如下面的这种表述方式。

"非常忠告：千万不要参加任何管理培训，除非你把下面的内容看完，因为你将彻底发现，市场上流行的99%的方法和知识都是无效而多余的；更重要的是，你将明白，到底什么培训才是最有效的，到底什么样的策略才是真正适合你发展的！"

你想想，这样的表述，会是什么结果？这是迅速获得心智占领，换句话说，这种表述，在一开始就把所有的竞争对手全部秒杀了，也就是禁止了！那么，到底哪些是应该禁止的知识与内容，哪些才是真正有效的培训体系，这是顾客直接面临的疑惑。要想立刻解除这个疑惑，唯一的路径，就是从头到尾把全篇的内容看完！

只要你对这个行业了解得比较通透，或者对自己的产品有足够的自信，那么，你就可以"大言不惭"地向顾客作禁止警示，因为你是在帮助他们了解真正的价值在哪里！

如卖感冒药的企业，就可以这样来警示："特别忠告：孕妇请千万不要随意使用感冒药，除非你懂得分辨感冒药的真相！"

如卖空调的，用类似的语气，可以把其他品牌都进行"心智禁止"："重要提醒：千万不要随意选择任何变频空调，除非看完下面的内容，你才懂得什么空调才算是真正的好空调！"

　　千万不要认为这是张狂，这代表的是你的自信和营销的高度，董明珠在任何场合都坚信，格力空调才是最好的，以至于格力空调的推广口号都成了：好空调，格力造！简单六个字，铿锵有力！当他们大张旗鼓地唱出"好空调，格力造"的口号时，无疑是在告诫市场，其他所有的空调都没有格力的好！

　　以上内容就是警示的三大途径，警示的作用是立刻让人产生接收的心理意识。我需要提醒你的是，当你在作警示的表述时，你的目的是引起人们注意、在乎，那么，千万不要用一些不痛不痒的表现方式与表现语句。记住：当大家觉得无关紧要、无所事事时，是不容易接收不痛不痒的表达的！

　　说到这里，接收心理的四项法则就已经叙述完毕，下面，请你继续集中旺盛的精力，保持浓厚的激情，接着跟我学习人性索引的第三大部分——行为响应心理。如果你想让你的成交过程发生得自然、连贯、彻底，那么这部分内容，切莫错过，因为正如你知道的一样，任何营销要想能轻易地产生结果，那么，势必要让消费者的购买行为能轻易地发生！

　　行为响应心理五道阀门，就是教你破解消费者的行为响应指令，从而让成交动作轻松地发生，甚至是自发地生成。

第八卷 响应心理五道阀门——
成交十二心法兑现篇

现在，如果稍微梳理一下的话，我相信，你已经明白，前面两卷的核心意义就在于，它们帮助你顺利地打通了消费者对你及你产品本身的心理趋同认识。何为本身的心理趋同认识？简单来说，通过第六卷追索心理的铺设，消费者会对你或你的产品产生强烈的兴趣和意愿，通过第七卷接收心理的奠定，消费者会进一步产生认可和安心，正因为这两种强大的心理效应，就会生成一个巨大的营销成果——消费者从心里面愿意接受你。

但是，我要郑重提醒你的是，营销到这里还有完，人性的力量也还没有释放彻底，因为你要的结果还没有彻底实现！

为什么这么讲？你想想，你的最终目的在哪里？很显然是要成交顾客！这里，我想特别提醒你，同时也为诸君奉上我常常用来警醒别人的一句话，我不敢说这句话是我什么精彩语录，但是我可以百分之百负责任地说，这句话对任何人都有着重大的实际指导意义！请记下这句话："我们时常沉迷于路途上曼妙的风景，却忘了自己最终要去的那个彼岸！"后面还有更精简的一句：请把事情做成！

是的，你的终极原则就是把事情做成。那么，你千万要把你的目标牢记清楚，要把事情做成，你的目的就是要让顾客跟你发生成交的关系，要成交就必须让消费者采取行动。如此一来，问题就显现了，用户从心里面愿意接受你，就一定会立刻产生购买的行为吗？

很显然不是，这是实践告诉我们的真相。我相信，你一定遇到过很多让你喜欢，令你向往的产品吧，并且让你发自内心认可、信任、欣赏的商家也不在少数，那么，所有这些产品，你现在都购买了吗？应该没有吧！你之所以还没有购买，是因为有些因素在冥冥之中阻碍着你的行动，或者说某些路径还没有打通，而这些还没打通的路径和因素，百分之百都应该且必须由商家来解决，而不是消费者自身的问题！

常常有咨询客户问我，说："周老师，我觉得我们把客户心中的渴望表达得很有吸引力了，而且信任也建立得相当到位了，通过用户跟客服的咨询结果，我们也发现，他们是认可我们产品的，至少没有明显的抗拒心理，但问题是，为什么购买率（也就是成交率）总是不太可观呢？他们到底在考虑什么呀？"

我一看他的广告文案和产品描绘部分，我就能立刻察觉清楚，不是因为他对顾客的渴望心理与接收心理没做到位，而是因为还有一些必要程序没有做上去，所以营销才会出现断层现象。因此，我会这样直截了当地来回答这类咨询客户："不是因为他们在考虑什么，而是因为你在他们的行动上没为他们考虑好！"

因此，你必须要明白，即使是有了强大的追索心理和圆满的接收心理，也是不能全盘地把成交结果确定下来的。因为它们和成交结果之间还隔了一道鸿沟，要想让消费者轻易地跨过这道鸿沟，必须要靠能推动消费者产生行动响应的心理力量来实现。

能推动消费者产生行动响应的心理力量，我称之为行动响应心理，简称响应心理。响应心理，在每个人身上都存在的，只是，在大多数的人身上，这种心理都是沉睡的，不会自动被激发，如同追索心理与接收心理一样，如果你释放出来的讯息没有切中这两种心理，人们就难以去追索你，或者接收你。

同样，要想让消费者要真正从行动上来响应你，是需要你来推动的，更需要你来引导，也就是需要你的激发。否则，你即使满足了他的追索心理和接收心理，他依然迟疑不决，甚至完全在行动上无动于衷，其实一点也不足为奇。

为什么说让顾客产生行动响应，还需要心理力量的驱动和牵引？

因为我们绝大多数的人都是被动的，被动是普通人的天性。当然，我这里重点指的是行为上的被动,而不是心理上的被动。事实上,在心理上主动的人本来就不太多,在行动上能主动的人就更不多了。为什么有些人有追求,有想法,最终却没有成果?纵观无今中外,无数有梦想的人一生一事无成,甚至包括那些有才华的人,最终也只能以潦倒来定义一生,原因可能有很多,但最首要的原因就是缺乏主观能动性。

消费者的主观能动性就更不用去恭维了,消费者的主观能动性更需要激发!

因此,领袖的义务不仅要鼓励人们萌生心理上的共鸣与追求,还要领导人们去行动。而要领导人们产生行动的路线,具体来说就两条:要么就是以身作则带领人们产生行动,要么就是制定一套行动响应机制,驱动顾客产生行动。

制定行动响应机制的核心原理就是:找到并吻合消费者的响应心理,然后,你就能驱动他们产生行动。

明白响应心理能给你带来的重要作用就是扫清那些阻碍顾客行动的绊脚石,打通人们的行动路线,从而直接引导顾客产生你希望他采取的行动,如,购买行动。

如果你掌握了消费者的追索心理与接收心理,同时又善于利用响应心理的推动力量,三管齐下,那么,成交将会变得轻信手拈来!

但如果缺了响应心理的驱动力量,很显然,你获得的实际营销结果势必会大打折扣。

万事俱备,只欠东风,说得好听,就是安慰,说得不好听,就是一种不愿意忍受的遗憾。顾客最后如果没有产生购买的行动,有谁不觉得遗憾?

我前面讲过,世界上最难的事情,一个是让人相信,另一个是让人行动,当消费者还没有行动的时候,你怎么能就此止步,你岂能消停下来?你必须牵着他的手,让他跟你迈入关系的殿堂,那个才叫做成交!

那么,响应心理到底应该如何打通呢?

在这一卷当中,我将完全从实战的角度彻底为你揭示,到底是什么阻碍或延缓了成交行为的发生？消费者的行为到底是如何被触发和被引导的？换句话说，只要找到了阻碍行为响应心理的那几道关口，也就打通了消费者的行为响应心理。

通过我这么多年的洞察与实践经验总结，要激发消费者的响应心理，说到底就是打开他们心中的五道阀门，分别是：方案、价格、易得、明确、随从。也就是说，你只要打开了这五道阀门，成交就如流水顺利流经阀门一样，水到渠成！换句话说，顾客之所以不产生购买行为，一定是这五道阀门没打开，那么，你的义务，就是要主动帮他打开这五道阀门，从而让他轻易地产生行动。

下面，让我们来一一打开直关消费者响应心理的那五道阀门吧！

方案——点燃触发成交的导火线

什么叫方案？最直接的理解，就是给别人一个行动上的选择，促使别人去选一个，最后，不管别人选择了哪一种方案，总之，他已经通过行动来响应你了。

这就好比有人问你问题，如果他问的问题让你感觉比较陌生，不知道从哪里切入思维点，太多的时候你根本懒得去搭理，或者直接以敷衍的口气一句话扔给对方："我不知道。"但如果对方改变一个策略，给你几个选择，这时候，你就会比较乐意去回应，而你之所以愿意去回应，因为你有了参照的方案。

我们上学时都喜欢做选择题，当看完题目后，你必然会选择一个你认为合适的答案。即使你不知道，怎么样，你都会凭你的第六感去猜一个，因为万一选对了可以得分。也就是说，对于这种方式的题目，你很容易去响应它，这是一种固有的心理程式。

而一旦碰到填空题，只要你觉得不太容易得出结果，你填都懒得去填，因为你根本不知道如何去着手，不知道如何去响应。

所以说，阻碍人们产生行动的第一道心理阀门就是：人们没有意识到从哪里做出响应。

为什么很多电视台制作竞赛类的抢答节目都是选择题？无非就是提高大家的响应积极性。

这个就叫方案。方案的第一目的，就是提示人们可以去做一个行动选择，而不是什么回应都没有。除此之外，方案还有第二个目的，就是让人做出某一种行动的意愿，因为你需要让他考量凭什么会选择那一种方案。

如，有朋友跟你提起想要从广州到北京去旅游，他想去看看那蕴含了辉煌历史文化的故宫，想看看那雄伟壮观的长城，你告诉他从广州到北京既可以乘火车去，又可以坐飞机去，并且把火车车次和航班号都告诉他了。这就是你在告诉他行动方式。这叫方案吗？很明显，这不是完整的方案，因为你只是给出了行动选择方式，没有给出行动的考量意愿。

要能驱动朋友采取行动，你应该给出真正令他自己可以选择的行动方案。如，你这么讲："如果你想要速度最快的话，就坐飞机，全程只需要2小时55分钟，价格大概在700元上下；如果你想稍微经济一点，就坐特快，大概需要20个小时，硬座价格大概在250元上下；如果你想快速又舒适，坐高铁也只需要8小时，价格862元。"然后，让他自己去考量，他觉得哪一种方案对他更有优势，他就选择哪一种来做出行动。

记住：设置方案必须是行动上的考量。言外之意，既要有行动意识，又要有考量意识，总结来说，这里边就有两层意思：第一，必须体现行动的含义，第二，必须体现每一种行动所付出的代价和所收获到的好处。这样的结果，就是驱使人们去考量哪一种方案是他应该选择的。

传统式的销售成交方式，通常都会出现三种境界。如卖水果的掌柜，对顾客说："今天的水果特别新鲜，要不要称一斤？"在我看来，这种掌柜的销售能力根本还没入门，换句话说，还没有任何销售技巧。当然，还有第二种掌柜："今天的水果特别新鲜，您是要称一斤，还是称三斤？"很显然，这种掌柜比前面那种掌柜的成交能力要高一个档次，因为他至少懂得了方案的力量。但这种掌柜也只是体现了方案的第一重含义，给出了选择，让别人选一个。

因此，市场上还会出现第三种掌柜，如这么说："今天的水果特别新鲜，刚从陕西黄土地运过来的，称一斤六块五，称三斤打九折，称五斤送一斤，您是要称三斤还是称五斤？"你看看，这种掌柜直接绕过称不称的问题，而且连一斤都不提了，更重要的是，给出了称三斤和称五斤的好处，从而让顾客产生迅速做出选择某一种方案的决定。

但凡有智慧的人，就会给出选择，让别人响应。为什么那些演讲大师在希望跟你互动时都会给出选择性的问句，而不是直接抛出一个问题让你来回答？因为，他知道如果台下的观众想不出问题的答案，肯定无法响应他了，这就失去了互动的意义。所以，你发现，当台上的演讲大师给出几个答案后，通常会紧接着说一句："你们觉得是哪一个？"。

方案如同导火线，去点燃别人产生某一种行动。如果有了方案的话，这时候，你思考的侧重，已经不在于你是否要去响应，而在于你应该去响应哪一个，这是人性的心理程式。没有方案，你极有可能处于被动的状态，也就是不行动，因为缺乏一根导火线去点燃你的行动火力。

要让消费者产生购买的行动，你必须采取下面三种性质的方案来触发成交，这三种方案，你哪怕只是选择其中一种来使用，都会在一定的程度上增加你的成交率，因为实践证明，它们简单、直接、有效！

第一档执行方案：按消费度量

何为消费度量？顾名思义，要么就是按消费的额度，要么就是按消费的数量。依此，进而出现了三种有关消费度量的成交方案的制定，从而驱使消费者来做一个行动上的选择。

（1）消费多少数量赠送相应数量的产品

如卖袜子，打上这样的促销广告语："正品品质保证，经久耐穿，买5双送1双，买10双送3双，一年之内穿破了换新的。"如果你敢制定这样的方案，我确保你的袜子会卖疯。你可能会有所顾忌了："要是别人一直来换新的，那我这生意还怎么做下去啊！"你尽可放心，我跟你保证，一年之内真正会来换的顾客人数，几乎为零。你想想，一年之后，有谁会拿着几双破袜子特地跑到你门店厚着脸皮要跟你换新的？这种事情，基本上只有乞丐做得出来，请相信人性！

再如卖西装：买一送一，假如你第一眼看到这样的方案，一定会耳目一新吧，难道买西装还可以买一送一？注意，送一件肯定不会是西装，否则，这就是犯了品牌营销的战略错误，尤其是打下了江山的大品牌更不可行，因为这样势必会给品牌地位丢份！

但可以送同一品牌的衬衫，这个完全是合乎情理的，我去年年末回老家时，在湖南岳阳（我的家乡）的武商广场买了一套雅戈尔西装，就是享受了这样的成交方案。西装价格2800元，送了我一件售价200元的雅戈尔衬衫，我一想，送总比不送要好。不送衬衫的话，我照样也得花2800元，但因为他有了这样的成交方案，我立刻做出了购买的行动。

（2）消费多少金额赠送相应的赠品

中国移动曾经做过这样的话费促销活动：充5000送iPhone合约机一部，充3000送海尔冰箱一台，充1000元送500元的加油卡一张。

无数商务人士都抵抗不住这样的诱惑，因为按照这样的消费方案，几乎等于白送话费。于是乎，他们很轻易地就采取了的某一个方案来行动！

（3）消费多少金额给予相应的价格优惠

价格优惠应该如何给？要实施价格优惠的成交方案，其实非常简单，要么就是按照相应的消费额度打折，要么就是按照相应的消费额度减免费用。

如，当当网不久前对教材类产品所制定的促销方案，就是如下所示来按消费额度减免费用的：满70元减10元；满100元减30元；再返110元礼券；满200元减50元；再返160元礼券。

当然，我们常常会在天猫、京东上看到"买多少包邮"这样的行动方案，事实上，这种方案的原理也是在一定程度上给予了价格消费优惠，因为这就相当于把邮费赠送给了你，或多或少也会对成交有一定的吸引力与驱使力。

第二档执行方案：按产品档次

为什么产品的档次会是一种有实质意义的行动方案？因为很显然，每一种档次背后的价格都会不一样，更核心的是，不同档次所体现的象征身份的购买动机也不一样。当面对不同产品档次的选择时，一开始，消费者总是会在心里进行碰撞、抗衡、掂量：要低端，要中端，还是要高端？他们在为了什么而碰撞，掂量？不为别的，只是在衡量自己应该做哪一种行动选择。

而不管消费者最终会选择哪一种档次，都意味着他愿意为这一种档次付出相应的价格，而愿意付出什么价格，就直接标志着明确的消费行动。

为什么演唱会门票要分为不同的价格来出售？因为不同的价格预示着不同的档次，如前排、中排、后排，很显然，每一种档次的座位号都会吸引不同的观众产生行动，有人为了节俭，有人为了享受，总之，各阶层都会为自己找到购买的意愿。

设想一下，假如演唱会门票不再设置档次，举例，刘德华演唱会门票统一售价980元，按照先来后到的顺序来出售，这绝不仅仅会导致价值与价格不合理的口碑产生，而且会对粉丝们造成一个更加显著的购买决策难点，如："980元，说贵也不算太贵，说不贵也不算太便宜，我到底应该是去看还是不去看呢？看看时间安排吧。"一定有不少观众会这么想。

因此，你会发现，当演唱会门票没有档次时，消费者的心理就是到底要不要去看的问题，而如果设置了档次了的话，那么，去不去看的问题，就会被大大地转移，取而代之的是，应该选择哪一种席位而去的问题。换句话说，当观众们的关注重点转移到选择哪种席位去看演唱会时，这就表示着他们心中的那个购买开关早就被打开了。

不管你做什么产品，做什么服务，当你明白了针对同一种类别需要设置不同的档次时，你会发现你公司的销售效益会大大超过从前，而且也很容易超越还没有意识到这一点的竞争对手！

为什么航空公司要设置不同档次的舱位？如头等舱，经济舱。如果纯粹的是为了完成交通的便利，全部设置统一的舱位不照样可以输送旅客吗？原因就在于，它需要推动不同身份的人，对不同经济状况的人采取不同的行动。你要想实惠一点就坐经济舱，要想更舒适更有身份感，那就坐头等舱。总之，航空公司总能想方设法帮助你找到搭乘航班的行动意愿！

服务产业的档次设定，就更加令人司空见惯了。理发店为了彰显自己的专业程度，连发型师的级别都有了重新定义，我去年才知道，很多理发店为了吸引并留住不同层次的顾客，特地给发型师设置了助理级、专家级、总监级等不同的级别。当你一走进发廊，接待员就会热情而周到地问你："先生，我们这里的发型师有三个级别，助理级20元，专家级48元，总监级98元，请问你想要选择哪种级别的发型师？"你看看，多么行云流水的成交表达能力，不绕弯子，一口气把所有档次以及相应的价格都给你和盘托出，就等你的选择了。

而通常情况下，一个大老爷们至少会选择专家级，为什么？面子问题！面子这个词，几乎是所有男人的情感死角，我本人暂时也未能免俗，每当我在上海的陆家嘴理发，不管是哪个发廊，从来连助理级问都没问过，直接跳到总监级或专家级。而事实上，很多发廊根本没有助理级的发型师，换句话说，助理级和专家级就是同一群发型师。所以说，我只想让你明白，但凡能按服务档次制定出不同方案来的商家，都已经懂得这个营销心理，这个就是档次的威力。

因此，我在作营销策划时，一定会给客户划分出不同的档次。于是乎，常常会有那些刚创业的咨询客户问我了，说："周老师，我们公司才研发一款产品啊，名称也只有一个，款式型号也只有一个，怎么能制定不同的档次呢？"

这个问题很常见，因为大多数创业型公司都只有一款产品，但也务必要划分出档次，解决方式其实非常简单，稍作策划，就能打造出不同的档次来，如增添不同的增值服务，对不同度量的产品数量进行捆绑式销售。如，你可以设计三种不同的套装：体验套装装、加强套装、巩固套装，形式上是不同的档次，实则为同一款产品。从套装名称划分，你就能看出，他们带给顾客的效果会不一样。事实上，只是捆绑了不同的数量，然后分别给予不同程度的增值服务和优惠价格即可。

因此，按产品档次来定方案的核心就是，你必须让消费者能明显地认识到，不同的档次会有不同的功效，不同的档次会有不同的待遇和优越性。从而，他会针对某一种功效和优越性来做一个购买行动。

第三档执行方案：按购买时间

无可厚非，很多商品的售卖都会跟时间牵连起来，要么是直接地跟时间发生关系，要么是间接地跟时间发生关系。另外，时间是任何人逃脱不了的生活主线，人们干任何事情都跟时间紧密相关，我不能说全世界所有人都具备珍惜时间的优良观念，像毛泽东一样真正做到只争朝夕的人就更少了，但是你会发现，一旦时间与购买发生密切联系的时候，绝大部分的人都会产生敏感的意识，因为你的钱财花费和购买举动跟时间有关，你能不重视吗？

江湖上，不在乎钱的人有一部分，不在乎时间的人也不在少数，但把钱和时间绑定在一起呈现在顾客面前，这里面的纠葛可就多了！

钱就是用来消费的工具，因此，在定购买方案的时候，我们完全可以把时间这个参数作为重点参照标准。

让购买作用于时间的表现形式，只有二种，一种是购买使用时间，另外一种就是按照时间的推移来购买。

什么叫做购买使用时间？也就是说顾客直接购买的是你产品的使用时间，如阿里巴巴的诚信通会员费每一年是 3688 元，即，使用阿里巴巴的诚信通这个产品，你需要每年缴纳 3688 元，这就是直接购买产品的使用时间。

那么，按购买使用时间的形式，应该如何制定成交方案呢？解决方式就是根据不同的使用时间量给出不同的优惠或好处，很显然，如果顾客一次性购买的时间量越多，你给出的优惠和好处也应该越多。

腾讯公司在 2012 年做企业 QQ 促销时，做过这样的时间购买方案：买一年是 3000 元，买 3 年送 1 年额外加 2000 条短信，买 5 年送 2 年额外加 5000 条短信。这就是典型的根据不同的时间购买量给出不同的成交方案。这样产生的结果就是，一定会有一批客户一次性购买 3 年，也一定会有一批客户一次性购买 5 年，同时，对腾讯公司本身来说，既锁定了用户又快速收回了大量的现金流。

如万网域名续费促销活动：续 3 年送 2 年，续 5 年送 3 年，这种时间方案的可行性就比较强了，因为既然是老域名，一般都得续费，而且很多时候，我们很可能因忘记续费时间而导致域名丢失，为了安全省事，不如连续几年，何况多续几年还能有如此大的优惠，那何乐而不为。

如果你的产品或服务，跟使用时间有直接的关系，如 VIP 会员卡这种形式。那么，你在任何时候做营销方案时，这种方案是连想都不想就得实施起来的。如高尔夫会员、瑜伽锻炼会所、游泳馆、网络游戏充值、咨询顾客、软件销售、电商托管服务等，这些都必须要用时间量来定营销方案，如常见的表现形式：月卡，季度卡，年卡。

重点是，这三个等级的性价比必须有明显的反差。我有位客户在四川成都做实体店的养生保健事业，他们推出了一种理疗卡，卡的等级及其相应的价格分别是：月卡 680 元，季度卡 1200 元，年卡 3000 元，这里面的性价比差别就很明显了。当然，为了招揽更多的新顾客进店来，他们还有一天的免费体验卡，当新来到店的顾客免费体验完觉得满意之后，就很容易做一次收费的选择了，当顾客面对三种级别的会员卡时，那就不是选不选的问题，而是怎么也得选一个的问题。

另外一种时间方案，就是按时间的推移顺序给予不同的优惠方案，从而促使顾客产生购买行动，这样，就直接把时间和钱牵连起来了，也就是说，方案所表现的含义就是：你购买的时间迟早不同，那么，你所付的钱就会不同，或者你所得到的好处会不同。这样的结果，势必会让顾客对时间生成崇拜心理，他什么时候行动，完全取决于他跟时间的较劲！但是你们彼此心里都很明白，有谁能赢得过时间？宇宙的大道是，时间一去不复返，因此，顾客一定会选择一个就近的时间点来产生购买行动!

请你注意,在这里,我需要让你明白这个营销原理,它绝不仅仅是用你通常所认为的紧迫性来化解顾客的拖延心理,这样理解就过于肤浅了,记住:这是时间方案的营销威力,这里谈不上紧迫,谈不上压力,只是让顾客自动地产生行动意识罢了。请你细细地品味一下吧!在本卷的第五章,我会再阐明紧迫性到底是怎么回事,然后你会明白这两者之间的差别。

咱们中国的教育培训产业可以说是风生水起,正值如火如荼之际,培训机构可谓多如牛毛。但通常情况下同一种性质的培训都是一个月开设一次,尤其是有些论坛还是一年开一次,如若要想提前增加销售额,完全可以利用时间方案。应该怎么用呢?按照先后顺序把时间划分成几个阶段。然后每一阶段设定一个优惠,重点是阶段的优惠价之间有明显的对比。如,本月上旬报名5500元,中旬报名6000元,下旬报名7500元,但任何阶段内报名,只需客户交500元定金锁定名额即可!

如我们道中道思想的主打体系课程"领袖赢利思想""领袖营销思想""领袖说服思想",我每个月只开一次。

对于报名限期比较长的课程,可以按独立的月份来设定时间方案。如举办商界领袖论坛,半年或一年才举办一次的,举办方必须提前几个月就要开始造势进入市场,并制定出清晰的购买方案。如:6月份报名价格19800元,7月份报名价格21800元,8月份报名价格24800元。

这样的结果就是,只要有意愿想要参加培训的学员,都会尽早地做出决定。

如果你要做淘宝爆款促销,爆款要真正产生可贵性,必须采取预售的方针。如将你的时间方案设定为一个月的期限,你需要按每十天划分为一个时间阶段。因此,你的方案就会出现三个阶段,第一阶段一个价格如88元;第二阶段一个价格如118元,第三阶段一个价格如148元。要让此种方案产生最大的杀伤力,你要做的就是必须保证每一天的新顾客都处于第一阶段的时期,并且也一定会同时有三个阶段与其对应的价格呈现在他眼前。如此一来,就会让每一天来的顾客，都会萌生立刻购买的念头！顾客想：我本来只需要88元就能买到，为何还要多支付30元或60元，为何不现在行动？

事实上，按促销时间定方案，有时你只要稍作改进，本质理念不变，但从表现形式上，可以打破常规思维，让人耳目一新，而你也将获得非同凡响的结果。

在商场上，打七八折或八折的促销活动，我们可以说是司空见惯了。但能喊出打一折口号的商家就为数不多了。理所当然，如果真有人敢打一折，那铁定吸引到的顾客会如潮水般的涌来。但问题是，几乎没有多少人敢真正用打一折的超低价跟顾客兑现，除非他希望自己的公司快速倒闭。那么，有没有什么妙计，既可以用一折的口号来吸引顾客，而最后却不是用一折来跟消费者达成交易的呢？答案是有，按时间来定打折方案就是这样的妙计。

日本东京有个银座绅士西装店。这里就是首创"打1折"销售的商店，这个商店的打折手法曾经可以说是震动了整个东京市场。当时，他们销售的商品是"日本GOOD"。

其具体的操作表现手法是这样的：先定出打折销售的时间，第一天打9折，第二天打8折，第三天第四天打7折，第五天第六天打6折，第七天第八天打5折，第九天第十天打4折，第十一天第十二天打3折，第十三天第十四天打2折，最后两天打1折。

商家的预测是：由于是让人大加惊叹的销售方案，所以，前期的舆论宣传效应会比较轰动。抱着猎奇的心态，顾客们将蜂拥而至。当然，顾客可以在这打折销售期间随意选定购物的日子，如果你想要以最便宜的价钱购买，那么你在最后的那两天去买就行了，但是，你想买的东西不一定会留到最后那两天。

实际发生的情况是：第一天前来的客人并不多，一会儿就走了，从第三天就开始一群一群地光临，第五天打6折时客人就像洪水般涌来开始抢购，以后就连日客人爆满，当然等不到打1折，商品就全部售完了。最后的结果是：虽然商家最初喊出了一折的口号，却以五六折的价格就将全部的产品一售而空。

这就是按时间来定折扣方案所产生的营销妙用!

方案的作用,就是引发顾客产生行动反应,以上三种方案,无论你使用哪一种,都会在一定的程度上发挥其应有的销售促成效用!而凡是没有方案的成交,会比有方案的成交,在效果上来得滞后。

我想再次提醒你记住的是,有没有方案比方案本身的展现形式更加重要,有方案就意味着你已经打开了消费者心中的那一道响应阀门,这时候,顾客能明显发现,他能透过那道门去做购买决定。而方案本身的优越性,则是催升消费者完成购买过程的效率!你的操作智慧,就是务必要给出一个行动方案来,让他有做行动决定的导火线,或者说"噱头",当有了方案之后,顾客自然会把焦点放在行动方式的选择上,而不再是被动的迟缓,甚至无动于衷。

顾客如何行动,你根本无须催促,方案自在眼前,公道自在人心!

价格——破除显著的购买抵触

在商场上,你总能碰到这么一群消费者,无论你的报价是多少,也无论你的产品是否货真价实,他的反应总是觉得贵了。

如在淘宝上搜索到一个宝贝,看到一种价格350元,贵了;再看下一个,280元,还是贵了;又继续点击下一个……最后到头来,一件也没淘到,半天的光阴就被"贵了"这两个字给奢侈地泯灭了。

你发现,大多数情况下,他们根本就没有认真地在心里评估,而是不假思索就说:"贵了!"为什么我敢说你总能碰到这样的消费者,因为,事实上,绝大部分的消费者都是如此,不管哪个行业,无一例外!

那么,是不是要降价?持续地降价?如果你是希望通过降价或频繁地打折来解决这个问题的话,你可能永远在市场上没有出头之日,为什么史玉柱说降价就是消亡的开始?因为你即使降价,那些曾经说贵了的人依然还是会说贵!

假如，你要对新上市的某一款产品或某一种服务进行价格测试。第一天定价 700 元，这时候光顾你店（不管网店还是实体店）的顾客，一定有些人会说贵了。然后你把消费者的话当真了，于是就开始降价格，改成 600 元，第二天再来光顾你店的顾客当中，我跟你保证，依然会有一些人说贵了，而且说贵的人几乎不会比第一天说贵的人少到哪里去。

可见，价格抵触是绝大多数消费者心中的自然反应，而不是通过郑重的理性分析再做出的反馈。如果你的营销机制不能直接帮他绕过价格抵触这道坎，他的行动就会因价格而变得怠慢，甚至直接因价格抵触而逃离你，也就是意味着你这个单泡汤了。

很显然，价格成了绝大多数顾客是否会比较流畅地做出购买响应的第二道心理阀门。也就是说，价格会对消费者的购买行动产生影响，我们必须要打开这道阀门！

为什么无数的商家未能比较顺利地迈过"价格"这道坎，其实是他没有看到事物的本质，消费者只是说贵了，而"贵了"并不是事实！你注意，消费者只是感觉贵了，这是他习以为常的、固有的感知反应，消费者对贵的感知反应，我定义为一个新名字叫做"贵感"！

注意，这里有一个重要的前提，那就是在没有对比的意识下，消费者会习惯性对一件产品生成"贵感"。

那么，当有了明显的对比意识后，消费者又是不是希望买便宜呢？答案也不是，因为人们通常都会认为便宜就代表价值低贱，我定义这种感觉为"贱感"，当消费者在不能具体了解产品原料以及制作详情的前提下，往往没有别的办法去评判价值，只能直观地靠价格来匹配价值。具体说，你价格高，我就感觉你价值高；你价格低，我就感觉你价值低。商业交换的基本原因就是：价值决定价格，价格是价值的表现形式。因此，我们在绝大多少情况下，就靠价格来认识价值！

这就好比说，当 2008 年苹果手机刚刚问世进入中国市场时，无数人觉得这个价格不地道，太贵了，总感觉消受不起，但还是咬紧牙关买了一台 iPhone 3，因为他们觉得这么贵一定有它的独到之处。但当后来市场上纷纷出现了更多相对低价的智能手机，如联想、小米，而以前买苹果手机的用户在更新换代时，基本上还是买苹果，如 iPhone5，而对那些相对低价的智能手机基本上是不屑一顾，也就是说他们根本没去了解这些手机的品质、性能与体验度。

我们先不谈这些国产手机的品质与性能到底跟苹果有多大的差别，而是说无数人根本没有去着实地进行了解，进行比较。他们那时候不是说苹果太贵了吗？现在有相对低价的智能手机，为什么试都不试着去了解一下呢？其实，他们并不是没有去比较这两者之间的差别，只是，他们比较的方式非常简单、非常直观，那就是直接拿价格作比较，他们感觉：价格高的品质就好，价格低的品质就相对低。

好了，尖锐的问题来了：你价格高，人们会认为价值高，但感觉价格贵；你价格低，人们感觉便宜，但感觉价值低。于是乎，消费者会因"贵感"而放弃购买，同时也会因"贱感"而放弃购买，显而易见，这是留存在消费者心中的一对针锋相对的矛盾。

这就是为什么无数的商家在定价格时会产生纠结的根本原因，他们困惑就困惑在这里。

顾客不希望自己买贵，但同时他又不希望买到低价值的产品，这样一来，要让顾客完全不受价格所困，那就难了，如果让我用比较庸俗的话来表达这一事实的话，我只能说：人性本贱！

那么，到底应该如何去解决这对矛盾呢？核心的法门就是从问题本身着手，因为问题本身就是答案的源头。

你要做的事情，就是必须把顾客大脑当中的"贵感"和"贱感"同时消去，解决这个问题的核心思想就是：保留贵的事实，拿掉贵的感觉！所谓贵的事实，就是向顾客表明你的产品着实有高价值；所谓贵的感觉，就是让顾客感觉他可以用不贵的价格买到，或者说这个价格其实是比较合理的。

如此一来，有点小聪明的商家，可能会曲解我的意图，他们通常都会这么做：先标一个原价多少，然后说现在只需要多少。事实上，这种情况很常见，但在我看来，这显然不是最明智的方式。第一，你直接打折不合乎逻辑；第二，打折意味着你把消费者的焦点聚焦到价格上来了，而不是价值本身，一条裤子，你要标一个2000，再4打折还要800不是？

我们必须从本质来上来化解这个问题，也就是说，必须让价值与价格固有的匹配关系不发生变化，而又要让消费者不产生"贵感"。

下面，我将为你传授三种破除价格抵触的操作策略。通过实施以下三种表现策略，你根本不需要再费口舌去解释为什么贵，而且，更让你感到轻松的是，如果不是对价格故意苛刻的消费者，都再也喊不出"贵了"这两个字。因为他找不出贵的缝隙切入进去。

第一种表现策略：让人感觉越来越低价

要同时削除消费者心中的"贵感"和"贱感"，你要懂得一个根本性的操作思想，那就是必须对同一款产品设置多重价格，而绝不能只是一种价格。

你想想，你作为商家，你的目的就是让人买，只要成交就是成功。记住，这是你的第一目的，同时也是老板的核心交易智慧。如果消费者只看到一个价格，尤其是新上市的产品，结果会怎么样？势必会有两种结果生成：第一，自发性的"贵感"在作祟，正是前面我们所讲的，你不管标什么价格，他都会觉得贵；第二种结果，那就是买不买的问题了。而多重价格给消费者的提示是：他应该侧重买哪一款？

经过我们无数次实践证明，同一类产品设置2—4种价格，会获得一个高质量的成交效果。

设想一下，同一类产品的套装价格，分别有1680、980、480元的选择，你好不好意思开口跟商家还价？你要觉得1680元的贵，那就买980元的；要觉得980元的贵，那就买480元的吧。

从直观上分析，前者的成交概率是75%，因为要么就是选1680元的，要么就是选980元的，要么就是选480元的，要么就是不选。而后者的成交率顶多50%，要么买，要么不买！

在多重价格机制这个基本的思想前提下，让人感觉越来越低价的重点实施策略，就在于价格排列顺序问题了。

如何呈现呢，回头看，大多数的商家都是按从低到高来排列价格的，这是市场上99%以上的商家都在犯的误区。如，480—980—1680，不管第一个价格是多少，人们总会产生"贵感"，因为你从低到高排列的话，那么，消费者的感觉就是：越来越贵！如果反过来排列：1680—980—480，从高到低排列的话，消费者的感觉就是：越来越低价。

这里，你需要明白一个重要的心理原理：消费者心中的"贵感"，也就是第一个价格，从来不是通过具体的理性分析而生成的，而是自然反应，是抽象的意识。因此，当面对这两种不同的价格排列方式时，消费者对第一个价格产生的抵触情绪几乎没有差别，先排480还是先排1680，他都会觉得贵，而不是发掘有多贵，即"贵感"没有程度之别，它只是一种意象！

因此，越来越昂贵和越来越低价，这两种排列有着显著的心理感知差别。

那么，既有高价格的，又有低价格的样式。其分别产生的实际作用在哪里？高价格是一种价值参照价格，何为价值参照价格？价值参照价格的作用就是向消费者阐明贵的事实，传递高价值的产品属性印象，你不要去指望会有很多人第一次为这个高价格买单。但它的实际作用就是给顾客在价值上的参照标准。而排在后面几个不同程度的低价格，其主要作用就是为用户消除贵的感觉，让人感觉越来越低价。

如，一场咨询会，主办方先给出一个5万的参与价格，在学员看来：哇，这么贵，一定价值不菲，这个5万就会激起你的关注度，但同时，你会觉得价格贵了而产生抵触。但是你放心，有智慧的主办方就会传达一个越来越低价的感觉，从而让你以低价进入这个会场。

如：第一排座位5万元，第二至十排座位19800元，从第十一排起9800元。但是这里面最关键的是，这个价格摆放顺序不能变，先高价再低价。最后，我跟你保证，这场咨询会的主要收入绝不会来自第一排5万元的座位，第一排不能坐满的座位他们通常会给那些只花了19800元的学员来享受。因为，5

万元只是作为一个参照价格的作用,甚至很多情况下都只是一个摆设。

价值参照价格的另外一个作用,促使顾客先买别的低价格的产品,然后最后再买这个高价格的产品。

如道中道系统的四大核心产品:《领袖赢利思想》《领袖营销思想》《领袖说服思想》《营销心法》,显然这是一整套顶尖的商业系统。因此,此四大产品在网站中自左至右摆放时,价格就是依次递减,大部分的客户会先花3800元购买《营销心法》,我要让客户感觉到我的产品是有高价值的,同时,要让你作第一次购买,也不会有贵的感觉。如果我先放《营销心法》,仅一本书,就需要3800元,你怎么着都会觉得贵。

你在设计整个成交流程的时候,一定是把贵的产品以及各种升级服务放在第二或第N次来销售,这是你策划的重点。但是,你对外宣传时,或者你在网页上展示这些价格档次时,一定要依据消费者的阅读顺序,先放价格最高,然后依次递减!核心思想就是让人感觉越来越低价。

第二种表现策略:让人感觉越来越划算

假如你只有一款单一的产品或服务,而且你还来不及划分很多档次,在面对消费者的"贵感"时,应该如何应对呢?你已经明白,不管在任何情况下,只有一种价格势必会引发"贵感",应对的策略就是设计显著的价格优惠方案,让人感觉越来越划算,就很容易保留贵的事实,也能驱散贵的感觉。

我因为有几个相对比较大的客户在成都,在我最初涉足营销顾问时,我曾经在成都待过长达三个月之久。我那次出行成都的目的是给几个做传统企业的公司辅导网络营销。后来,经客户的引荐,给另外一个理发店的老板作了一次营销策划。

该理发店坐落在成都锦江区的闹市区,中产阶级的市民比较多,而且该理发店的装修着实比较豪华舒适。原本他们的定价是:洗发28元,理发49元。我问老板为什么要这么定价,他说行情就是这个价,附近其他理发店差不多都是三五十元,我说那你的优势是什么?他说他全部聘请的是专业级的理发师，技术相当精湛过硬。

然后，我让该老板在门前竖立一块大大的牌子，上面写着醒目的四行大字：第一行：一流的发型师，一流的设计，一流的品质保障；第二行：洗发48元，剪发98元；第三行：一次性充值200元打6折；第四行：一次性充值500元打5折，并免除第一次洗头费用。

假如是你，你愿意选哪一个方案行动？事实上，60%的人会选择首次充值200元，当大多数人碰到98元这个价格，会不会觉得贵？反正中产阶级不会觉得便宜，当碰到98元的价格时，一般人会有这种意识："98元？这里面的品质一定是非同凡响吧，这里面的服务一定别出心裁。"总之，人们会觉得它是比较高端有品位的，但貌似有些贵啊。

因此，第一行与第二行的意图在哪里？给人以贵的事实，奠定服务的高价值地位，也就是我前面说的价值参照价格，而后面依次出现的两行打折优惠就是消除别人对贵的感觉。

你想想，后面这个6折、5折，会给人什么感觉？实在是太让人纠结了，简直就是折磨人。因为打折的跨度比较大，如果理一次发，他需要付98元，但6折、5折，那是显而易见的划算。

这就叫做让人感觉越来越划算。更关键的是，你作为商家还一次性融了不少资金。何乐而不为！

这里，值得你注意的是：这几行文字的摆放顺序一定不能颠倒。必须是从前往后，从上到下，让人感觉越来越划算，一步一步舒缓消费者对价格的心智抵触。

从那次开始的一个月之后，该店的生意非常火热，几乎每天早上9点到晚上11点都是门庭若市，在其他条件不变的情况下，他们的月营业额提高了35%。

因此，你要明白，让人感觉越来越划算的核心操作思想就是：贵的品质表现，不贵的价格方案表现。有越来越划算的价格方案就能轻易地驱散人们心中的贵感，如果你直接标个高价，然后直接打折，那就不符合逻辑，为什么要打折？如果消费者一次性充满一定的额度再打折，那就符合正常的消费逻辑！

第三种表现策略：让人感觉定价合情合理

毫无疑问，价格本身那个数值就是会让消费者敏感的一个不可忽略的重要因素。如果消费者肉眼一看到你的价格就觉得不合乎情理的话，那么，势必会产生抵触心理，然后就不知不觉将他的购买行动掩盖起来。因此，定价就成了任何商家必须掌握的一门营销学问。

要想顺利通过设立在消费者心中的那道价格阀门，我们必须让他们感觉到我们的定价是合情合理的，甚至是无可挑剔的。

关于定价这件事，历来是营销界争相进攻的重点，尤其是西方那些经济管理类学者们，将定价写入营销学教材。我们不需要过多地去关注学术是怎么来诠释定价的，只需要站在消费者的角度来洞察这个问题，在我看来，要想让价格产生攻心力，要让人感觉你的定价无可挑剔，最重要的指导方针也有下面三条。

定价指导方针一：除非特殊情况，切莫定整数。

最没有智慧的定价方式，就是定整数。因为你只要定整数，消费者会明显地察觉得你是在随意而为，根本没考量到切合实际的价值匹配，什么叫切合实际的价值匹配？也就是说，用户认为你不是根据一分价一分货来定的价格，要不然，哪有这么巧？换句话说，只要消费者看到纯粹的整数，第一反应，那一定是贵了，因为他觉得不真实。如，在消费者看来，800 元远远没有 798 元真实！

虽然事实上价格不一定要与价值匹配。

换句话说，非整数价格总是能更大程度地激发消费者的购买欲望，因为他们潜意识当中就认为非零整数价比整数价格合理，虽然在数值上可能非常相近，但是它给予消费者的心理冲击力是大相径庭的。

你不一定要让价格的所有数位都是非零数字，但至少要让价格数位的次高位非零，什么意思呢？很显然，整个价格数值的最高位不可能是零，那么，你必须保证第二高位（即次高位）也非零，后面的其他位数是否为零都不太重要。如3000元就不是明智的价格，你应该把次高位非零化，如2800元或者3800元。同理，300元也应该改为280元，或者298元都是比较合理的。

这是攻心定价策略。如果你打算定价区间为500元—600元，那么定整高位500元或600元，远不如定580元有吸引力！

为了让你明白非整数定价的重要性，我还可以向你阐明一个更加过分的事实：即使是在高位数值等同的前提下，那些非零次高位的价格，也比零次高位的价格要有吸引力，而且成交率会高得多。具体来说，3800比3000会有成效，当然比4000就更有成效了。

注意，我说的合理是指，你定的价格一定要让消费者看起来比较合理，即给消费者合理的感觉。事实上，价值真正要具体物化下来，谁也说不清楚，但是我们要降伏的是消费者的感觉。营销的核心智慧就是卖感觉！让消费者感觉合理，让消费者感觉占了便宜，让消费者感觉实惠，让消费者感觉很兴奋，感觉很值得，感觉很美好！感觉是谁创造的？商家，也就是你！

定价指导方针二：让价格所产生的营销回报最大化。

在价格数值上，消费者第一关注的是高位数，这里面蕴藏着一个什么心理奥妙呢？我跟你举例好了，你知道的是，398元较之408元，在数值上并没在太大的差别，但你可能不知道的是，这两者对消费者产生的价格抵触程度，绝不可同日而语。后者的心智阻碍会明显大于前者，因为408已经超过400。

事实证明，在其他营销元素同等的条件下，后者的成交率会比前者降低至少10%。具体来说，同样是300个进店者或者300个网站访问者，前者若能成交10个顾客的话，后者却只能成交9个，那到底哪种定价方式会给你的营销带来更大的回报？稍微测算一下，你就明白了，假设同样的是300个访问者，当价格是398时，成交10单，销售额3980元。当价格是408时，顶多只能成交9单（实际上还没有9单），销售额是3672元，这还只是三位数的价格，如若是四位数的价格，那差别就更大了！

与此同时，也诞生了另外一个数字攻心策略，在效果上，会更有杀伤力。那就是同一高位数的无数种价格当中，从成交率与利润的综合效果上统计，尾数高的比尾数低的价格更划算。如，398的定价比388、378、368……所带来总体营销效果都要高。为什么？因为消费者直接感知398、388、378、368在价格上没有什么差别，即，他几乎不会觉得398元比368元要贵！

再说得过分一点，消费者的感知认为，300元比299元所产生的价格贵贱差别大于299元比279元所产生的价格贵贱差别。也就是说，人们感觉300元比299元贵很多，但299元比279元贵不到哪里去，你不要觉得这仿佛有些玄乎，你只要在两个门店或两个网页分别测试这两组数据，你就能得到这个结果，只有一个原因可以解释，那就是消费者在感知上最在乎的是最高位数。

总结起来一句话：要想获得一个最令你满意的营销回报，请不要在次高尾数中出现低位数，说到底，就是不要出现0—7，这是价格的杀手锏秘密，我在任何地方都从来没透露得如此具体！298比268和318更有成效！29800比26800和31800更有成效！这是根据价格心智抵触及综合成交效果共同得出的结论！

因此，这五六年以来，在我所有的咨询客户与接受我策划的客户当中，只要是经过我来定价的，其价格的次高位不是9就是8，不可能会出现0—7中间的任何数字。

举例，你卖化妆品，你定价268元，不如定298元，但不要超过300元，要超过就超到底，定398元！你在天猫、淘宝或者自己开商城卖牛仔裤定169元，不如定199元，但不要定208元或218元，相信这一种定价指导方针，你应该懂了吧！如若还没懂，请再认真地体味几遍，不要被这中间的数字搞晕了。

定价指导方针三：让最低非零数位的数字最吸引人。

什么叫做最低非零数位？那就是在价格当中，最后的那个不为零的数字。如396的最低非零数位就是6，580的最低非零数位就是8，这个辨别起来非常简单。

虽然最低的那个非零数位，可能对整个价格的数值大小影响不大，但它具备不菲的营销能量。如396和390的价格数值的差别只有6，但它的意义在哪里呢？

事实证明，至少有两个实际意义，第一，它是令消费者瞩目的侧重点，最后一位有意义的数字，相当于整个数位的端点，而但凡具备端点位置的属性是最容易让人产生记忆点的，我们往往最关心一个故事的开端和结尾而忽视它的中间环节，我们通常最喜欢问一条河流的发源地和它的尽头而对它流经的地方不怎么过问，都是端点心理在起作用。

价格最低非零数位的第二个切实意义在于，它更能体现价格制定的精确度与合理度，还有更重要的：人性化程度。为什么我说必须要让定价合情又合理，然后到无可挑剔？你就明白，我们需要从这些方面来体现。

正因为基于这两个重要的意义，那么，我们应该如何才能让最低非零位的数字更吸引人呢？最具体的操作法门就是直接给这个数位附上最具杀伤力的价格数字。实践证明：6、8、9这三个数字，是最受中国消费者喜好的三个价格数字，如396、398、399这些都是格外抢眼的价格。

注意，我指的这三个价格数字是用来作为非零最低位的价格数字，而不是说其他价格位数都必须用这三个数字。我将这三个数字命名为"黄金定价三数字"。

那么，你可能想问我，这三个数字到底是怎么来的呢，是根据什么样的心理情愫得来的？下面，我跟你揭示三个缘由，让你明白，这黄金定价三数字的诞生渊源。

缘由一：人们都喜欢找到大气、够分量的感觉。很显然，1、2、3、4、5这些都属于低值数，不够有力量、不够有气势、不够重磅、不容易映入人眼帘，用我的话来讲，就是攻心的力量较弱。因此，将1、2、3、4、5作为端点数——最低非零位，远不比如6、7、8、9有吸引力。你现在只要稍微回想就能发现，310元、320元、330元、340元等这类价格，在那些兴旺的大型商场的出镜率高吗？或者你自己感知一下这些价格，都不会觉得有什么冲击力！换句话说,如果大型商场的绝大部分商品都是类似这种价格,那么,在价格制定上,就大大存在问题。

由于1、2、3、4、5这五个数值在气势上稍逊风骚,于是乎,最低非零位的候选数字只剩下6、7、8、9这四个数字了。

当然,那些能够代表特殊意义的价格应该除外,如常常有商家乐于用365来定价,其中的个位数5,这时你就不需要把6和5改了,因为众所周知,365具备特殊的含义。

缘由二:为什么我要把7也筛选出来?因为人们希望数字的形状要看起来舒心、和缓、饱满才容易接收。这里跟你透露一个重要的心理秘密,中国人天生喜欢圆形或弧形,其实不仅是中国人,全世界人民都一样,因为圆形或弧形是让人看起来感到舒心的典型形状!

为什么我们中国人喜欢把成功修饰成圆满成功?你没有听说过方满成功吧?事实上,连"方满"这个词都不存在,而圆满这个词却是任何人喜闻乐见的!我们常常会被圆形所吸引,而对方形没有太大的好感,除非是实用所需。生活中,你只要稍微留心注意,就会发现,绝大多数令人赏心悦目的景物的外观都是圆形或弧形。

因此,从6、7、8、9这四个数字当中,我们就很容易看出,6、8、9这三个数字的周边形状就是圆弧形,让顾客感觉充实、圆满、舒心。而7之所以被我筛选出局,因为7的边缘纯粹的线条化,菱角化。因此,7显得刺眼、尖锐、太僵硬。

感觉一下,297元和298元两种价格,哪个价格会先入你的眼?当然,你作为商家,我不是让你在同一时刻对同一款产品的几个单品,分别用这两个价格测试,这样就有点傻愣了。同一时刻,同一款产品,消费者当然会选297,因为少一元钱。

你要测试的话,在不同的时刻,如这个星期定价297,下个星期定价298或299,在琳琅满目的货架上,统计测试哪一种价格的瞩目率会更高。

缘由三:蕴含某种深刻的象征情愫。

为什么6、8、9是最具攻心的价格数字？除了上述两个缘由外，还有第三个缘由，因为它们分别蕴含不同的象征意义。

6代表六六大顺，老百姓认为6会给自己带来吉利，因此倍受喜欢；而8之所以受到欢迎，因为人们觉得8会给自己带来发财的好运，8的谐音是"发"嘛；9也有特殊的寓意，9的谐音代表长长久久，天长地久，如价格399元、499元永远都具抓人眼球的吸引力。

你是否有过这样的行动反应？

当你在商场上购物时，比如说你买了一款699元的衬衫或裤子，当你到柜台前结账时，你会告诉收银员说："一元钱，就不用找了吧？"你有没有讲过这样的话？事实上，大部分人都有过这种小举措。其实不然，你还是冲着699买的，你当时为之瞩目的是这个数字本身，而不是这个数字代表的钱的多少，假如它标价692或697或600元，给你的感觉都会截然不同。

综合一下定价的这三点指导方针，我们将可以得出一个最具攻心力的价格杀手锏秘诀。对于次高位来说，最具营销效果的两个数字就是8和9，最低非零位定价三数字：6、8、9，如果你把价格定在三百多，那么，在300—400当中，最有营销效果也最具吸引力的价格就是6种价格：386，388，389，396，398，399。如果你的产品价格定在3000—4000之间的话，那么最好的定价就是3860，3880，3890，3960，3980，3990。当然这是把十位数定为最低非零位，如果你想把个位数定为最低非零位的话，那位它的千位就是3，百位就是8或9，个位就是6、8、9，十位数从0—9当中任选。

假如，你直接按照这个定价杀手级秘诀来给你的产品定价的话，那么，你的价格会具备天然的营销竞争优势。可以这么说，如果你有一天发现别的商家也完全是按照这种方式来给他的产品定价，那么，你可以断然下一个结论：那肯定是从周韦廷老师那里学的。当然，我说的是，你必须发现他的整个系列产品都符合这个定价操作手段，你才能这样断定，偶尔一两个产品吻合这个规律，那可能是巧合。

关于定价的超级奥秘，想必，我这样已经说得够透彻、够具体了吧！

总的来说，你只要按照前面所述的三大操作策略，就会将价格这道心理阀门豁然打开，从而让消费者不为价格所困扰，不因单一价格的出现而生"贵感"，不因定价的不合理而心生抵触，顺利推动他产生购买行动！

下面，我们继续学习影响消费者产生行动的第三道心理阀门：易得。

易得——消除顾客行动惰性的攻心主张

我在第六卷讲述顾客渴望"解决问题"时，曾说到"求方便"这个普遍的诉求，而"求方便"当中又具体划分了一个细节性的渴求叫做省事！就是省时，省力，省事，这三个渴望点之一。也就是说，顾客会因为你的产品具备帮他省事的价值而产生购买。

从前，咱们的祖辈如果想磨豆浆的话，他们需要浸泡豆子，需要人工推磨，然后还需要烧大火将豆浆煮熟，工序又多又累。那么，现在，咱们为什么愿意花钱购买豆浆机？因为这些费力费神的琐事儿全交给机器去完成了，这就叫省事的价值！

咱们之所以会花钱购买豆浆机，因为咱们不想费那么多事，咱们会因少费一些事而购买。同样，咱们产生购买的过程，也希望少费一些事，因为这两者归根结底，都是直接关系到人们的行动心理机制。为什么你想买豆浆机？那是因为它可以让你少费些事。为什么无数人愿意通过网络或者通过电视购物而购买，那是因为他们想让购买过程少费些事。需求形式有差别，但需求心理没差别！

当你发现行动的过程非常的烦琐，你的行动响应心理自然会慢慢遇到阻塞。但非常遗憾的是，我发现无数人在要求顾客行动时，把行动环节搞得很复杂，要求顾客做很多事情，比如说网络营销，要求顾客提交个订单号或者要求访客注册网站还需要填写用户名、性别、手机号、座机号、电子邮箱地址、QQ号、邮编号，甚至希望你把银行卡号也填上去，然后让你填写一大堆的申请资料，你烦不烦？这样的结果，势必延缓人们的行动。

这个世界上，并非所有的人们都有明显的惰性。但当人们的角色发生改变，变成消费者的角色之后，这种消费惰性就会随之而来，他们会习惯性地变得懒惰，他们讨厌困难和复杂，喜欢容易和简单，消费者在消费时的行动心理是：除了付钱以外，我希望你把绝大多数的事情都给我办好，或者说，我要办的手续越少越好。到超市购物，我希望一进门，有服务员把购物篮送到我手上，如果连个篮子都要找半天，我可能下次再也不会光顾这家超市了，我认为这些事是你们应该做的，而不应该由我自己来做。

因此，你要想迅速打通顾客的行动响应心理，尽量让购买过程变得容易，变得触手可及，让成交过程短平快，与其让他多一事，不如让他少一事！

请务必抓住一个重要的营销思维，那就是能触发任何人产生行动的一个显著的心理标志是：轻易地获得，简称为易得。具体说，如果人们觉得易得，他就乐意产生行动；如果人们觉得不易得，他就不太乐意产生行动。

另外，我们还可以直接从字面上来看出"易得"的要义，显而易见，所谓易得就是容易得到，如果再分解一下的话，就包括两层：一是容易行动，二是有获得。

实施"易得"的两个成功关键

由此推之，要想满足消费者的易得心理，从而促使其快速产生行动，你必须做到以下两个成功的关键。第一，少要求一些行动任务；第二，多给予一些利益获得。

如何才叫做少要求一些行动任务？其实非常简单，也就是让顾客所付出的行动最少化，少提出一些行为指令，少搞些流程，少设置一些行动按钮，让顾客能完成行动的路径最短化，把复杂的，冗余的动作能删则删！总之，跟购买没有直接关系事情，全部略去！你在这里必须假设：任何一个消费者都很懒！

另外，根据这个思维，在商业合作上，你可以经常使用这句非常攻心的成交语句："你只需要做好这个就行了，其他不用管，其他所有的烦琐事情都由我来搞定。"言外之意，对方的任务只要干好一件事情，而把烦琐的事项转移到你自己的身上。事实上，其他事情也不一定烦琐，但你只让他做他擅长的事情，他不擅长的事情，通常情况下，他也无法判断烦不烦琐。

什么叫做多给一些利益获得？其操作的核心要领就是直观，决不拐弯抹角，让任何人一看就明白他现在就行动能得到什么好处，如给价格优惠或者给免费赠品。这就是为什么赠品总是能增加成交率的原因。

站在商家的角度来看，就是顾客的贪婪心理在作祟；站在顾客自己的角度来看，他们认为这是超值。只要你给的"馅饼"不太过分，他们就会认为这是合乎情理的。

常常有咨询客户问我："周老师，我在网站上特意放置了一个注册板块，可是为什么注册的人数很少啊，还不到访问人数的5%。"我说这还不简单吗？别人为什么要注册你的网站？别人为什么要没事找事做？我说你给一个利益获得，访客不就行动了吗？没好处，谁行动？

然后，这些老板们才豁然开朗！

事实上，中国99%的网站上的注册按钮都是摆设，放了一个注册页面，然后坐等新访客注册，也就是说，无理要求别人产生注册这个行为，或者放一微信二维码孤单冷清的在那里，有多少人会对你那个"在那里"有反应？这可以说是整个电子商务的遗憾和损失。你随便点开几个网站，十个有九个网站的注册板块，基本上没人响应。

根据"易得"心得的两个成功的关键，我们便可以知晓，注册行动之所以困难，只有两个原因：第一，注册事宜繁多；第二，没好处。

换句话说，要想获得真正的注册效果，第一，要让注册要求变得尽可能简单；第二，必须给潜在客户一个诱因！

下面是我一个咨询客户的网站的注册页面，网站名叫做凯飞亚旅行网。

这一看就有些烦琐了，注册一个会员需要填写十行内容，显然不符合易得的第一重心理。同时，他们公司的网站也没有给任何好处吸引别人注册，完全就是个摆设！我给了他们一个建议，在网站首页的注册示意图片处写上：注册成 VIP 会员，可免费获得 10 元代金券，并长期享受 9 折服务优惠，并且把注册页面改版成了如下所示：

其实还可以更进一步将注册事宜简化，那就是，把验证码删除，把手机号码和电子邮件任意删除一个！

优米网的注册引导模块算是最切合顾客易得心理的成功样板，因为它可以说是把易得心理的两大成功的关键要素发挥到了极致！

你只要填写三项内容，手机号、验证码和登录密码，这个动作易不易？很容易！那你获得的好处是什么？你一开始可以不用直接购买它的会员，你只要花 30 秒钟注册，就能免费体验到课程！

推进成交的超高效表达语句

想要迅速、简单、高效地落实"易得"的购买响应心理，我送你一句非常简单而有高价值的心法语句，通过我们无数次实践证明，使用这句话，你可以立刻提高 30% 以上的电话咨询率，记住："你现在唯一要做的就是，拿出你的手机，拨打我们的统一订购热线：400×××××××，你就有可能获得你想要的优惠！"

这个行为动作容易做吗？很显然是非常简单！因为只需要做一个指令，那就是现在拨打电话！打这个电话，你不仅能订购到你想要的产品，你还可能获得优惠！这就是"易得"两大关键要领的切实体现！广告文案的结尾，以及销售文案的尾声，你可以直接使用上面这句话，我保证，它将会为你的营销直接提升询盘率！

对于线下门店的重复消费也是一样，告诉顾客："请您记好我们的客服电话，您下次购买时，只需要拨打这个电话，报上您的会员号，告诉我们你想要购买的套装，我们就会派专业的送货员，24 之内直接送到您的家门口，并且还能享受 8 折优惠价格。"

只要对方还有重复购买的可能，就很难抗拒你这样的要求，而且还会小心翼翼地收藏好你们的客服电话，又"易"又有"得"，有几人能抗拒？

总结，关于打通"易得"这道响应阀门，你只需要抓住一个核心：少要求一些行动任务，多给予一些实在利益，人们就乐意行动！

随从——创建趋之若鹜的行动态势

你一定经常遇见到、体验过这种难以自控的现象。

曾经的某一天,你在路上行走,无意间发现前方不远处聚合了一大批人,然后还不断有人纷纷涌向那个人群,这时候,请问你会怎么办?你很难装着若无其事对这个正在发生的聚众现象不理睬,你十有八九也会临时改变你的想法,前往那个聚众地逗留片刻。

事实上,前方发生的聚众事件跟你一点关系也没有,你也根本不知道自己为什么会朝着那个聚合地而去,你没有任何动机,也没有谁要求你一定要前去看看,你的想法非常简单:"这么多人都涌过去了,那我也过去看看呗。"是的,你之所以会前去看看,是因为你看到无数人都去了,以及无数人都在去,仅此而已。

我们中国人把这种现象形容为趋之若鹜,这种趋之若鹜的效应就是由人们的随从心理所导致的。很显然,所谓随从心理,就是在同一个环境下,当我们看到别人在做什么,我们也会跟随着别人而产生同样的行动。

可见,随从心理对人们的行动有着巨大的牵引作用。

其实,这还只是无意识的随从现象,因为这个现象跟你本来的动机没有任何关联,如果是有意识的随从,也就是说,你本来就有一个心理动机,那么,这个时候,因随从所产生的行动牵引力就更加强烈了。

举例,你本来想去购物,然后你发现街道面对面有两个超市,一个门庭若市,另一个门可罗雀,请问,你去哪里?在没有其他主观意识的干扰下,你一定会选择那个门庭若市的超市去购物,你之所以会选择进入这个门庭若市的超市,只是因为你的随从心理在帮你做决定!

你在想,既然这么多人都在这里购物,那么肯定是这个超市有优势,但在你进去之前,是没有任何事实证据来证明这家超市是相对有优势的。事实情况有可能不是你想象的这样,有可能是今天这家超市全场打折,更有可能是这家超市才开张几天,无数亲朋好友在帮他捧场而已。

反之，当你去光顾一家商店，你发现进去购物的顾客寥寥无几，这时候，你极可能会因这种萧条的景象而感到浑身不自在，甚至后悔进去，然后一转身就走了。为什么？因为此时，你的随从心理没有得到响应！

随从的心理意识不是后天形成的，而是与生俱来的，绝大部分的人之所以会不由自主地产生某一个行动，就是因随从心理所致，因为我们从小到大的行为都习惯了被带动，当我们听见别人唱着歌，我们也会不知不觉地跟着唱起来；当我们看见别人在认真工作，我们也很容易被带动起来；当我们发现无数人都在买某个品牌的产品，我们也会跟着去买这个品牌的产品。

随从心理对人的行为有着强大的拉动作用，具体来说，当你看见某种行为有了一定的响应人势，你也会跟着响应这个行为，仿佛有一股无形的力量在拉着你去响应，而且响应的人势越强大，你就越容易随从这个行为；反之，响应的人势越薄弱，你就越难以随从这个行为！

善于利用人们的随从心理，你可以迅速吸引人们产生行动或者产生认知趋同。

那么，人们的随从心理是如何激发出来的？随从效应是如何生成的？很显然，我们从问题本身就能看到答案：要让人产生随从，唯一的实施通道就是有带动。具体来说，要想让人行动，必须先让一部分行动起来，然后，把这个事实传达给那些还没有行动起来的人，旨在直接带动他们产生行动上的跟随。

带动是随从的根本前提。带动和随从就是一对必然的因果关系。

揭秘领袖的"随从"操纵智慧

但凡各行各业的高手都懂得利用带动和随从的因果关系去操纵一些重大事情的发生，并引领一个组织的壮大。

如果你公司要想不断的向前发展，必须先让一部分人富起来，先让一部分人实现梦想，目的就是带动更多的员工为实现梦想奋斗起来。如果所有的员工看到你公司没有一个富起来的，你们还哪里有斗志？你的凝聚力从何而来？

既然伟大领袖的经济决策是先富带后富，那么，商家应该如何运用随从心理激发顾客产生行动？唯一的操作法门就是五个字：先买带后买！

也就是说，你要想让后面更多的顾客产生行动，你必须向后来者传达一个事实：前面已经有多少人产生了行动，以及告诉他们当下已经有多少人正在行动！

根据这个最本质、最直接的操作法门，我们可以进一步获得，以下三种体现购买随从的具体表现形式。

创建"购买随从"的三种表现形式

表现形式一：已购买人数。

彰显已购买人数，就等于彰显了某款产品最直观、最浩大的带动之势。因为你彰显的是产品的累积销量，毫无疑问，这个数据是最具气势的，你要做的事情非常简单，那就是用精确而具体的数字把产品的累积销量直观地展现出来，意在让后来的新顾客一看就明白。

这也是各大电商平台惯用的促销策略，如淘宝聚划算的常见促销策略——已购买数量。很明显，在促销类的产品信息当中，最容易拉动人们产生行动的信息就那个已购买数量，并且，这个信息会瞬间拉动无数人产生随从的行动意识。

你不一定非得通过第三类电商平台才能彰显已购买数量，一切都在人为，你即使是通过自己的网站，自己的商城，也完全可以把属于你的已购买人数给顾客展现出来。

表现形式二：今日购买记录。

今日购买记录意味着最新的购买动态，当顾客发现每天都有不少人来跟你发生交易，那么，他的随从感势必就会来得更加强烈。

要体现今日购买记录，你必须把当天的具体日期给展示出来，那个才是最真实的。当然，淘宝上会直接显示成交记录是今天的日期，还是以前的日期。

当我去淘宝购买某一款产品时，通常我都会先找到候选的五到十家，在其他综合条件几乎不相上下的前提下，我会直接参照两个非常简单、直观的数据来做决策：第一，最近三天的成交记录条数；第二，最近三天的评价记录的条数。

事实上，不仅仅是我，绝大部分的顾客都会把这两种参照标准，作为他的行动决策！

你想想，当某一款产品好几天都没有购买记录，你还会那么爽快，那么安心地作决定吗？你之所以会顿时有些纠结，是因为你没有找到最新的随从感！

如果你不是依赖于第三方平台的客观统计，那么你需要用语言刺激顾客的随从心理，最能激发顾客当下随从心理的两个具备直接攻心力的标题："今日购买记录"和"最新购买动态"。然后在这个标题下面把具体的订单信息给显示出来，尤其值得注意的是，每笔订单信息前面必须带上今日的具体日期，顾客信息，甚至可以彰显得令人看起来比淘宝的宝贝记录更真实！

表现形式三：让购买时限与已购数量珠联璧合。

在做产品促销时，如果你记得把促销的时限性和已购买数量这两大敏感信息同时彰显出来，我确定，你将会把消费者的行动速度带到一个顶级状态！

你想想，对于顾客真正感兴趣的产品，他能不关心购买时间吗？万一错过规定的购买时限，他一定会为错失购买机会而后悔。正因为有了购买时限，他一定会尽快作购买决定！所以说，限时性为顾客迅速做出购买决定贡献了显著的推动力。

另外，已购买数量给顾客促成购买随从发起了无形的拉动力。因此，这两大力量前拉后推，无疑是珠联璧合，让消费者的行动速度达到最快的程度。

具体来说，应该如何来最大效果地呈现这两大珠联璧合的营销信息呢？

关于限时性的呈现，你可以不呈现全部的购买时间，但你必须把剩余时间呈现清楚，并且越具体越好，如："距离购买截止还剩下2天13小时48分"，因为只有具体的倒计时才能最大限度地触发人们的紧迫心理。

关于已购买数量，必须动态展示！什么叫动态展示？动态展示就是每隔一个时段，你所呈现的购买数量都会发生变化，这样一来，就会让消费者真实地感受到随着时间的推移，越来越多的顾客在购买你的产品，也就是说，作用于消费者心中的那股随从的力量在与时俱增！

如聚美优品、乐蜂网、淘宝聚划算，就是在这方面体现得颇为到位的典型代表。为什么聚美优品的每天的销售量能破500万？我们仅从成交速度来看，聚美优品无疑已将限时性和已购买数量这两大触发行动的中坚力量运用到了极致。当然，聚美优品这个平台本身的存在属性——打折，就不用说了，因为团购网都依赖打折来招揽顾客！事实上，聚美优品之所以能快速触发成交，就靠这三大杀手锏力量：打折，限时，随从！

随从所产生的行动力量永不过时，因为随从的人性永不过时，善于时刻把随从效应贯穿在你的营销活动当中，贯穿在你的商业生涯当中，贯穿在你的事业经营当中，你会发现，你总能获得显见的成效！

明确——引导任何人产生行动的第一生产力

我对那些敢于试错，敢于投石问路的人是比较欣赏的。我欣赏他们的勇气，但是我并不提倡这么干，因为这样做的，大家的心里其实是非常迷茫的，根本不知道前方在哪里！

但问题是，敢于投石问路的人非常之少，大多数人都没有跨出第一步。为什么大多数人不愿意主动走出第一步？是不是因为他们没有梦想？是不是因为他们不想获得成就？

我问过很多人，问话内容如下所示：

我："你想出人头地吗？"

他们："想啊！"

我："你是想安分守己还是想轰轰烈烈地干一番事业从而获得成就感？"

大部分人说："想干一番伟大的事业！"

我："你想过上富足的生活吗？"

他们："想啊！"

我："你愿意为了实现你的梦想去行动吗？"

有一少部分人说："我愿意付出全部精力去实现我的梦想！"

我："那你为什么这么多年还没有朝着你那伟大的目标去行动？"

他们："周老师，我真的不知道怎么干啊！"

我："既然是这样，如果我能教你怎么干，你愿意跟我干一番伟大的事业吗？"

他们："愿意！"

我："那你就跟我走。跟我走，你就能到达你梦想的地方！"

事实上，以上这七句话，是我招纳合作伙伴的杀手锏对话程式，而且我也教过无数的老板用这个问话模式去招聘员工，相继获得了不俗的效果。这就是领袖的营销风范！

创建领袖级权威的指令表达方式

在这个世界上，无数人就是因为不明白怎么做而又不想试错却导致迟迟没有去行动。具体来说，不是因为别人不愿意行动，而是根本没有找到明确的行动方向和明确的行动指针，这时候，如果有人指点，告诉他，他只要知道如何做，他就能实现目标；他只要知道走哪几条路线，他就能到达他要去的地方！只有这样，他才会立刻启动并加快行动的步伐！

领导人就是时刻能明确想法的人，只要你一明确，大家伙就容易响应你的指令并采取行动。

很多咨询客户经常跟我说很崇拜我，因为他们觉得只要跟我一沟通就能找到明确的路线，这让我感到很欣慰。其实是因为我知道，我要真正帮助到对方，必须要让对方明确想法，这是我的义务，也是我一贯的工作与处事准则。

为什么你愿意买这本《营销心法》，那就是因为你在营销上有困惑，有纠结，找不到明确的路线和方针，而我既能给你明确的思想路线，又给你明确的实施方针，所以你买了。你之所以购买，是为了你心中想要明确，所以你愿意行动。只有你明确之后，你公司的员工和你的顾客才会因明确而行动。

因此，请你务必牢牢记住我这句话：明确产生行动力！我可以百分之百负责任地告诉你，这个观念不仅仅会让你在营销上获得持续推动力，而且它会让你受用一生。不管是营销、管理、沟通、说服、生活处事等各方面，它都能带给你巨大的收获！

如果老板要吩咐他的员工办一件事，基于明确还是模糊，通常会出现两种老板。第一种老板，比如说："小李，你利用这周双休日的时间，给我把办公室的这一大堆书搬走。"然后老板一说完，转身就走了。

另外一种老板会怎么说，"小李，请你在双休日抽点时间帮我把这一堆书搬到3楼的2号仓库的第3个书柜里去，这里是仓库与书柜的钥匙！"

这样会出现什么结果？

结果就是在第一种吩咐下，那位员工可能到了礼拜天还在纠结怎么搬，原因就是他不知道搬到哪里，老板的书总不能扔了吧！他不明确而又不好意思或者不敢问你。

而在第二个老板的吩咐下，那位员工极有可能利用今天中午休息的时间就把这事搞定了！原因只有一个：明确！

老板必须让员工的行动方式变得明确，不管什么事，否则员工就容易懈怠或者纠结！

为什么军队的执行力这么强？是不是军人天生就喜欢行动？不是。军人也是人，是人都有人性！军队之所以执行力这么强，在我看来，至少有两个原因。第一，每个人都知道明确的行为响应动作，怎么踏步，打丛林战时怎么匍匐前行，阅兵时如何保持步调一致。比如说参加阅兵时，每个人都知道脚步必须要抬高到30厘米，他们根本不用自己思考，就直接这么干了；第二个，有作战指挥，为什么叫做一切行动听指挥？那就是在给部队明确的作战方针，没有指挥就会散乱！或者说，没有指挥，大家根本不知道如何行动！

在生活中也是一样，要想产生领导力，你必须让事情变得明确！

我们常常会遇到不明确的纠结，比如说在饭馆点菜，朋友问你吃什么，你回答两个字：随便，然后轮到下一个点菜，得到的回答还是随便。然后就是你也随便他也随便。最后，你发现，弄了半天，菜还没点完。

因为大家都不明确，所以，事情的进展必定会慢！

什么叫做随便？随便的定义就是根本不明确怎么做！你要明确怎么做，你会说随便吗？"随便"和"不知道"，这两者产生的结果完全就是一样。

所以，在这里，我给你一个明确的指令，如果你想成为权威人物，成为你这个圈子中的领导人，成为营销领袖，从今以后，你再也不要说"随便"这两个字，你必须把"随便"这两个字从你的大脑当中删除！为什么很多老板在作决策时愿意咨询我的意见，而很少去咨询他的公司的伙伴，因为我的秘诀就是，我从来不说随便！

你没主见，没立场。你处处说随便，无非就是让别人来导演你的生活，但你的人生是你自己的，必须由自己来导演好这部戏。

领袖的权威感就是这么丧失的，同样，商家的领袖地位，也是这么丧失的。关于领袖的权威与魅力表达，我会在我的培训会"领袖说服思想"中重点为你阐述。

从今以后，你要明白，说话也一样，作为一个领导者，只要你说出的话，做出的安排，凡是不明确，都没有影响力！

老板、领导人在面对下属的报告时，必须要给出明确的执行决策。我可以跟你说得再透彻一点：即使是错误的决策，你也要先给！然后回来认真深究之后再作调整！因为你给了，就表示你起码已经让别人知道这事有方向了，而不是漫无目的。有方向才有盼头，然后他们才愿意跟着你一起干，或者按照你的指令干。下属最怕的就是跟着一个拿不出方向的领导人。

你想想，领导人给不出明确的方向，那大家还要你这个领导人干吗？这样的结果就是，走着走着，你的权威感与领导力就会慢慢消失！

真正的老板必须是员工的领袖，真正的营销人必须是顾客的领袖。因为这两者的共同的作用都是领导人们采取行动。因此，你要想影响人采取行动，而不只是思想上的影响，那么你必须让人明确应该如何采取行动。

在揭开顾客的行动响应心理层面上，营销领袖最基本的义务就是必须让消费者认识到你可以帮他做明确的购买决策，你可以帮他作明确的行动引导，让他能买到令他满意的商品，买到适合的产品，那么，你就能迅速地打开顾客心中的那道行动响应阀门。

具体来说，你必须通过三个梯度来满足顾客的明确心理。这三个梯度分别是：明确的购买目标、明确的使用流程和明确的行动路径。

实现购买行动的三重梯度

第一梯度：明确的购买目标。

无数人都笼统地认为营销就是满足别人的需求，而事实上却没这么简单，消费者通常都只知道自己的抽象需求，要吃、要穿、要漂亮、要好玩、要安全、要浪漫、要鲜艳等，这是消费者的需求认知。但当人们了解完你的产品之后，发现你的品牌当中有好几种款型和样式都能满足他的需求，也就是有好几款产品，他可能都中意。言外之意，顾客已对你的产品产生渴望与兴趣，并且也信任你，接受你，只是不知道为选择哪一款而行动。

如，一个女孩来到你的商店，她觉得这里的十几款服装都很漂亮，看起来好像都很喜欢，这时候，你让她全部买下来，这很明显不现实。

当消费者面临购买目标的决策时，一般营销人会说："都好看，各有各的特色，那您就随便选择一款吧。"这种回答就是极度肤浅的表现！因为很显然没有切中要害，她本来就纠结，"随便选"这种话还用得着你说吗？

我再说一次，顶尖的营销人以及营销领袖永远都不会轻易说"随便"二字。

营销领袖会怎么说，营销领袖一定会说："您就选择这款吧，我确定这一款是最适合您了，因为你的肤色和身材跟这款最相称了（这里说适合她的理由），你就买这款，准没错！"也就是说，营销领袖一定会帮助顾客筛选出明确的购买目标。

人们往往不喜欢做决定，希望被引导，明智的营销人员一定要学会推荐。你不引导，无数人就会不知道往哪走，你不推荐，他就不明确。之所以需要明确，意图就是化解顾客的选择纠结。然后引领他快速采取行动。

你必须要清楚，人们在打算行动的时候，往往会为最后的抉择而纠结，而只要他纠结选哪一款，那就很难做购买决定。所以说，化解顾客的购买纠结，让顾客的购买目标变得明确，是你的义务。

就像有人问我，说我的四个产品他都感觉都很吸引人，他很需要，但是就是不知道首先应该选择购买哪一款。我的要求是，任何新顾客第一次接触我周韦廷时，必须先学习《营销心法》这本书，等消化吸收完这本书之后，他才有资格报名其他三门现场培训课程。因为这本书揭示的如何吸引人心、如何实现成交的营销本源奥秘，如果没有先学会本书的指导思想与操作秘诀，其他三门课就很难吸收进去！

在经营电子商务时，那就是更需要将购买目标表明清楚了。在网络上向顾客明示购买目标，实现起来其实非常简单。你只需要把你品牌下所有的产品按特征和属性进行明确的分类就行了，这是文字就能实现的事情。但是，你必须要精准细致，越精准的话，顾客的购买目标就越明确。

如卖服装，你就在各种款型的标题上标明：这是成熟稳重型，这是青春活泼型，这是温柔淑女型，这是阳光气质型，这是大家闺秀型，这是小家碧玉型，这款适合白色肌肤，这款适合皮肤幽深一点的，这款是宽松型，这款是紧身型，并且把适合身材的各种尺码大小给公示出来。也就是让顾客一眼就能明确他适合哪一款，那么，他自己就能决定购买哪一款。而不会因目标模糊而产生购买纠结。

如香影服饰天猫旗舰店，就是这样把各种款型的特质皆表达得生动别致，可谓是各有千秋，意在以不同的购买目标来吸引不同的顾客。或者满足同一种顾客不同时段的购买要求。如最迷情的款式，最曼妙的款式，最雅致的款式，最灵动的款式，在店铺首页就一一呈现出来了，意在让顾客根据自己的性情爱好做出明确的选择。

但非常遗憾的是，大多数的商家都没有做这道工序，不是觉得麻烦，而是根本没有意识到！而事实的结果是，你没有意识到，顾客的行动目标就会不明确，也就是说，让顾客产生明确行动的第一梯度都没有打通！

秋水伊人同样是一款知名的服装品牌，但在这一点的体现上就稍有逊色了，因为在它的每一款产品标题描绘上，你只能看到价格。顾客就很难根据自己的偏好来选出适合自己的购买目标。

另外，你还需要把尺码的类别给标示出来，这是顾客在做行动决策时，必定要考虑到的基本要点。比如，用一个表格来展现就比较清楚。

如果顾客连尺码大小都不明确，岂能做购买决策？

第二梯度：明确的使用方法。

毫无疑问，顾客之所以会从一开始接触你到最后打算购买你的某款产品，是因为他能感受到并相信你这款产品能满足他的某种身心需求，这叫价值。你前面所做一切营销表现就是为了铺就这个结果。同时，他明白，要想让产品的价值发挥作用，必须从使用产品开始，更重要的是，要想让产品价值实现预期的结果，必须懂得如何使用。如果他觉得自己不会使用，那还买了干吗？

因此，当顾客真正决定产生购买行动时，他唯一担心的问题就是如何使用的问题。你可能会说，这还用得着教别人吗，买了产品之后谁还不会使用啊，万一不会用，看看说明书不就会用了吗？

事实上，凡是这么想的，都犯了两大明显的推理错误。一个是常识错误，另一个是逻辑错误！

常识错误，怎么讲？事实上，无数的顾客是真担心自己不会使用。往往越是第一次购买某个品牌或者某种新产品，他就越担心怎么使用；越是高科技产品，他就越担心自己会不会用。我们必须把所有的消费者当成傻瓜，也就是说，即使你的产品再人性化，体验度再好，你也需要让他明白如何使用！

为什么说犯了逻辑错误？顾客不是拿到产品之后，才需要知道如何使用，而是他需要先知道如何使用，然后才会购买。绝大部分的顾客都是这种心智逻辑。说明书不也是附随产品一起才能收到的吗？另外，你见过有几人在使用产品时真正参照过说明书？你自己愿意看说明书吗？

我们在购买商品时，都希望商家用极为简洁、极有条理的语言通俗易懂地向我们传达如何使用，而不愿意自己去琢磨怎么用，也不愿意去看说明书。因为能真正把说明书写清楚的，写得可以让人一目了然，写得让人一看就懂的商家寥寥无几。仅仅看"说明书"这三个字就是在麻痹人的神经，"说明书"完全就是站在商家自己的角度在说话，顾客想要知道的是如何使用产品，"使用方法"这四个字才能进入顾客的世界，这是在响应"同一"的心理接收原理！

因此，我们必须事先就把明确的使用方法公示出来，让顾客一看就懂得如何使用。

如某品牌的芦荟海藻面膜详细的使用方法六步骤，每个步骤不仅有不同的标题来指示不同的使用目标，又有具体的使用动作来帮助顾客完成每一个目标：

第一步：洁面；

第二步：服贴面部；

第三步：贴近肌肤；

第四步：静敷

第五步：轻取；

第六步：吸收。

这六个步骤几乎可以让任何顾客都能快速明白这款产品怎么使用。言外之意，你只要按照这个具体的使用方法，就能获得你想要的美容效果。最后还有一个温馨提示，无疑是让顾客的使用认知更加人性化了。

再如，九阳豆浆机四步使用说明也算是简单明了，你买到九阳豆浆机，然后按照它所给的四个简单的操作步调，就能喝到香浓可口的热豆浆。

其实大部分的人在拿到产品之后都很容易学会使用，只是他们担心不会使用。事实上，在生活当中，人们所担心的绝大部分事情根本就不会发生，但他们依然需要提前预知，我们之所以要事先给出明确的使用方法，就是解除顾客的使用担心，让他弄懂他所想要的结果就是如此实现出来的，只有这样，他才会立刻做出行动的决定。

记住，明确的使用方法很重要，因为它是打通顾客从打算购买到决定购买的最后一座心智桥梁!

第三梯度：明确的行动路径。

当顾客对所有一切都满意之后，最后，就是他做出行动的那一刻了，而当他准备正式行动时，必然想要获知一种明确的行动方式，因为他想知道怎么做才能找到你（联络人），怎么做才能跟你发生关系，怎么做才能跟你成交，怎么做才能获得他中意的那个产品。

你想想，当顾客正着急要跟你购买时，如果连一个联络方式都找不到的话，那怎么行动？这种营销结局势必会令人感到无处话凄凉！

在任何商业成交上最大的遗憾就是：顾客明明迫切想要跟你发生成交关系，却不知道如何行动，这对你来讲，是莫大的失误与损失！

因此，要想让顾客轻而易举地就能实现行动成果，你必须要给出一条明确的行动路径。什么叫做行动路径？这好比我们俩相隔两地，假如我要去找你的话，总得有一条路吧，具体来说，你首先必须告诉我你在哪里，更重要的是，我要通过什么途径才能到达你所说的那个地方。

我要去河的彼岸，我可以通过河上的某座桥过去，如果附近没有桥，那么我可以坐船过去，这就叫路径！如果没有路径，我就过不去！

在实体商业当中，最基本的指引购买的路径就是通过各种途径找到那个商店地址！比如说，假如你是第一次去上海，然后，你听说上海的老凤祥珠宝品质一流，品牌悠久，做工精致，你若真的想去老凤祥珠宝店买一条钻石项链的话，那么，最能触发你立刻采取行动的信息就是有谁告诉你老凤祥在哪里，怎么走才能到达那里。如，我告诉你去南京路专卖店就能买到，然后告诉你怎么才能到达南京路。这就是你想要的行动路径！

当然，通过电子无线设备和互联网途径，还可以有更简单、更直接的行动联络路径。比如说，电话本身也是一条路径，只不过是联络时间最快、线路最短的路径！如，我要给我的客户明确的行动路径的话，我可以这么说："公司的总裁和总经理可以直接拨打15801728113找周韦廷老师申请报名参加他本人的培训课程！"

归根结底，明确的行动路径就是告诉顾客：怎么做才能实现成交，怎么做才能获得他想要的产品。

因此，在指引顾客行动时，必须给出明确的行动路径，你给出的行动路径有多明确，顾客的行动响应效率就会有多快。凡是没有交代清楚或者根本没有交代的讯息，是没有办法引导人们产生行动的。

某个著名山区景点，为了"照顾"旅客的出行，在山路上写了这样一句话："如有感到身体不适，请向工作人员求助。"到哪里找工作人员？不知道！通过什么路径才能找到工作人员？就更不知道了！如果在后面接上："往前300米，然后左拐前行200米，即可到达旅客求助室！"这就叫求助路径，或者通过直接拨打电话的路径，让工作人员到现场来救援，这样就更加人性化了！

当然，通过电话来直接跟商家联络，这固然是一种实现成交的路径。但电话往往只能是说清楚，毕竟很多时候要完成一桩生意，必须要执行一些事情，或者叫办完一些手续！因此，要想让顾客更加明白他应该做些什么才能实现成交，我们需要给出更具体、更有效的行动路径！

最具体、最有效的行动路径到底该怎么体现？答案就是——明确的行动步骤！人们只要知道了步骤，他就根本不需思考，直接按照这个步骤去执行就能获得。为什么叫按部就班？因为只要有了行动步骤，一切都会明了，然后，大家自然会一步一步按照这个步骤去执行。

步骤就是最明确的行动引导，只要有了步骤，人们几乎是百分之百的会按照你所制定的步骤去执行，很少会有人怀疑为什么要这么干，也很少会有去判别这个步骤是否正确。步骤的力量就是如此的强大，步骤是人们固有的思维程式。

珍爱网的红娘撮合男女双方是怎么撮合的？他们很清楚，要撮合一定少不了明确的行动步骤。因此，珍爱红娘撮合五步大步骤：专案，筛选，牵线，约见，撮合，明确的五步为顾客量身打造，一直到帮顾客实现成婚的梦想！

这样让单身男女一看，就会对相亲的过程一清二楚，一看就感觉珍爱网很专业，因为他们能制定出如此明确的步骤。

如，传统商家要想成功地入驻天猫商城，那应该怎么入驻呢？天猫官方不会只给一个客服电话等你直接咨询，因为那样效率会很低下。因此，天猫必须要给出明确地入驻行动步骤：

入驻流程

STEP 01	STEP 02	STEP 03	STEP 04
支付宝	填写/提交信息及资料	等待天猫审核	办理后续手续，开店
检测企业支付宝账号	填写申请信息，提交资费；选择店铺名和域名，在线签署服务协议	天猫7个工作日内给到审核结果	1. 签署支付宝代扣协议，考试，补全商家档案；2. 冻结保证金、缴纳技术服务年费；3. 发布商品，店铺上线
立即申请	提交入驻申请		

也就是说，如果传统商家执行完这四个步骤，最后的商城就能正式上线！当然，步骤的引子标题最好不要用英文，直接用中文加阿拉伯数字，是最通俗易懂的，如：第一步，第二步，第三步，第四步。

你注意，当你为顾客制定行动步骤时，最好不要超过四步。通常情况下，最容易推动顾客产生购买行动的步骤要么是三步，要么是四步。

四步骤举例"如何购买"：

第一步：选择你想要的套装/样式/型号；

第二步：在下面的表单中留下你的姓名，手机，地址；（你可以设置一个表单）

第三步：拨打电话400××××××××，确认核实；

第四步：我方发货，您收货。

三步骤举例"请按照如下三步完成订购"：

第一步：按下表填写您的订单信息；

第二步：从下面的账号当中选择你方便的支付方式，进行付款；

第三步：电话确认订单信息与付款成功。

我这里只是做了一个步骤样式，你必须按照适合你的交易规程来给出明确的行动步骤，从而引导人们直接采取行动。

总之，凡是顾客想要购买，却不知道如何购买，最直观、最有效的解决方式，就是给出行动步骤！行动步骤就是最明确的行动路径！有了行动路径，人们就会按照这个路径立刻行动！

明确产生行动力，本章就是在教你如何通过"明确"的力量来迅速激发人产生行动，尤其是，当你表达完实现明确的三大梯度，消费者的行动心理就会彻底被明确下来，当他明确了该如何行动之后，结果自然就是行动！

本书下部的全部内容都是在洞穿、破解人性的奥秘，然后，从人性的具体角度来打通并满足消费者的三大购买心理。具体来说，就是：追索心理、接收心理、响应心理。真正的营销领袖，就是懂得如何娴熟地去顺应、带动这三大心理，因为这是任何消费者的心理动机和决策逻辑。因此，这是所有商业营销的心法奥秘，不仅仅如此，我还向你传授了如何利用这三大心理来实现成交的具体执行章法、手法和语法。

印象战略，在持久地影响着消费者的购买倾向；人性索引，在有序地引导着消费者的购买决策。《营销心法》揭示，因为有了这两大营销智慧的珠联璧合，任何成交都能变得水到渠成，任何营销都能做得风生水起！

附1　周韦廷商业思想三大经典篇章

以下三大篇章的阅读量已过 100 万人次，已被超过 1000 个大大小小的网站及移动互联网媒体转载，读者好评如潮，你一定要反复多看几遍！

第一篇　痛点、痒点、卖点，赢得一切商业成功的三大策动点！

营销，到底靠什么来开启？

最近，在营销领域，有三个关键词可谓流传得沸沸扬扬，各类商业人士以及商业高手都在为这三个词捧场、站台。

这三个词分别是：痛点、痒点、卖点。

其实，在我看来，这三个词不仅仅是一切营销的诱因，更是一切商业和一切产品的根本策动点。如果你产品的核心价值没有指向任何一个关键词，要想获得商业上的真正成功，那么你的想法，只能是镜中花、水中月，看得见却摸不着，毫无实质意义！

什么叫痛点？

顾名思义，痛点就是用户在正常的生活当中所碰到的问题、纠结和抱怨，如果这个事情不解决，他就会浑身不自在，他会很痛苦。因此，他需要找到一种解决方案来急切化解这个问题，解开这个纠结，抚平这个抱怨，以达成他正常的生活状态。

如：上火是不是一个问题？一个本来嗜好吃香辣火锅的美食爱好者，很可能因为怕上火而导致不敢吃了，这会影响他的食欲，影响他正常的生活所需。因此，王老吉发现了这个普遍存在的问题，然后名正言顺地提出来告诉消费者：

"我能帮你解决这个问题"，如此一举获得大成！

如：胃疼、胃酸、胃胀，是不是一个急待解决的问题？如果胃有问题，你还能喜笑颜开吗？你还能正常的生活吗？你还能正常的工作吗？你面临只能是痛苦！因此，你迫切需要解决这个问题，因此出现了"胃疼，胃酸，胃胀，就用斯达舒！"

很遗憾的是，后来斯达舒把如此高效有力的广告语改成了："良心的药，放心的药"，于是就慢慢地淡出了消费者的认知视野。因为，这句话没有直指消费者的问题，也就是没有直达消费者的痛点！

如：我（周韦廷）有个客户在成都做老年健康产业，他们发现，老年人在治疗慢病时，越来越厌烦吃药，为了解决这个问题，他们做的医疗产品主打的是"智能针灸"的理念。其品牌广告语，就叫做："慢病怕吃药，就来纹疏堂。"就是如此的直接利索，3000元一年的理疗卡，一万八千元一台的设备也能卖得风生水起，只是因为他们解决了老年人在治病上的最大抱怨！

如：360安全卫士为什么能成为互联网安全领域的龙头老大？不仅仅是因为他的免费赢利模式，更关键的原因是，他很明确地解决并维护了"电脑安全"的问题。一个"安全"胜过N个"杀毒"！

如：我一个客户，因为看到家长和老师教孩子学语言的麻烦，于是召集一群语言专家共同研发一套经典的教材《双语不用教》，仅从名字上就能直截了当地看出，这个产品是用来解放家长、解放老师身心的，以后，孩子学英语，学汉语，直接跟着录音读就行了，也甭那么劳神费事了，实在是太方便了。他们在中央电视台，打了四年广告，加之互联网推广的普及，一年轻松盈收2000万。

再如：脑白金为什么能成功？脑白金之所以能成功，其商业基因就是为了解决广大人民送礼的纠结，一个消费者去超市买礼品，想来想去，不知道选什么好，实在是纠结，而纠结本身就是显见的痛点！脑白金，发现这个普遍存在的纠结，从竞争白热的营养品当中脱颖而出，成为用户心智当中礼品的第一甚至唯一的选择。

所以，总结一句话，消费者在生活当中所担心的、纠结的、不方便的、身心健康的问题，就叫痛点。我们要做的，就是发现某个问题，然后解决某个问题，最后光明正大、义正词严、毫不客气的提出来，告诉消费者：我能帮你解决这个问题，如果你有这个问题，请选择我！

什么叫痒点？

痛点是消费者必须要解决的问题，而痒点不一定非得一定需要。痒点是促使消费者心中的"想要"，让他一看到一听说你这样的产品，心里就痒痒的，就特别有兴趣，特别向往，就像很多经济条件不太好的工薪人士，也对苹果手机特别向往，一看到那种赏心悦目的外观，一看到那种超酷的性能，心中就激动万分，恨不得咬牙切齿卖肾也要买苹果！

所以说，痛点对应的就是解决消费者的问题；而痒点就是满足消费者的欲望！

为什么我们说不疼不痒没感觉呢？说的就是，如果你的产品不能解决消费者切实的问题，又不能满足他心中的欲望，所以，他就难以产生购买的想法。

如：住房子吧，通常情况下，人们买房子是为什么？就是为了解决居住的问题，为了有一个温暖的家，不管金窝银窝，总得先有个窝可以居住吧。所以，买房子解决的是痛点问题。而买一套更高档、更豪华、更有格调的房子，则是人们心中的向往了，这个向往就是痒点。

看到风格别致的欧式建筑，有青山的倚靠，有绿水的环绕，有阳光的沐浴……谁不心生向往，谁不心里痒痒的，想要啊，渴望啊！

如：万科城市花园，西郊庄园，碧桂园，给你一个五星级的家。就是在刺激人们心中的痒点。普通住宅也能住，但五星级的房子，不是更有生活品位吗？

因此，给人一种在情感和心理上更好的满足感，就叫痒点。

什么叫卖点？

卖点是站在卖家本身角度说的！

狭义上的卖点，就是指我们产品自身的特色，但这个特色在消费者的显意识里不一定能发现得了，只有等商家一说出来，如果消费者突然对你产品的特色有怦然心动之感，如此，你所塑造的卖点就成功了，真正有杀伤力的卖点，能在瞬间打动人。

如：拿住酒店来说吧，我怎么能在瞬间打动 80% 的商务人士？

"五星级的待遇，四星级的价格"，这句话一打出去，至少 80% 以上的商务人士都会被降伏，因为正常来说，五星级按理应该是五星级的价格，但现在只需要四星级的价格，真是太超值了，想不想在这里住？

如：藏鸡蛋为什么这么贵，敢卖 5 元一个，卖点在哪？怎么塑造？

你怎么也得告诉消费者，这不是一般的鸡蛋吧。你告诉他，这种鸡蛋不是一般鸡生的蛋，这种鸡是吃天山雪莲长大的，是吃冬虫夏草长大的，七天才生一个鸡蛋，放养在唐古拉山的野外环境中长大的。因为来源不凡，所有价值就不菲！

再如：香飘飘红豆奶茶——有红豆的奶茶更好喝，农夫山泉有点甜，六个核桃，五粮液，都有显而易见的卖点！

以上三点，就是我对痛点、痒点、卖点的简单诠释，这三点也是任何一个商业形式的根本立足点，是一切营销活动的诱因，是一切产品的基因。

你的产品主打的是痛点？还是痒点？还是卖点？

请马上进入思考，找到属于你的产品痛点、痒点与卖点，你才有可能在商场上突出重围，在生意上获得裂变！

第二篇　只要遵循这三大步骤，你的产品就有了赚大钱的保证！

大多数创业者怎么才能顽强地生存下去？

对创业者而言，这是一个至关重要的命题！

中小微企业，甚至包括个体户之所以无法发展，甚至破产，关键问题还在于现金的流问题!

说白了,大部分企业主首先必须解决的是赚钱的问题。而想赚钱,永恒的主题都是产品问题或项目问题,只要产品问题不解决,无论有多少员工,无论有多么诱人的机制,无论多么会营销,都只是空中楼阁。

换句话说,只要你没有打造好卖的产品、没有找到切实可行的赢利模式,无论你怎么冥思苦想,都是苍白无力!

何谓好卖的产品?

好卖的产品势必跟市场紧密连接,跟客户的需求紧密相关!

作为创业者的你,要想打造或找到好卖的产品,请你务必回答以下这三个至关重要的问题:

第一关键:客户规模

说的是,你的产品到底能解决多少人的问题。也就是说,会有多少人来使用你的产品,你产品的市场规模到底有多大。

如果你的产品只有100人需要,赶紧抛弃吧,别坐井观天了,赚不了钱的;如果只有1000人需要,也不要干了,找客户都难!

大市场在哪里?

衣、食、喝、住、行、美容、性、教育、健康、婴儿用品、病(药)、智能电子产品……

周韦廷送君一句忠言:凡是讲小而美的,不是忽悠人的专家,就是被专家忽悠的人!

你想想看,需要你产品的人就那么少,而你作为一个创业者,怎么可能容易赚钱?谁来买你?怎么能轻易找到这些用户?

车水马龙的大街小巷,随便抓10个人,就有5个人需要你的产品,碰运气都有可能卖掉几个吧;如果100人当中,只有5人需要你这个产品,要想卖好的话,简直是蜀道难,难于上青天,这纯粹自找苦吃!

如此简单到极致的常识,希望你不要被江湖上林林总总的复杂观点误导入了歧途!

记住，需求量是你能不能轻松赚钱、能不能赚大钱的第一关键决定要素，这是商业的第一本质。

我（周韦廷）判断任何产品行不行，我决策任何项目有没有钱途，首先就看有没有很多人使用这款产品，客户使用规模是决定你能不能赚钱的第一评判标准！

第二关键：需求重量

当确定客户容量之后，第二步，你要问自己，你是解决了这些用户的什么需求？

是普遍需求？是紧迫需求？还是持续需求？还是可买可不买？

要让客户必须会为此产品而买单，中小微创业家必须紧紧锁定前三大需求。

即：普遍的、紧迫的、持续的需求，总结我常用的一个词，叫做"必须性消费"。

这就叫需求重量！如：教育、健康、减肥、药、性、手机、吃喝住等都是消费必须性的产品或项目。

特别说明一下，何谓持续的需求，也就是指客户是不是能重复消费你的产品或服务！简单地说，如：餐饮、住房、烟酒、护肤美容等，都是必然要重复消费的。

如果你的产品同时符合了第一点和第二点，即：你的产品或项目需要的人多，而且又是必须性的消费需求，那么你的产品或项目就有了市场，这事可以干！

这也就是江湖上常讲的——痛点，在我看来，与其说是痛点，不如说是必须点！

但前面两点，还只是选对了能普及市场的产品或项目，我只能说，这事可以干。而你能不能卖好，能不能在竞争白热化的市场上脱颖而出，关键还要看至关重要的第三点！

第三关键：我方优势

我常常跟无数企业家学员朋友们讲一句极为重要的生意经：

需求决定市场，卖点决定购买！

在当下的商业环境下，这句话可以说决定营销的生死，无论是传统营销，还是网络营销，还是移动微商，概莫能外！

具体来说，这句话很显然包含了前后两层含义，即：需求本身，只能决定市场的大小，但需求无法决定购买；卖点虽无法决定市场大小，但卖点却决定着购买，卖点是对消费最直接的拉动力。需求和卖点对任何商业成效的推进，各负其责，不可或缺！

前面两大关键点我们已经讲了市场规模和需求度量，下面，我们着重讲一讲什么是卖点。

要搞明白什么是卖点，我想先问你一个貌似无厘头的问题：到底什么是产品？

具备某种使用价值的载体就叫产品！

比如说，现在我这台桌子上有一个打火机，打火机可以用来干什么呢？它可以用来打火点烟，可以帮我照明，这就是这个载体本来的使用价值，因此才叫打火机。

但是，在我看来，在产能严重过剩，竞争非凡激烈的商业时代，如此来定义产品是有失偏颇的，因为你根本没法获得商业的成功。

想想看，当无数个产品都能提供同一种使用价值时，那么，顾客为什么偏偏要买你呢？

当某种使用价值可以得到无限量的产品提供时，使用价值本身已经在贬值，产品本身已经不值钱了，最后，甚至沦为商场上的废品！

因此，为了让所有创业家朋友对卖点引起的足够的重视，我胆大妄为地重新给当下的产品下了一个新定义：

有卖点的载体就叫产品，没有卖点的载体就叫废品！

后来很多人还将我这句话四处转载传播，并作为 QQ 和微信签名什么的，其实原话是我说的，只是他们没注明原处罢了。

所以，到底什么是卖点呢？

记住这句话，卖点的明智定义就是：在原来的使用价值观层面之上，给顾客一个或多个一定要买你而不买别人的那个差异化的购买理由。

顾客之所以不选你，因为你只是提供或告之了此类产品本来的使用价值，而没有在使用价值这个基础购买理由之上，给出一个唯一的或者最好的理由，顾客没法感觉到买你比买别人更有理由，所以，顾客只能选择低价，或选择别人，后果就是如此的严重！

以前在咱们中国市场上，有一个诞生得比较早的空调品牌，名字叫三洋，你应该听说过吧。后来，便走向落寞了。

为什么三洋空调会落寞？

三洋空调的广告语是怎么说的？

"家有三洋，冬暖夏凉"，三洋空调的广告语如是说。

来吧，正在看此文章的先生们和女士们，请跟我一起来思考，"冬暖夏凉"是不是一个有杀伤力的卖点呢？

是，还是不是？

很显然不是！

试问一下，有没有哪一种空调不是冬暖夏凉呢？如果都不能满足冬暖夏凉的需求，那还能叫空调吗？

没错，"冬暖夏凉"，体现出来的只是此类产品本来的使用价值，它并没有在基本使用价值观之上，给顾客一个买它而不别人的排他性购买理由，"冬暖夏凉"，说了等于没说，这跟吃饭可以填饱肚子没什么两样。换句话说，三洋空调并没有给出进攻市场的杀手锏卖点！

同样是卖空调，那么，我们应该怎么改进呢，必须找到显著的卖点！

你可以说你的空调更省电，说你的空调比市场上的别家空调省电30%，就像美的变频空调似的——每晚低至一度电，这就是一个典型的卖点，因为他已经区别于"冬暖夏凉"这个原本的使用价值观层面之上了。

你还可以说你的空调比别人更耐用，别家空调用10年，你的空调用15年也不会坏，一定有人追求"耐用"这个诉求点嘛，因此，"耐用"也是典型的卖点思维。

不管是更省电，还是更耐用，都是在使用价值观层面之上的购买理由，因此，都是卖点思维！

例如百雀羚护肤品，一位女士在商场逛来逛去，找了半天，也不知道如何选择一款护肤品，这时候，如果我告诉她：某位国际巨星20年来都在使用百雀羚，这时候她听了什么感觉？如果这位女士一心想追求高贵气质，极有可能对百雀羚护肤品怦然心动，注意，这个卖点是我（商家）告诉他的，如果我不说，她是不知道的。

如此来看卖点，我们就明白：卖点是你的产品在商场上脱颖而出的核心标志，卖点是保证你在竞争中处于不败之地的杀手锏，卖点是你制定高价格的权力保证，卖点是所有经商者、所有老板一生都要进入的思维频道！

在经商时，任何商人必须要时时思考、必须永远都要围绕的一个核心问题：为什么会有一部分顾客买我而不买别人？

如：碧桂园给你一个五星级的家，所以一定会有一部分人住他的房，因为他不是一般的房子；如果碧桂园没有强调"五星级"这个杀手级卖点，顾客能直接感知到的就只有"安全居住"这个基本使用价值。

再如：国酒茅台，喝出健康来。喝酒本来伤身，能喝出健康来？给人感觉高端酒！如果茅台没有提出"健康"这个杀手级卖点，顾客能直接感知到的就只有"消愁"和"庆贺"这个使用价值。

再如：农夫山泉有点甜，口感就是不一样，不仅仅是止渴，当然会让更多人更有理由买它！如果农夫山泉没有提出"甜"这个杀手级卖点，顾客能直接感知到的就只有"止渴"这个使用价值。

再如：我们道中道商业思想的特色价值，就是：直击商业本质、直通思维脉络、直给实战剑法，力求简单实用，这就是过去很多创业家应该学我们道中道思想体系的关键理由！

当打造好或者找到卖点之后，我们应该怎么办？

老板和你所有的销售员必须让卖点永远跟着你的产品跑，如影随形，凡是有你产品出现的地方，同时也必须是你卖点出现的地方，因为卖点就代表你的产品！如你的产品包装，宣传册，名片，网站首屏的顶部，一个都不能遗漏！

当然，最醒目的地方就是在产品名字和产品广告语当中来体现。产品名字和产品广告语就是你产品最大的宣传载体和营销载体，要让产品会说话，最直接、最有效、最显而易见的方式就是用你的产品名字和产品广告语说出你产品的核心卖点，明明白白地告诉客户为什么要买你！

另外，除了核心卖点这个杀手锏理由之外，你还应该为你的产品找出更多的卖点，也就是更多的购买理由，来进一步辅助、加持消费者的购买决策，就像《潜伏》当中，吴太太说马太太一样，做个上海小点心，也要说出八个好处来，那才叫做会营销！

很多专家人士认为，一款产品只能找一个卖点，这样为了突出印象，为了让人记住。事实上，这个观点有失偏颇，你可以把那个最具杀伤力、最吸引人心、最强大的卖点作为你的市场首因消费印象，透彻地体现在产品名以及产品广告语当中，然后把其他几个卖点植入在产品文案或产品宣传手册当中，进一步说服顾客购买你。凡是能成为顾客买你而不买别人的理由，都可以作为卖点，你的目的不就是让顾客更有理由买你吗？为什么非得只能找一个卖点呢，多几个卖点，岂不是更具有价值筹码吗？

事实上，每一位创业者以及每一位商人都至少能为你的产品找到3—8个超级卖点，只是，无数人没有触摸到其中的奥妙和玄机，所以，做生意会遇到重重障碍，甚至很痛苦！

具体如何打造或找到属于你产品的超级卖点，由于此文篇幅比较长，我就不多述，在往后的日子里，我会在"销售与管理"这个公众平台及我的微信上,为您分享打造卖点的 7 大制胜剑法和 21 大神奇招法。你只要从这 21 大招法切入,一定能找到专属于你产品的超级卖点。

综上所述,到此你就明白,要想轻松赚大钱,你所打造或你所选择的产品必须具备三大关键支撑点:

第一支撑点:客户规模

第二支撑点:需求重量

第三支撑点:我方优势

现在,请你扪心自问以下这三个问题:

1. 我的产品能解决多少人的问题?
2. 这些人最普遍、最紧要的需求是什么?
3. 我的优势在哪里(我的卖点是什么)?

只要这三大天问,你从来就没有思量过,或者你没有问出答案,你赚钱势必就会很累,而且收获也会很少。哪怕你公司的分配机制再好,你的员工也很难卖好,因为很少有顾客会买单!

这三大关键点是所有畅销产品之所以畅销的根本立足点,只有满足了这三点,你的产品才有了"好卖"的筹码和保障!

第三篇 采用极简营销三部曲,便可持续稳定赚业绩

感叹社交媒体与社交平台的传播力实在是太强大,每天咨询我的人都有百十位,这些人当中不乏身价数亿的老板,也有刚刚毕业收入两三千元的大学生。所以,咨询的问题也是形形色色,当然这其中大多数都是关于营销和销售的问题,遗憾的是,我发现无数人做营销越来越迷糊,可能是因为接触到的信息太杂乱,导致其思维逐步偏离了本质,包括很多做生意的老板也根本还没有进入门道。

下面,我通过极简三部曲思维来教你认清和如何运作营销的问题,从而

帮助你稳定而顺利地获得业绩。

按最简单的商业常识思维来看，你经商所要兑现的三件事就是产品，成交，客户。赢利就是把有需求的产品，卖给有需要的客户，这是最显而易见的实质命题。

从运作的核心层面来看：打造产品的核心在于卖点，实现成交的核心在于信任，获取客户的核心在于传播。

因此，营销极简三部曲物化下来，要解决的铁三项事件就是打造卖点，构建信任，持续传播，如此进入实质，你心中就有谱了，你就不会再那么困惑。

先看营销极简三部曲第一部：卖点

卖点有多重要？

凡是没有打造或找到卖点的产品基本上都是废品，即使你自己不承认，市场都会让你不得不承认，因为没什么人购买你。除非是有行业垄断性质的霸权主义作祟，不好意思我说狠了一点。就像我前面我已讲过多次的——有卖点的载体就是产品，没有卖点的产品就是废品。

从战略策划的大层面来看，就是寻找核心价值；从产品和营销的具体角度来看，就是寻找或打造卖点，卖点就是顾客之所以买你而不买别人的理由，产品的实质就是购买理由。

所以，在你将要大幅度进入市场运作之前，一定一定要先问自己：顾客为什么购买我，也就是必须先找出顾客之所以会买我的几个理由。

是我产品的价值量比别人高？是我的产品用起来更方便？是我有更多的附加值？是我的产品比别人更超值？是我的服务比别人好？是我的产品更耐用？是我的产品外观更精致？还是我的产品有非凡的来由？

有，还是没有呢？

如果有的话，你为什么没有如此来提炼出来？如果没有的话，我们能不能重新改编产品打造出来？如：国酒茅台，喝出健康来；再如：农夫山泉有点甜；再如：优酷路由宝，会赚钱的路由宝；再如：九阳豆浆机，15分钟一步到"胃";再如:麦乐送,30分钟必达……

你一听完这些,就有显著的甚至极致化的理由来买它们,至少首先能被这些杀手级卖点所打动!

在你打造卖点之后,怎么办?

不是保守,不是委婉,而是一定要堂而皇之地喊出来,拼命张扬,要让卖点时时刻刻跟你的产品跑,如影随形,你产品信息出现的地方,就是你卖点寄生的地方!

如:你的产品名字,你的产品广告语,宣传册,客服沟通开场白,网站头部,产品介绍页面,店铺内,甚至是店招内。

我经常去看那些做微商的卖家,我翻了三五十条信息,也没有看到显著的卖点。那必须得在最显见的地方呈现出来嘛,如,在朋友圈当中,你必须在你的签名处以及你的朋友圈封面打上你的品牌或产品卖点,这还用多想吗?你想想看,如果最明显的地方都没有打动用户的心智,人们哪还有更多的欲望和注意力去了解你的具体信息?

当人们被你的产品卖点打动之后,他会被吸引,但很难购买,也就是你很难实现成交,因为,成交的核心命题在于信任!

再看营销极简三部曲第二部:信任

你会不会轻易跟一个素昧平生的人做生意?你会不会买一个从来不了解的产品?因为你害怕风险,这很正常,因为大家都怕!

信任是决定成交的关键性因素,没有信任,就无法让人心甘情愿持续跟你做生意,心甘情愿之所以会产生的根源动力来自于信任!

如何构建信任?

参照以下五大要领,将可以帮助你建立强大的顾客信任度!

1. 品牌介绍

当人们在外界渠道被你的宣传信息引导过来之后,如果对你或你的品牌有兴趣,他首先希望对你有一个简单的了解:你是谁,你做什么,你或你的品牌从什么时候开始的，中间经历过什么历程，取得过什么成果。这些在你网站上的公司简介里有没有？是不是可信？

以我为例，当一些企业老板在别的渠道对我发布的讯息感兴趣之后，我知道他们一定会来了解我。所以，我得事先把这个"个人介绍"铺垫在我的腾讯博客置顶日志和公众号第一列菜单栏。

你有没有为你的公司，你的品牌，你的店铺设计一个简介，然后明了地展现出来，从而让顾客来了解你？

2. 专业度

顾客最信任的人是专家身份的人，是对这类产品，对这个行业，对这类顾客需求最懂的人！你的产品价值和服务价值，说穿了就是帮助顾客解决问题，或者更好地改善他们的生活！那顾客到底找谁（找哪个产品）来解决他的问题呢？是懂的人，还是不懂的人？

所以，要想构建深刻的信任度，永远都不要忘了通过向顾客分享知识内容和价值观，从而让他们知晓：

我是一个对护肤有深刻见解的人，而且我自己也通过护肤获得很好的效果，顾客自然更愿意买你的护肤品；

我是一个对空气净化服务有专业能力的人，让别人觉得可信，然后顺便你的净水器就卖掉了；

我是一个对治疗糖尿病着十年经验并能给病人建议的人，如果你连几条切实中肯的医疗护理建议都给不出，你还说你是健康专家？

当你无法展现出任何专业度时，你给顾客的信任度，立刻就会不攻自破，人民群众的眼睛是雪亮的。

当一个掌门人经营企业遇到问题或瓶颈时，只要跟我沟通五到十分钟，我就知道阻碍他发展的瓶颈到底在哪里，因为我心中有一张"商业剑谱"，这是我经历十年所触摸提炼出来的核心思想。虽然我无法在这么短的时间内给出具体的解决方案，因为那需要作更深层次的了解和更科学的思考才能得出来方案。

3. 故事

故事是最容易从深层次上打动人心的营销元素，一个有故事的人，就是一个能让人愿意了解的人；一个在江湖上跟众多人发生过有意义的故事的人，就是一个值得信赖的人。

我们要利用一切机会频频向新顾客诉说我们自己的故事，尤其是创始人的故事，创业的故事，研发产品的故事，服务顾客的故事，我们要以记录故事的形式来体现我们对产品和我们对服务的品质追求，以此来博得顾客的信任！

4. 生活

要打造品牌信任度，必须要时常分享你们团队的生活，尤其是打造个人品牌信任度，必须要向顾客敞开你的生活写照，让别人能走进你的世界。如此，才能让顾客了解你是一个真实生活的人，记住，信任的基石就是真实！

现在很多人在做微商，在我看来，这是一个最好的社交商业形态，只是一般人在这里将商业气息僵化了，于是就失去了基本的信任度。

以微信朋友圈社交营销为例，凡是喜欢轻易屏蔽别人朋友圈的人，业务都做得不好，保证一问一个准，当然，不排除打肿充胖子的。经常有通过微信跟我反馈销售现状的销售人士，他说，周老师，我怎么才能把业绩做上去啊，为什么没多少人买我的东西啊。我一打开他的朋友圈，我遗憾地发现，他把我都屏蔽了，然后还理直气壮地告诉我，说朋友圈，只适合亲戚朋友来交流生活和感情，不希望别人走进他生活……

他抱怨业绩不好，又阻止别人充分了解他，听到这里，我估计上帝都笑了，反正我是汗颜了。

你为什么就不能跟你的顾客交流生活和感情呢？只要这个枷锁一解开，你会欣然发现，顾客极有可能会被你的生活和情感所打动，于是，信任感就加深了！

伟大的邓小平同志不早就说过了嘛，走出全中国，让全世界了解我们，而无数人销售人士却还在故步自封，屏蔽别人了解你，你又怎么可能让人信任你？

5. 口碑

口碑就是客户的满意度以及社会各界对你品牌以及你产品的认可度。

这一点很好理解，但对构建信任度的作用力举足轻重，一旦一位新顾客无法直接知晓你是不是一个值得信任的人或者品牌或产品，他最直接的寻找方式，就是看老顾客的口碑评价了，因为他们曾经也是同样一个立场，而你说的话，可能在他的信任对立面。

为什么讲老顾客说一句顶你自己说一百句，原因就在这个点上。

所以，我们要经常向新顾客展示老客户好评及满意度，要经常展示老顾客使用了你产品之后的蜕变故事，浩瀚而有力的用户口碑甚至可以直接改变一位新顾客的购买决策，在淘宝天猫或京东上买东西，有没有从来不看评论就直接做出购买决策的顾客？几乎没有！本来没那么想买，但看了客户评论之后做出购买决策的人，却不在少数！

以上五大要领就是构建顾客信任度的关键要素！

营销本来就是一个市场运作的流程，"营销天龙八部"前四步：发现、吸引、了解、沟通，第三步就是了解！记住，构建信任的关键就是：敞开你的世界，让顾客了解你是谁，了解你的专业度，接受你的教育，了解老顾客口碑，这也是构建品牌支持的基本要素，不论是公司品牌也好，还是个人品牌也好，都是如此。

这五要领，你必须预先在你的营销基地准备好，铺设好。如：你的展览馆、卖场、公司招待大厅、网站、公众号、朋友圈，毫无疑问都是你的营销基地，这些地方是等顾客来看的，那不得铺设营销信息吗？

朋友圈也是你的营销基地，说白了，就是你的信息铺设基地。你在朋友圈所发布的信息，必须80%的内容都是信任元素，20%的内容是产品卖点信息，如此而为，你的业绩一定会提升。反正每天都有买我书的，还有请我们做咨询和策划的，还有看我文章就自发打赏的粉丝，但我基本不推销他们，因为我只是在铺设卖点信息和信任信息，然后一部分真正想要求得进步的粉丝，自然而然地就跟我发生商业关系了。

极简营销三部曲第三部：传播

传播的目的是什么？

传播的目的就是为了吸引客流，我们需要找到更多的渠道去宣传，从而让我们的意向客户有机会发现我们，有机会来找到我们，没有客流量来，哪来的业绩？

我微信上昨天有一个才22岁的小姑娘加我之后问我，说她开了个宠物店，自己没客户。然后问我，说我的粉丝是怎么来的呢？我反问了她一句："那你是怎么找到我的呢？"她愣了一下，然后好像有点明白了，因为她从来没有走出去传播过她所做的事业。

现在，我可以确定地讲一句，坐销这种生意基本上不存在了，不走出去寻找更多的渠道去传播，生意必然惨淡。幸福是争取来的，更何况财富呢，不也是争取来的吗？

通常来说，客流从哪里来？

我在"营销天龙八部"当中讲过，营销始于被发现，止于被转告。既然是这样，你就得从这两头发力。

首先，你必须寻找大量的渠道传播你的营销信息，让更多人有机会发现你，从而聚拢一批顾客，影响其产生购买决策，然后设立转告机制，鼓励忠实的老顾客帮你传播。

那么，我们要到底传播什么内容呢？

当然就是把前两步当中的"卖点"和"信任"传播出去，从而把客流量引进你的营销基地。

在当下的移动互联网时代，传播速度可以比传统渠道要快10倍甚至100倍，而且在投入的成本上要远远低于传统渠道！

参照下面这个黄金公式,你可以通过信息传播,引进大量的客流!这也是我本人所触摸到的高效传播模式:

好的内容 + 好的标题 + 好的渠道 + 好的时机 = 引爆信息

参照这个公式,我只要写一篇文章,可以在十天内获得 100 万阅读量,最少的情况也有 20 万阅读量,很多地方电视台的收视量也只有 10 万左右,这就是移动互联网的力量!

同样,参照这个思维模式,凡是跟我合作的品牌,每个信息发出去,基本都有 50 万以上的浏览量,而且几乎是全自动传播机制,不断获取关注度,知名度和客流量。

综合上述,总结一下极简营销三部曲,就是从产品、成交、客户这个铁三项入手,物化下来所对应的实施事宜就是:寻找卖点,构建信任,引进客流。而且,我特别要说明一下的是,你在做运营策划或思考营销流程时,一定要先寻找卖点,然后先铺设一部分信任信息(否则,当顾客被你引进来之后,信任度就会落空),最后才开始引进客流,因为这三步是一个承前启后的实施流程。

如此循环往复地实施这个流程,你的营销才算得上真正进入了一个能不断产生经济实效的运作轨道!

声明:本文只是阐述了极简营销三部曲路径,我是希望借此文来帮助那些对营销非常困惑的创业者或营销人,帮他们扫清一层迷雾,打开一扇门,而要想真正建立一个强大的营销系统,肯定不止这么简单,那需要更完善地打通 8 大营销环节,以后,有机会再跟您分享。

附2　阅读下文，了解周韦廷

首席商业思想家——周韦廷，用最明亮的商业思想，为中国的创业家照明！

道中道文化发展有限公司创始人

道中道商业思想体系总架构

知名中小企业商业导师

中国商业界第一权威媒体"销售与管理"专家作者

中国营销界第一权威媒体"营销兵法"特约作者

职业定位

他擅长于从根本上发现创业家在不同阶段所面临的相关症结所在，习惯于立足全局观来帮助创业家打通思维脉络与经营运作的难题，精通于战略思想、品牌思想、赢利思想、营销思想、组织思想、说服思想——创业家必备的商业思想六部曲。其思想穿透要害，其观点鲜明通透，其语言通俗易懂。

一直以传播原创商业思想、提升老板全局思维、倍增企业经营成效为己任，躬耕于浩瀚的商业世界。

经过十余年企业讲学与商业咨询的锤炼，他独创了中国第一套融合了领袖级思维模式与实干家方法论的商业思想体系——道中道思想，因其"直击商业本质、直通思维脉络、直给实战剑法"的理念特色，帮助中国数万名创业家获得了人生与事业的蜕变，直接或间接地帮助中国创业家催生了过十亿的经济效益，并因此受到中国经济网、中国网人物视窗、21财经、网易新闻等50多家网络媒体的相继报道以及众多企业家学员的大力赞许。

周韦廷，致力于创建中国最好的商业思想体系，为中国民营企业的可持续发展找到最好的道路——道中道！

人生历程

上个世纪80年代，出生在湖南岳阳的一个朴素的农民家庭，家族血脉源于华夏大世家——汝南周氏。祖上有两名鼎鼎大名的历史伟人，一位是宋明理学的开山鼻祖周敦颐，另一位是则是三国时期的风流奇才周瑜，因系如此家世渊源和血脉传承，导致其孩提时就从骨子里充满自信、斗志和才华。虽在上学时期倍受老师嘉奖和父母的厚重期望，但大学毕业后，却"不务正业"，从未寄人篱下去找工作，立志自力更生，满腔热血为创业而奋斗！

2006年，大学毕业的最后一年，他通过互联网销售减肥产品、明星唱片、考研资料、英语口语资料以及销售当地土特产，成功赚取学生时代的第一桶金，并由此总结出了一套产品包装及营销策划的心得。比如，他常给客户倡导的"把卖点说清楚"和"让顾客感觉买你很值得"。

2009年，周韦廷以笔名——诸葛清扬，首次开创性地提出并构建了"攻心营销"的理念，一时间在互联网和营销界掀起轩然大波，并引起了无数的概念跟风者，如攻心文案、攻心网站、攻心成交，这些概念都是"攻心营销"的"后起之秀"。无数的电子商务创业家因为践行攻心营销的指导理念，从而给自己带来了迅猛增长的成交效率和巨额的利润。

2010年，周韦廷有幸在中国成都参加了一次创业与投融资峰会，因其独到的商业才华受到创业邦总裁南立新女士与IDG资本合伙人、著名投资人熊晓鸽先生的发现、鼓舞与点化，于是，以其自身的营销思想为基点，转身将其才华和智慧投身到为中国中小企业的营销咨询服务上。

2011年，在不断意识到策划和咨询对一个企业的重要性之后，他把主要方向转身投到了商业策划和咨询上面，用他的商业思想帮助企业家获得提升。短短五六年间，他一共为200多家企业作过内训，为50多家企业做个咨询与策划案，并相继获得了不匪的成效和客户口碑，其中包括成都商报、博瑞集团、朵唯女性手机、广告圈、激动网、成都锐佳科技、创业邦、折本网、长沙普瑞纳、六个核桃、成都标信塑料、绿瘦、双语不用教、电影危险关系等知名企业或品牌。

2013年,他将其六年的商业咨询与营销策划心得写成一本营销秘笈《领袖营销心法》,一经发行,便在互联网引起了阅读风暴,最初以980元一本的天价卖出了500本电子版。到目前为止,本书的下载量已过万,几乎每天都收到接踵而来的读者所给予的非凡好评,该书已经成为无数创业者启发营销思维的枕边书,超过30%以上的读者都反复阅读过三遍以上,甚至被一部分学员誉为经商者不得不阅读三遍以上的"营销天书"。

2014年,创立道中道文化发展有限公司,致力于以传播商业思想、提升老板全局思维、倍增公司经营成效、推动企业持续发展为己任服务于中小民营企业,并立足于商业世界全局观,独创了一整套用来帮助创业家解决一切商业问题的核心思想武器——《道中道商业剑谱》。

2015年,通过互联网YY语音讲课的方式,讲授了"六道法门定成交""文案剑谱""经营命脉"共计38期商业思想研讨会,平均每期听课者在20人左右,有超越一半的学员在其商业思维上发生了根本性的改变和切实的突破,学员好评率领先同行平均水平。

2015年,由周韦廷先生原创撰写的商业经典文章《痛点、痒点、卖点到底是什么？一篇文章全搞清楚》一时间风行移动互联网江湖，仅 10 天之内，被超过 1000 家大大小小的微信公众号平台与媒体网站媒体争相转发，其中包括"销售与管理、互联网思维、营销兵法"等粉丝量过 100 万的超级媒体作为头条新闻转发，总阅读量超过 100 万人次……

痛点、痒点、卖点到底是什么？？一篇文章全搞清楚……

2015-08-05 周韦廷 销售与管理

点击题目下方 销售与管理 关注中国最大的销售与管理精英在线学习社区

营销，到底靠什么来开启？

一直以来，在营销领域，有三个关键词可谓是

痛点、痒点、卖点到底是什么？一篇文章全搞清楚！

2015-08-03 周韦廷 互联网思维

作者：周韦廷

营销，到底靠什么来开启？

一直以来，在营销领域，有三个关键词可谓是经久不衰，各界营销人士以及商业专家都在为这三个词捧场、站台。

营销兵法

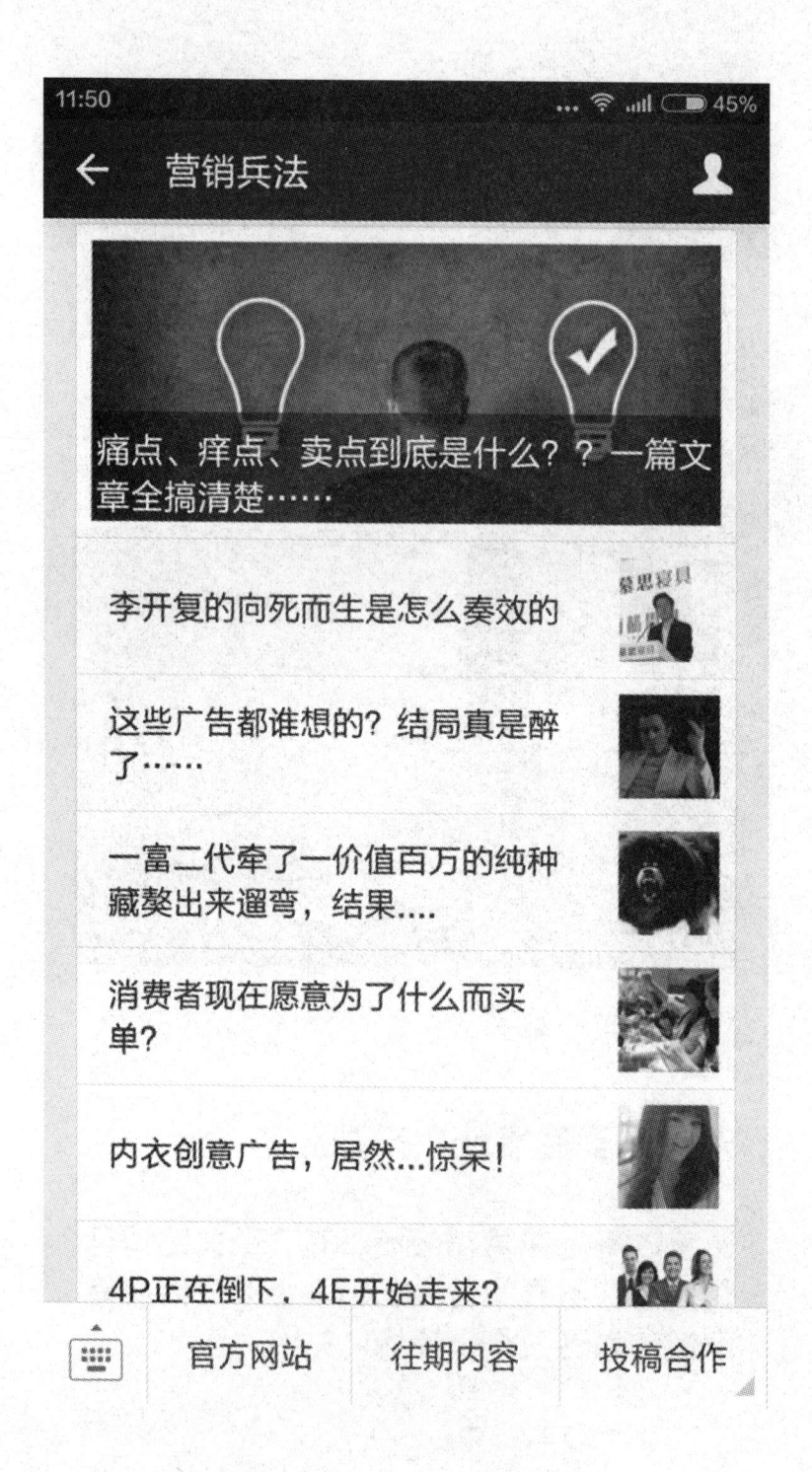

痛点、痒点、卖点到底是什么？？一篇文章全搞清楚……

李开复的向死而生是怎么奏效的

这些广告都谁想的？结局真是醉了……

一富二代牵了一价值百万的纯种藏獒出来遛弯，结果……

消费者现在愿意为了什么而买单？

内衣创意广告，居然…惊呆！

4P正在倒下，4E开始走来？

官方网站　　往期内容　　投稿合作

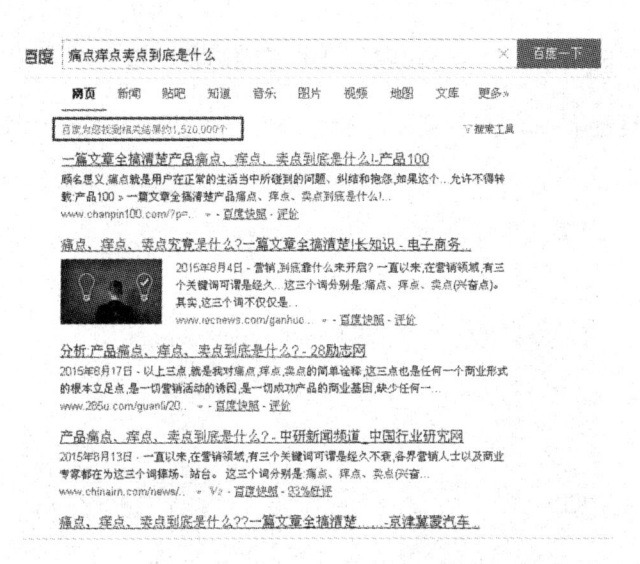

未来，他将致力于更广泛地普及道中道思想，造福更多需要帮助的中国创业家！

社会评论

中国创业类第一媒体——创业邦杂志 CEO 兼出版人　南立新

"周老师的互联网商业思路非常系统、简单、实战，有条有理有根基，而不是那些让人听不懂摸不着的创意和点子。他的营销思维给了我们创业邦很多切实可行的推动作用。他很有才华，也很有梦想，实为一位不可多得的人才！"

中国领先的视频门户——激动网董事长兼总裁　吕文生

"周韦廷老师是咨询与策划行业的隐君子，我们公司经过他的指导和培训后，在招商推广上获得了很多实质性的进展。他学识渊博、见解深刻、思路清晰，电子商务创业家如果找周韦廷老师作咨询，一定会是一个明智的选择！"

成都锐佳科技有限公司总经理　杨成刚

"在我的印象当中，周韦廷老师是一个很有思想厚度的专家人士，他能破译很多商业上的奥秘，尤其在营销方面更为突出，他能给出一系列行之有效的执行方针和一套运营系统。另外，周韦廷老师也是一个特别用心负责的人，他为了让我们更加安心，专程从上海赶来成都，一连呆了二十多天，而且在他负责策划并构建我们品牌官方网站的过程当中，不厌其烦，精益求精，前后一起修改了四次，直到让我们公司的核心领导层最为满意为止，很感谢周老师对我们公司的热心付出！"

成都大浪淘沙网络科技有限公司总经理　龙剑秋

"我要真心地感谢我的营销恩师——周韦廷老师。坦白地讲，我所有的营销思维就是被周韦廷老师开启的，在他的帮助下我店铺的转化率提升了50%，如果没有他的指点和帮助，我对营销这一块根本就是一片空白，更不知道如何从营销上来提升店铺业绩了。包括我后来之所以能顺利经营我的今日疯淘、折本网和望蜀特供枣都得益于周老师的大力帮助。周老师的思想，不仅仅是帮助我的项目业绩得到了提升，而且让我这一生都受用无穷。"

成都标信塑料有限公司总经理　唐际超

"2013年11月，我从上海邀请周韦廷老师来我们公司做营销顾问。周老师重新对我们公司进行了产品定位，找到差异化，塑造品牌卖点，以及一系列的营销运作指导，使用我们公司在百度、阿里巴巴、360上的业务询盘量得到了立竿见影的提升，在短短三个月的时间之内，让我们公司的月营业额从十万增加到二百五十万。在此，我谨代表成都市标信塑料有限公司的全体同仁感谢周老师对我公司的巨大帮助。"

互联网竞价营销第一品牌——广告圈创始人　胡崇光

"在网络营销策划这个大领域当中，周总是我接触过的最有实战能力的一位老师。无论是从他的思维模式，还是他的表达能力来看，都可以称得上一位顶尖人物，我曾特地邀请他来给我的学员讲过一堂课，结果也是非常受学员的欢迎。所以，我推荐我的学员，如果有营销方面的问题，可以向周韦廷老师请教。"

星火营销创办人、喃啵唥品牌策划机构营销总监　刘海洋

"有幸拜读了周老师原创的《领袖营销心法》这本书，非常有条理，有系统，有实战指导意义，实为不可多得的一本营销工具书。周老师的文案和书实在写得太棒了，和周老师交流学习，真是深受震撼，着实让我有种畅快淋漓的快感和豁然开朗的觉醒。在我公司的发展过程当中，碰到很多困惑和误区，在和周韦廷老师沟通的过程当中，他通过一套非常简单、直接、高效的思维方法，告诉我问题的根源和症结所在，给我提供了一套非常有效的解决方案，也让我的思路变得越来越清晰，让我们的经营方式变得越来越明确，特别感谢周韦廷老师。"

深圳巡洋国际物流有限公司总经理　张雄飞

"周韦廷老师是我在营销里面见过的最有吸引力，最有战略高度的一位老师，他写那本《领袖营销心法》，我看了不下五遍，对我非常有启发。他的思路系统、实战，因为我们是做危险品国际物流的，应用了周老师的方法之后，对我们的业绩提升不少，所以，在此，我也表示感谢。"

互联网视频营销第一人　唐旭

"我和周韦廷老师认识有三年多了，我知道周老师一直从事着商业策划和营销咨询，他帮助过很多的传统企业和互联网创业者。前几年风行一时的攻心营销和攻心文案的理念是周老师最早完善出来的，周老师写的《领袖营销心法》一书里面讲解了大量的实操案例，无论对个人还是企业，都有很高的借鉴价值，这几年，他孜孜以求，打造了一整套完善的商业系统来帮助中小企业主找到最好的经营之路！"

河北宁致网络科技有限公司总经理　侯宁波

"在周老师的《领袖营销心法》一书当中，从品牌起名到战略定位，再到如何利用人性来看透客户心理，可以说是深刻而透彻地揭露了营销的本质，其理念非常简单、系统，具有实战操作意义。我之所以非常感谢周老师，因为我仅仅是按照《领袖营销心法》当中的理念，把我网站的首页进行了一些修改和调整，我网站的客户咨询率就提升了两倍还要多一点，利润也同时翻了两倍，感谢周老师为这本书所付出的心血，对于像我们一样的中小企业而言，里面的含金量的确是比较高了。"

安徽易洁商贸有限公司董事长　余中

"之前听了无数的培训课程也看了无数本书,在产品的打造与营销系统的疏通方面,却从未像周老师这样讲得如此明了过。"

云南掘贝网络科技有限公司总经理　吕荣荣

"周老师的商业思想就是我们的智慧引擎,他不仅授人以鱼,更授人以渔,传授的不仅仅是知识本身,更是关于知识的知识,让我们真正能触摸到更深层次的核心智慧,是教我们生发智慧的智慧。在这里,要再一次谢谢周老师。"

《经营命脉》学员　侯志宏

"讲产品超级卖点的提炼,全中国很难找到能超越周老师的人,周老师的商业思想直击本质、简单干练、永不过时,不愧是商业界的高手。"

格力集团家电部产品策划总监　罗伟

"《领袖营销心法》这本书非常难得,把营销的很多本质都点透了、讲穿了。很多总裁、总经理、营销总监、还专门花数万元去上什么课、什么班、还不如花少量投资来读懂周老师的《领袖营销心法》这本书,因为吸收这本书的智慧和秘诀比上那些所谓的大师课程值得,性价比更高!"

思想观点

25条商业秘诀

1. 成功不是靠策划来实现的,但肯定靠策划来铺路。

2. 我所认为的成功之路,核心就三点:花心思,花时间,花钱。花心思策划,花时间运营,花钱来壮大!

3. 原始民间本来没有路,走的人多了,于是就有路了;商业江湖本来有路,走的人多了,于是就没有路了。在争夺与竞技的江湖上,我们必须要策划出一条属于我们自己的路！

4. 只要是"创造"的东西，都很难一蹴而就！人世间最难的事情就是原创！整个（商业）江湖就是一群没有创造力的人围绕有创造力的人转！

5. 假如你不知道去哪里，每往前走一步都将是如履薄冰，老板最大的困惑就在于没有明确的发展方向，战略就是方向、是命脉、是归宿。

6. 很多人一上来就喜欢问我，如何卖，用什么工具和渠道来卖。事实上，这只是第三四环，工具和渠道再重要，也没有"你是什么"重要！你速度再快，也跑不过工具的速度，你能不能清醒地明白，在用户的世界里，你是什么？只要这一环能明智地打通，工具、渠道、人就会跟着你跑！

7. 老板必须具备因果式思维，你应该追溯大企业是如何长大的，而不是看他正在做什么。这叫因果思维，我再说得残酷一点，大企业的很多当下的商业策略，你都用不了，你一用就死，比如，广告的生成，假如你还是初创企业，你砸2个亿模仿他的广告，你耗得起那个成本吗？

8. 为什么无数企业家辛苦打拼十年，也不如有些企业家轻松干一年？老板不懂赢利模式，创业有如西天取经，取到了，还算是心安理得；若是没取得，便是一脸的沧桑，辛酸不已！

9. 强大的产品体系，是保证一个企业能持续获利的筹码和法宝。一个没有产品体系的企业，在商场上行走，势必会走得举步维艰。单凭有机会引爆市场，但仅靠单品很难持续赚大钱，因为你不是王老吉这类消费品。你可以靠单品挂帅，但必须要打造更多的价值筹码作为你坚实的盈利后盾！

10. 最具杀伤力、最切实效的盈利模式，就是需求互补与需求升级的产品系列，当顾客买完上一款产品，就有必然的理由买下一款产品，因为各个子产品之间有必然的匹配关系，不买都不行！如，余额宝和支付宝是互补关系；再如，卖正装衬衫和西装是强逻辑关系；再如，洗头发和剪头发是强逻辑关系。为什么无数淘宝卖家靠爆款获得了可观的销量，总体来说却赢利微薄？因为其它产品跟爆款没有形成强逻辑需求匹配关系，导致老顾客没有继续购买的显著理由！你所打造的子产品之间有关系吗？

11. 所谓创新其实不是你们想象的那么难，人世间所有的产品创新都是对已有产品的改良和优化。

12. 顾客在商场上物色商品时，如果心中没有品牌记忆，首先就看包装！一个好的包装会让丑小鸭变天鹅，一个差的包装会让天鹅变丑小鸭。为什么有些淘宝店主愿意花十万元打造一张网店图片？人们不会通过你邋遢的外表，而发现你优秀的内在。

13. 无数人有两个致命的定价死穴：薄利多销和降价售卖；真相：任何消费者对价格的评判，都是出于一种感性的抵触心理，是一种习惯性的感知反应，而不是真觉得贵，反正不管你第一次报多少价，大多数人都会习惯地说贵了！你一当真，你的价值立刻就降低了筹码！

14. 不管你要不要，免费的永远都是最贵的，你只要是一开始免费获得，后面必将会付出更多的时间和金钱！蓦然回首，你才醒悟：早知如此何必当初。

15. 免费免小了，无数人照单全收，于是，想要得到更多；免费免大了，你可能也不敢要，怕失去太多！总而言之，免费的，怎么都是贵！

16. 到底如何打造品牌？品牌，品是三个口，所以，顾名思义，打造品牌就是让众多人来品你这个牌子的味道。品牌四象限：记住我，选择我，喜欢我，信任我！而"记住我"是品牌传播的第一印象，"我是谁，我的核心价值，我长什么样"是品牌第一印象金三项元素。因为任何人首先接触你，就想认识这三个问题，所以，你在做市场运作的时候，永远都不要忘了把这铁三项传播出去，遗憾的是，大多数人在做营销推广时，都忘了输出这个铁三角印象，导致受众根本不知道信息发起者是谁！

17. 我是谁，很显然要把你的名字和你做什么（行业属性）传递出去；核心价值就是指你要满足给顾客的诉求，长什么样就是指视觉印象。如，"怕上火，就喝王老吉，全国销量领先的红罐凉茶"。如此简明扼要地把铁三项印象传播出去了。再如，"香飘飘红豆奶茶，有红豆的奶茶更好喝哦"，不管是包装盒还是实物本身都有红豆；再如，健身楷模李思齐，分享健身之妙方，右边放一个人物头像，别人马上就记住了；再如，首席商业思想家周韦廷，以传播商业思想为己任，为中国创业家照明，旁边放一个我的照片，我就长得这模样！

18. 所有营销策划的第一环就是打造一个令人难以忘却的印象，而最好的印象就是传达让用户需求、喜欢、怀念、崇拜的印象！关于印象的渊源和意义，有三个关键词值得你深思：一面之缘、记忆犹新和长久留存。

19. 打造品牌印象的第一要务就是打造一个好名字！在商场上，顾客买东西至少有 30% 的成份是冲着名字而来的！为什么叫做慕名而来？声名显赫，名震江湖，留名千古……

20. 商业世界看似错综复杂、千奇百态，但在我看来，所有商业命题的终极落地点，就在于这句话——顾客为什么购买我！不管什么样的产品样式，也不管是什么样的营销手段，也不管是什么样的宣传手法，都必须是对这句话的醒目诠释。换句话说，你所做的任何商业策划或商业运作，如果不是以这个核心命题为根基思考点，你的品牌和产品没有机会江湖上扬名立万，关于卖货关于成交就更不可能脱离这个核心。

21. 品牌营销的精髓就是立足于印象并且能够传播，流传下来。凡是没有抓住这两点的人，就表示营销还没有入门，今天无数企业都没有打造一个专属于自己企业的印象，即使能策划出来也未必能传播，所以，只能一直苦心于持续推广和致力于单笔买卖。

22. 广告是否真正有效，根本问题就在于商家对广告目的的认识上面，广告的目的必须是诱导客户来购买你的产品，而不是追求创意和花样。三流广告追求创意和花样，一流广告追求印象和销售！

23. 破译永恒不变的消费禅机——我要解决什么问题，我应该怎么办？顾客到底能不能在第一时间内跟你的品牌对接上，他最本质的内心对话，就这两个问题。全世界一流广告语都是这种逻辑格式：如，怕上火，就喝王老吉；何以解忧，唯有杜康；洗不掉的头屑用康王；要想皮肤好，早晚用大宝。记住，你再怎么想要创新，也切莫偏离消费者最本质的那个心智参照模式，那个才是你所有营销的参考系！

24. 所谓知名度，就是让更多的人知道你的名字！就跟雪佛兰一样，没有诱因，没有好处，至少把它的名字给弄进去了——开着你的雪佛兰看美国。

25. 任何不知名的小企业要想长成家喻户晓的大企业，一定要有口号！市场是庸俗的，我还没见过那些在市场上疯行的品牌没有品牌口号的。为什么会有无数的专家们极力反对品牌口号并倡导品牌内涵，那是因为他们喊不出"知名"的口号，更喊不出能卖货的口号！

13条营销真经

1. 营销，解决的就是把产品如何变得好卖的问题。营销就是实现利润的天梯，所有企业最终都必须依靠营销才能获得利润，除非这个行业只有你一家企业，但这个"除非"肯定是你妄想的！

2. 无数人经营生意之所以感觉挺辛苦，就是因为只具备了销售思维，而欠缺营销思维！什么是销售？销售就是靠各种推销技俩，如，打电话、拜访、直接性地说服人购买！那什么才叫营销呢？营销就是通过一系列的市场铺垫，让一个陌生的顾客逐步获得发自内心的认可、相信并乐意产生主动购买行径！

3. 营销和销售的差别如同踢球一样，销售只是最后一个进球的门槛，但球为什么能到达球门口，是因为前面的人通过一系列的带球动作把球带进门来了。

4. 营销最大的奥秘就是根据消费者的决策流程和行为路径，帮他购买到他所需要的产品！绝大多数人做营销之所以举步维艰，就是因为他只是关注在某一个点上面，而没有真正进入到客户的决策流程当中。

5. 营销的核心思想在于认可和接受，营销的核心操作在于流程。而这个流程始于"被发现"，终止于"被转告"。

6. 散布渠道的直接目的就是为了让顾客有机会发现你！什么叫渠道？有人聚集或关注的地方即渠道！你的客户聚集或关注在哪里，哪里就是你的渠道，如同原始部落的概念一样，就这么简单！

7. 要想快速得到用户的响应，必须点中他的需求穴位。营销高手，就是能在第一时间之内找到对方需求穴位的人。为什么无数人对你的产品感到冷漠和无视，因为你没有点开他的需求穴位！你跟一位孕妇聊她肚子里宝宝的健康和成长的话题，她保证会有兴趣，因为这就是她的需求穴位；你跟一位农民伯伯谈用了你的化肥，可以增加产量，保证他有兴趣，因为"产量高"是农民的需求穴位。

8. 凡是产品卖不出价格或者销量低，只有一个原因，就是不懂得塑造价值！凡是不会塑造价值的人，铁定跟高利润无缘，凡是懂得塑造价值的人，绝对是一个营销高手，甚至可以把极为普通的产品，以不菲的价格卖出去。

9. 99%的产品卖不掉，有两个原因：一个是顾客觉得你的产品对他不重要，另一个是你的价值不具备唯一性。学会描绘产品的重要性和唯一性，是任何一个人想成为一个营销高手的必经之路！

10. 成交最大的能动力取决于顾客跟你接触的次数和程度，你跟顾客发生关系的程度越深，你成交他的可能性就越大！

11. 老板最大的成交智慧不是先赚钱，而是先跟客户产生联系，然后发生成交。

12. 发生关系的核心通路就是：利用和被利用。在人生事业上，你能被多少人利用，你就能真正影响多少人。在商业上，你能被多少人利用，你就能收获多大的财富！你从来没有利用过李嘉诚，也没有被他利用过，从本质上讲，他根本就影响不了你，即使他的财富再丰厚！

13. 要想让人行动，最高效的杀手锏，就是直接把结果摆在他面前，让他感觉触手可及！你去别人家做客，主人问你喝茶不，你出于斯文礼貌，通常会说不喝，但当主人把茶端到你手上来了，你喝不喝？杜月笙卖梨的成功秘诀是什么？他不是直接吆喝"卖梨啦"，而是在三五秒内就把皮削了，然后摆在你面前晃动，随口说一句话："美女，快吃个梨吧！"你吃还是不吃？垂涎三尺了吧！

14. 如果是做网络营销，你虽不能把结果摆在他面前，但也要把结果描绘得惟妙惟肖，让他感觉身临其境，蠢蠢欲动地想要立刻获得这个结果，这样一来，成交就会水到渠成！

21条战略智慧

1. 最大的决策智慧在于对时间，空间，角度和秩序的把控，宇宙当中的万事万物都是按这四个维度来运行的，芸芸众生又岂能逃脱这个规律？

2. 人生就是一个不断给自己增加筹码的过程，没有筹码何来的人脉和钱脉？

3. 大多数人不成功的两个根源：要么是过于聪明，要么是过于自卑。过于聪明的人，习惯了排斥一切他人思想，眼里全是"忽悠"他的人，警惕性到了极点，简称"怕上当"。如此，等同于阻止了一切养料的吸收，等同于自断经脉。过于自卑的人，始终认为别人行，就我不行，所以，会找各种堂而皇之的借口，只为收复人生。

4. 上当，是成功的起因；聪明，是平庸的根源。上了无数次当，总有一天，定能收获满盈；聪明了无数次，终有一天，定会失去大势。我不是一个聪明的人，没法教你变聪明。

5. 聪明的定义就是两层意思：要么是怕上当，要么是爱算计。行深一步和算计一步，人生际遇大相径庭。

6. 所有愿意主动打赏的人都是有智慧的人，所有送礼的人都是有智慧的人，所有愿意给别人回报更多的人都是有智慧的人！因为这三种人一定会获得更多的社会人脉，一定会获得更多精英人士的追随，一定会获得更多富贵之人的垂青！

7. 我前半生行走江湖的原则不是把不可能变成可能，而是把可能变成更大的可能。我做的事情是让有一点认可我的人更认可我，毫不在乎不认可我的人，把梳子卖给和尚完全是没事找事做。因为我没有权力影响所有人，我没有能耐服务所有人。所以，你就明白，为什么李嘉诚先生说"建立自我，追求无我"了？

8. 这个世界有两种人一定不会混得太差。第一种：主动的；第二种：愿意舍的。凡是做到了这两点的人，要么已经获得了一定的成果，要么正在通往迈向成功的路上。遗憾的是，大多数人都活在自我逻辑里，包括无数老板，跟别人一见面，一心只想从别人那里免费索取价值，却从来没有想过"我凭什么"，这类人，无论在哪里都不会受到欢迎，注定没法融入真正的商业江湖，此类老板根本还没有长大。记住，没有人欠你的。永远先问自己："我是付了多少对等的费用来跟别人交换这个价值，还是先给予了对方什么帮助？"只要做到这两点，你必将会在对方的心目中占有举足轻重的分量，收获脱颖而出的好印象，构建非同凡响的人际关系，于是，就超越了95%的人！

9. 任何人想要获得的天道规则就是：对等的交易。如果你的付出远远达不到你想要的收获，即使别人满足了你，你也是凌驾不了这个收获的。所以，凡是想以极小的成本（甚至希望免费索取）来获得极大的回报，是愚蠢的表现。这个世界，遍地都是聪明的穷人，在我的眼里，凡是自称营销爱好者的人，十有八九都是穷人，问都不用问了。因为他学到的东西，基本都是通过聪明索取来的，自己都没有付出成本来跟别人交换价值，然后作为生意人，又希望消费者买他的产品，这就是天大的笑话，学再多营销技巧，也是迷乱了智慧。怎么卖也卖不出东西，因为自身也没有交换的底气！

10. 我谈感情，更喜欢谈钱，只谈感情太伤钱，顾客买的是你的价值，产品只是媒介，我们本身都是商人，我们希望顾客以合理的金钱购买我们的价值。假如我们从别人那里获取价值，却不愿意付钱消费，这个"自我逻辑"还没有解开，无法长成商人。不敢谈钱的人，是因为自己还没有交换的价值筹码，底气不足，反而抗拒别人的销售，这类人，还成不了商人，生意一定还没做起来，保证一问一个准！

11. 只要彼此之间还没有相互利用，你们之间顶多只是相敬如宾，跟国际友人似的。普通人一世沦为红尘中的孤家寡人，死穴就在于情感的纠结，不敢利用和被利用、一味地执着于"还清"，你将永远会在社会关系的圈外走散。

12. 建立在商业上的友谊远远胜过建立在友谊上的商业。

13. 曾听网络上哪位高人说过一句话：当你不断往上爬的时候，一定有一群人使劲往下拉着你，不让你向上攀登，他们没有什么成就，关键是没有什么志向，他们也希望你和他们一样沦为平庸之人。我们有志向的人，决不会受制于任何束缚，勇往直前，力争上游，踏遍天涯路！

14. 人生，事业，成就，最大的禅机，就是因果逻辑。能持续获得成功的人，一生都在铺垫"前因"。

15. 人一生能不能获得大成功，核心在于你能不能进入本源，只有进入本源，才能让你持续升腾。商业的本源就三条——需要、喜欢、相信！进一步讲，我们存在的核心价值，就在于让别人需要我们，喜欢我们，相信我们。产品也好，市场也好，政府也好，团队也好，能让这些产生向心力的根源就来自于此金三角。这三条，只要坚守做到一条，都能造就卓越；如果三条皆具，人脉、财富、名望都将呼之即来。

16. 凡是没有获得的人，通通都有一个致命的共同点：想要拥有一样东西，却怎么也不愿意为之付出代价，而习惯了观望，注定了平庸。倘若想拒绝平庸，请停止观望，只要往前走一步，尽力跟世间人世间事发生连接，可能的是，走着走着花就开了……

17. 只要义无反顾地往前走，肯定会有结果。要么就是，走着走着就散了；要么就是，走着走着花就开了，怕只怕你留恋一个地方，一直不肯往前走！

18. 为什么无数人上了很多课读了很多书却越学越迷糊？你们的问题在于你读书太多而想得太少，你们在为了学习而学习，而没有为了寻找本质而学习。

19. 商业是一定有规律的，营销一定是要遵循常识和本质的，经营也一定是需要系统的，而不是创意、点子、技巧和那些故弄玄虚的秘诀。

20. 道中道思想的灵魂就是九字真经：抓本质，找脉络，给剑法！

21. 所有有力量的观点，都追求"常识"；所有没力量的观点，都追求"新鲜"。所有有实效的打法，都追求"常识"；所有没实效的打法，都追求"新鲜"。所有有文化的人，都追求"常识"；所有没文化的人，都追求"新鲜"。

永远清醒地问自己：我应该在什么时间、什么空间、从什么角度、按照什么秩序来运行这件事情，是战略家的决策常识；

永远清醒地问自己：顾客凭什么需要我、喜欢我、相信我，是创业家的商业（产品、营销、广告）常识；

永远清醒地问自己：我要得到这样的"果"，我应该种下什么样的"因"，是芸芸众生行走于大千世界的一切常识！

当你看完上述常识若是还没有深思、觉醒、响应，是导致平庸的常识；当你还是一如既往地抵触和漠然任何有常识的思想，是导致失败的常识。

主要作品三部曲

第①部：【营销招法】

《六道法门定成交》——成为一流卖货达人就要顾客偏偏购买你的绝妙禅机。

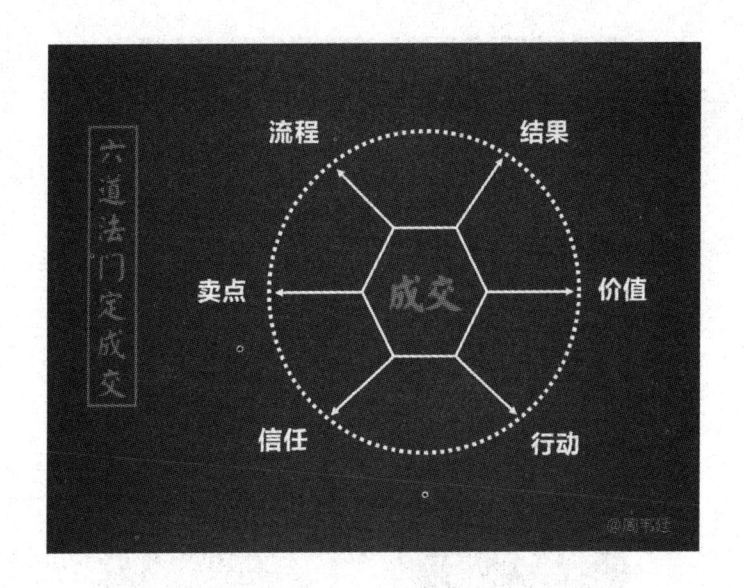

第②部：【营销剑法】

《文案剑谱》——给你一把实现自动化营销的利剑。

第③部：【营销心法】

《领袖营销心法》——抢占市场份额持续推动业绩的秘诀。

思想体系

企业掌门人全局思想六部曲

1. 定战略——《领袖战略思想》——88000 元

课程宗旨：进入大产业，收获未来的发展问题

内容纲要：找需求→立本位→造方案→定打法

2. 立品牌——《领袖品牌思想》——29800 元

课程宗旨：树立江湖门派，构建超凡商业印象

内容纲要：记住我→选择我→喜欢我→相信我

3. 建模式——《领袖赢利思想》——3800 元

课程宗旨：打造价值筹码，靠什么模式或产品赚钱的问题

内容纲要：客户→需求→优势→增值→创新→定价→模式→成本

4. 做营销——《领袖营销思想》——6800 元

课程宗旨：如何拉动市场，有理有条地实现业绩的问题

内容纲要：发现→吸引→了解→沟通→购买→认可→续购→转告

5. 带组织——《领袖组织思想》——9800 元

课程宗旨：如何构建强大的组织，推动全员执行的问题

内容纲要：有意愿→有前途→有钱赚→有尊严→有氛围→有执行→有制度→有传承

6. 聚人心——《领袖说服思想》——18800 元

课程宗旨：企业领袖如何用语言收复人心，影响社会大众！

内容纲要：说服命脉铁三角→说服程式铁三角→语言核能铁三角

道中道商业剑谱

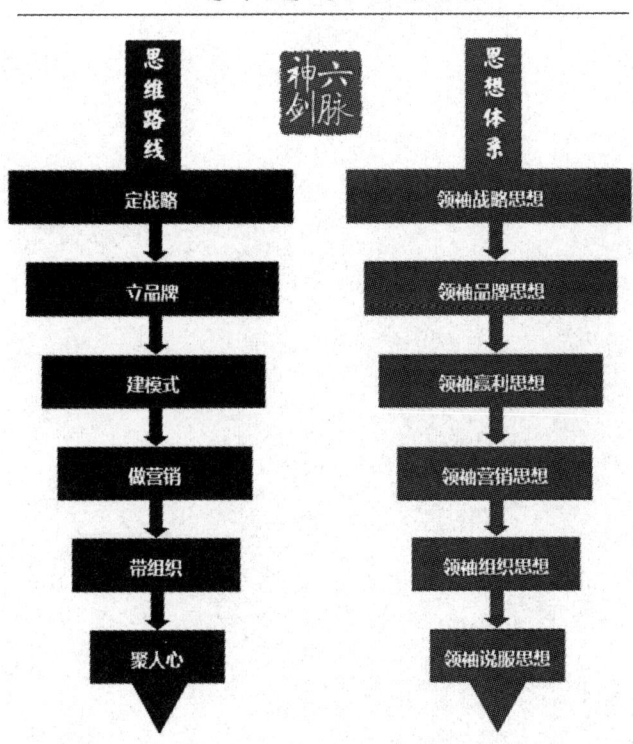

思维路线	六脉神剑	思想体系
定战略		领袖战略思想
立品牌		领袖品牌思想
建模式		领袖赢利思想
做营销		领袖营销思想
带组织		领袖组织思想
聚人心		领袖说服思想

特别说明：《道中道商业剑谱》是周韦廷老师专为企业决策人及相关负责人所设立的六大课程体系，请根据您自身当前发展的需要，选择合适您的主题报名学习。年营业额在 500 万以下的企业主，请按照 3、4、5、6、2、1 这个循序渐进的顺序进行学习。

听课条件：仅限公司董事长、总经理及项目决策人！

咨询详情请联系微信号：314182593

附3 众筹支持名单

感谢以下参与本书众筹的支持者（部分名单）

名单格式：姓名，从业属性，微信号
吕荣荣，掘贝网络创始人，juebeiwang
龙剑秋，上市集团羚锐眼贴联合创始人，97576702
张承志，宁波泰纳通投资管理有限公司总经理，izcz18
崔永强，天津市永强盛亿餐饮管理有限公司，yongqiangshengyi168
唐际超，成都市万腾塑料有限公司总经理，tjccd13
侯宁波，邢台宁致网络科技有限公司总经理，hnbwww
李思齐，健立方健身管理集团服务有限公司，wz310086
欧阳赞，微营销、微信公众平台运营总监，ouyangzan121
熊达成，上海全新全意发展服务有限公司CEO，yingcaifu
余中，合肥美凯信息科技有限公司总经理，微信号：82748864
唐旭恩，新视频营销网站长，chu6com
吴年辉，四川智胜营销咨询管理有限公司总经理，510166878
刘海洋，喃啵唝品牌策划机构总经理，zhongmiao_liu
黄林波，《好教育点亮人生》主编，huanglinbo1972
吴霞芳，云南长信温室工程有限公司总经理，757797677
李雄飞，深圳链家房地产经纪有限公司高级经理，13530783582
郭文燕，信通·中国—培训，251995489
张朝大，深圳鹏信金融集团董事，jushikong
陈春雷，《销售与市场》杂志社研究员，chenchunlei704828021

佘少玲，内衣行业，zjssl512

杨洁，女装行业，Miss-Yang669988

刘锦权，佛山智途易行贸易有限公司销售专员，L372015608

张海虹，可怡本草护肤品牌创始人，keyeclub

罗伟，珠海格力集团家电部产品经理，410187806

朱军，电商运营，abczj850

高来富，速读记忆推广大使，glf888168

罗继兰，办公家具项目经理，Landyluo1018

张伟，中国平安山西太原分公司，18734860168

刘坤强，信用视界CEO，dema_qingdao

魏宗飞，山东济南瑞粮餐饮管理咨询有限公司总经理，feibensanshi

李冬凤，护肤与保健品行业，18273410692

杨超，公务员在线教育，775586112

李建，湖南顶酷网吧用品有限公司经理，18973719855

刘晓彬，深圳市第四人民医院外科主治医师，doctorliu811

张珍珍，济南威亿达包装有限公司，zhenzhen452978

岳恒，中国平安财产保险股份有限公司东莞分公司团体一部经理，13183553888

李志聪，泉州市箭龙卫浴有限公司厂长，JLONG1985

乐荣柏，湖北柏乐文化传播有限公司总经理，baile1368

刘珊珊，个体老板皮鞋批发，FK1523

邱凤军，中国蚝友会技术服务经理，15726182567

李储宏，中国人寿广东省湛江市分公司城区VIP客户经理，MFH700529

向海波，武汉百吉利商贸有限司总经理，jifengxianghaibo

周湘君，岳阳长荣商贸有限公司总经理，13317301976

胡太能，广告圈竞价，tainenghu

霍正，佛山信壹科技公司总经理，8397768

黄孔新，广西信玺资产管理有限公司，18376883554

田飞，金大碗牛肉面库尔勒开发区店，wm520tf903

金康康，外汇投资咨询，13656798515

田学文，湖北沙洋广播电视台媒体运营总监，13597961018

马超，西安沃地房地产营销策划有限公司营销副总，tony_mc100

许传海，瑞航驿站运营团队总策划师，xuchuanhai123

余秋均，成都筱筑舒适家装饰策划总监，823846988

李含东，中国公益普法宣传联盟，caifuxuanji101

洪贵香，虹香蚕丝，a412865457

杨成刚，成都锐佳科技股份有限公司总经理，ycg67921

杨天宇，东研健康，15604501221

徐峰丽，美容美发，554273465

特别后记

原本以为，三个月就能完成这本书，可由于中途还有几桩营销咨询案与企业内训业务需要我亲自来料理，因此，延误了不少的创作时间。

从最初的毅然提笔，到最终的欣然付梓，前后整整花了长达七个月的光景，超出了预期的一倍时间。从3月份开始，到搁笔的这一刻，已经是9月下旬了，穿在我身上的服装都换了三个季度了，我悄然地发现，春光已经流逝，夏花已经凋谢，但是我却清醒地知道，秋色已经来临，它是带着秋实来的，我相信自然规律，春光的沐浴和夏花的孕育不就是为了结出秋实吗？

做任何事情都是一样，只要你愿意付出精力和心血，你必将会有收获，只要你相信，它就遵循自然规律。

创作亦是如此，对我而言，我确信，这七个月的付出必然是值得的！因为我确定，这本书必定会彻底地帮助到你，还会帮助更多的人！

所以说，我没有理由不感到兴奋，甚至比我出去给企业讲几堂课还兴奋！事实上，我对我目前已经研发出来的所有产品或服务，都感到很兴奋，因为实践证明，绝大多数的客户朋友都感到超乎寻常的值得，甚至有好一批学员果断地跟我说："不管周韦廷老师出什么书，开什么培训课程，我一定抢先购买！"这是我莫大的荣幸。在此，特别感谢一路走来认可和信任我的朋友！

对于《营销心法》这本书，我强烈要求你必须要认真、仔细地研读三遍以上，读完三遍之后，放在你的电脑桌面上，再隔三岔五地点开来继续读。直到你确定，你已经彻底吸收到了里面的营销智慧、成交心法和语言表达模式。换句话说，如若你感觉自己还不能随性地调用这些营销奥秘来发挥其应有的效用，那就代表你还没有吸收透彻。

到什么程度才叫吸收透彻了？在我看来，存在于脑海当中都不叫吸收透彻，只有做到刻骨铭心，那才叫吸收透彻，而只有吸收透彻的智慧与法门，才能真正转化成为你自己的本事！

只要有了真本事之后，你就能随时随地释放出应对的力量，没有真本事的人如同温室里的向日葵，阳光没了，头就低下了。

掌握本事的目的是什么？本事就是用来使用的，你会把智慧和奥秘使用出来，那才叫本事。本事就是为行动产生妙用的，没有行动，就没有结果，再远大的梦想，如果没去行动，那都是镜中花、水中月，永远都只是看得见，却摸不着。

尤其是对于那些行之有效、蕴含着强大能量的营销智慧，你若不去使用的话，在我看来，那就是最奢侈的浪费，暴殄天物！无数人之所以一生都一事无成，就是因为冷落了那些最贵重、最有价值的东西！

你，必须立刻行动起来，要想有获得，只有依靠行动才能兑现，只有行动，你才能让梦想照进现实！

另外，我还需要特地送给你两个字，因为这两个字比行动更重要，那就是——持续！

为什么无数人的梦想有了起航却到不了彼岸？那就是因为没有持续！但凡成大业者都是靠持续的力量才得以功成名就！意气风发不在于一时，持续奋斗才能走到终点。好好想想吧，在你行走的每个过程当中，请别丢了最初的梦想和激情，那是你最需要、最值得去持续的两个最基本的成功前提！

你要相信，持续的力量其实是非常可怕的！当你日积月累、持续不断往前走的时候，蓦然回首，你才不经意地发现，你已经超越了很多人，因为你已经走得很远了，越来越靠近那个胜利的彼岸！

只要你一持续，什么问题都会解决，最终，你的梦想一定能实现！

我在渡口等着你，让我们一起到达彼岸！

周韦廷